Die Marken(artikel)piraterie

Europäische Hochschulschriften

Publications Universitaires Européennes
European University Studies

Reihe II
Rechtswissenschaft

Série II Series II
Droit
Law

Bd./Vol. 4104

PETER LANG
Frankfurt am Main · Berlin · Bern · Bruxelles · New York · Oxford · Wien

Katja S. Schuhmacher

Die Marken(artikel)piraterie

Ein Phänomen des modernen Wirtschaftslebens unter rechtstatsächlicher und begrifflich-dogmatischer Betrachtung

PETER LANG
Europäischer Verlag der Wissenschaften

Bibliografische Information Der Deutschen Bibliothek
Die Deutsche Bibliothek verzeichnet diese Publikation in der Deutschen Nationalbibliografie; detaillierte bibliografische Daten sind im Internet über <http://dnb.ddb.de> abrufbar.

Zugl.: Köln, Univ., Diss., 2003

D 38
ISSN 0531-7312
ISBN 3-631-53530-9

www.peterlang.de

Danksagung

Mein besonderer Dank gilt meiner Doktormutter Frau Prof. Dr. Steinbeck, die in mir das Interesse für und die Freude am Markenrecht geweckt hat.

Herrn Prof. Dr. Berger danke ich für die zügige Erstattung des Zweitgutachtens.

Danken möchte ich schließlich meiner Familie, ganz besonders aber auch Stefan, der mich durch hilfreiche Diskussionen stets unterstützte und viele Hinweise und Anregungen bei der Erstellung der Arbeit gab.

Inhaltsverzeichnis

Literaturverzeichnis

Ahrens, Claus	„Die europarechtlichen Möglichkeiten der Beschlagnahme von Produktpiratriewaren an der Grenze unter Berücksichtigung des TRIPs-Abkommens" in: RIW 1996, 727-732
Ahrens, Claus	„Die gesetzlichen Grundlagen der Grenzbeschlagnahme von Produktpiratriewaren nach dem deutschen nationalen Recht" in: BB 1997, 902-904
Albert, Florian	„Die Neuordnung des Markenrechts: Bericht über das 10. Ringberg - Symposium des Max-Planck-Institus vom 16. bis 21. September 1996" in: GRUR Int. 1997, 449-475
Althammer, Werner	Kommentar zum Warenzeichengesetz 4.Auflage Köln etc.1989
Althammer, Werner Ströbele, Paul Klaka, Rainer	Kommentar zum Markengesetz 6. Auflage Köln etc. 2000
Anduleit, Manfred	„Die Rechtsdurchsetzung im Markenrecht" Dissertation, Baden-Baden 2001
Annand, Ruth	„Die EuGH-Entscheidung \`Springende Raubkatze\` aus britischer Sicht" in: GRUR Int. 1998, 656-659
Asendorf, Claus Dietrich	„Gesetz zur Stärkung des Schutzes geistigen Eigentums und zur Bekämpfung der Produktpiraterie" in: NJW 1990, 1283-1286
Asendorf, Claus Dietrich	„Auskunftsansprüche nach dem Produktpirateriegesetz und ihre analoge Anwendung auf Wettbewerbsverstöße" in: FS für Fritz Traub zum 65. Geburtstag (1994), 21-32
Bahr, Friederike	„Modernisierung des Markenrechts in Deutschland" in: ÖBl 1996, 12-16

Bastian, Eva-Marina Götting, Horst-Peter Knaak, Roland Stauder, Dieter	„Der Markenverletzungsprozeß in ausgewählten Ländern der Europäischen Wirtschaftsgemeinschaft – Eine rechtstatsächliche und rechtsvergleichende Untersuchung" Köln etc. 1993
Baumbach, Adolf Hefermehl, Wolfgang	„Warenzeichenrecht und Internationales Wettbewerbs und Zeichenrecht" 12. Auflage München 1985
Baumbach, Adolf Hefermehl, Wolfgang	„Wettbewerbsrecht" 22. Auflage München 2001
Beier, Friedrich-Karl Krieger, Ulrich	„Wirtschaftliche Bedeutung, Funktionen und Zweck der Marke" in: GRUR Int. 1976, 125-128
Beier, Joachim	„Der weltweite Schutz des geistigen Eigentums Produktpiraterie" Köln 1991
Benkard, Georg	Kommentar zum Patentgesetz und Gebrauchsmustergesetz 9. Auflage München 1993
Berlit, Wolfgang	„Markenrechtliche und europarechtliche Grenzen des Markenschutzes" in: GRUR 1998, 423-433
Berlit, Wolfgang	„Das neue Markenrecht" 5. Auflage München 2003
Beußel, Reiner	Anmerkung zum Beschluss des OLG München vom 19.März 1997 - 29 AR 34 / 96 in: ZfZ 1997, 207-208
Braun, Edwin	„Produktpiraterie, Rechtsschutz durch Zivil-, Straf- und Verwaltungsrecht sowie ausgewählte Probleme der Rechtsdurchsetzung" Dissertation, Köln etc. 1993

Bußmann, Kurt	„Die Bedeutung des warenzeichenmäßigen Gebrauchs" in: GRUR 1971, 392-397
Bunk, Burkhardt	„Produktfälschung Marketing als Brand-Schützer" in: Absatzwirtschaft 2002, 26-32
Busche, Jan	„Die springende Raubkatze, das Markenrecht und der Durchschnittsverbraucher" in: DZWir 1998, 363-368
Busse, Rudolf	Kommentar zum Warenzeichengesetz 5. Auflage Berlin 1976
Bydens, Mireille	„Produktpiraterie und unlauterer Wettbewerb - Die Situation in Belgien und Frankreich mit Hinweisen auf die Rechtslage in Deutschland" in: GRUR Int. 1995, 15-25
Cremer, Richard	„Die Bekämpfung der Produktpiraterie in der Praxis - Zur Handhabung des Produktpirateriegesetzes" in: Mitt 1992, 153-180
Däubler, Wolfgang	„Anspruch auf Lizenzgebühr und Herausgabe des Verletzergewinns - atypische Formen des Schadensersatzes" in: JuS 1969, 49-54
Deutsch, Volker	„Zur Markenverunglimpfung" in: GRUR 1995, 319-321
Deutsche Vereinigung für Gewerblichen Rechtsschutz und Urheberrecht (DVfgR)	„Eingabe betr. den Referentenentwurf eines Gesetzes zur Änderung des Gesetzes über Urheberrecht und verwandte Schutzrechte" in: GRUR 1985, 867-869
DVfgR	„Stellungnahme zum Grünbuch über Produktpiraterie" in: GRUR 1999, 318, 319
DVfgR	„Stellungnahme zum Grünbuch der Europäischen Kommission zur Bekämpfung von Nachahmungen und Produkt - und Dienstleistungspiraterie im Binnenmarkt KOM (98) 559 endg." in: GRUR 1999, 479-484

Diekmann, Rolf — „Der Vernichtungsanspruch - Ein Beitrag zur Lehre von den Verletzungsansprüchen im gewerblichen Rechtsschutz und Urheberrecht"
Dissertation, Tübingen 1993

Dreier, Thomas — „Kompensation und Prävention: Rechtsfolgen unerlaubter Handlung im Bürgerlichen, Immaterialgüter- und Wettbewerbsrecht"
Habilitation, Tübingen 2002

Eichmann, Helmut — „Die Durchsetzung des Anspruchs auf Drittauskunft"
in: GRUR 1990, 575-591

Eichmann, Helmut — „Der Schutz der bekannten Marke"
in: GRUR 1998, 201-214

Ensthaler, Jürgen — „Produktpirateriegesetz"
in: GRUR 1992, 273-282

Ensthaler, Jürgen — „Gewerblicher Rechtsschutz und Urheberrecht"
Berlin 1998

Ernst-Moll, Jürgen — „Die berühmte und die bekannte Marke"
in: GRUR 1993, 8-18

Faupel, Rainer — „GATT und geistiges Eigentum, Eine Zwischenbericht zu Beginn der entscheidenden Handelsrunde"
in: GRUR Int.1990, 255-266

Fezer, Karl-Heinz — „Der Benutzungszwang im Markenrecht"
Berlin 1974

Fezer, Karl-Heinz — „Teilhabe und Verantwortung"
München 1986

Fezer, Karl-Heinz — „Rechtsverletzende Benutzung einer Marke als Handeln im geschäftlichen Verkehr - Abschied von der markenmäßigen Benutzung im MarkenG"
in: GRUR 1996, 566-574

Fezer, Karl-Heinz — „Erste Grundsätze des EuGH zur markenrechtlichen Verwechslungsgefahr - oder: 'Wie weit springt die Raubkatze?'"
in: NJW 1998, 713-716

Fezer, Karl-Heinz — „Markenrecht"
3. Auflage
München 2001

Fezer, Karl-Heinz — „Entwicklungslinien und Prinzipien des Markenrechts in Europa Auf dem Weg zur Marke als einem immaterialgüterrechtlichen Kommunikationszeichen"
in: GRUR 2003, 457-469

Fritze, Ulrich — „Die Verordnung (EG) Nr.3295/94 des Rates der Europäischen Union vom 22. Dezember 1994 über die Zollbeschlagnahme nachgeahmter Waren und unerlaubt hergestellter Vervielfältigungsstücke oder Nachbildungen und ihre Aussichten auf Erfolg"
in: FS für Henning Piper (1996), 221-229

Gamm Frhr. v., Otto-Friedrich — „Das Erfordernis der kennzeichenmäßigen Benutzung"
in: GRUR 1974, 539-542

Gamm Frhr. v., Otto-Friedrich — „Zur Warenzeichenrechtsreform"
in: WRP 1993, 793-798

Gamm Frhr. v., Otto-Friederich — „Schwerpunkte des neuen Markenrechts – Referat anläßlich der GRUR-Jahrestagung am 03.06.1994"
in: GRUR 1994, 775-781

Gamm Frhr. v., Otto-Friedrich — „Rufausnutzung und Beeinträchtigung bekannter Marken und geschäftlicher Bezeichnungen"
in: FS für Henning Piper (1996), 537-542

Gebhard, Bernhard — „Schnelles Geld und falsche Echsen - Die Lacoste-Story"
Essen 1988

Gielen, Charles — „Harmonisation of trade mark law in Europe: The First trade mark harmonisation directive of the European Council"
in: EIPR 1992, 262-269

Gielen, Charles; Strowel, Benoit — „Guide to the New Trademark Law in Europe"
in: Mitt 1995, 198-212

Gielen, Charles — „Likelihood of Association: what does it mean?"
in: Mitt 1996, 105-107

Gloy, Wolfgang — „Handbuch des Wettbewerbsrechts"
2. Auflage
München 1997

Götting, Horst-Peter — „Die Entwicklung neuer Methoden der Beweisbeschaffung zur Bekämpfung von Schutzrechtsverletzingen -
Die Anton-Piller-Order - Ein Modell für das deutsche Recht?"
in: GRUR 1988, 729-743

Götz, Jordan — „Zum Rechtsmißbrauchseinwand im Markenrecht"
in: FS für Henning Piper (1996), 563-601

Gottwald, Peter — „Zur Wahrung von Geschäftsgeheimnissen im Zivilprozeß"
in: BB 1979, 1780-1787

Grauel, Holger — „Bericht der Bundesregierung zur Produktpiraterie"
in: MarkenR 2000, 91-92

Gravenreuth Frhr. v., Günter — „Folgekriminalität im Bereich der Softwarepiraterie und ähnliche Delikte"
in: CR 1986, 741-743

Güldenberg, Hans G. — „Der volkswirtschaftliche Wert und Nutzen der Marke"
in: GRUR 1999, 843-847

Harte-Bavendamm, Henning — „Handbuch der Markenpiraterie in Europa"
München 2000

Hebeis, Norbert — „Verwechslungsgefahr bei Vergleichzeichen mit überwiegend übereinstimmenden Bestandteilen - Bemerkungen zu den Urteilen des Bundesgerichtshofs `Corvaton / Corvasal` und `Sana / Schosana`"
in: GRUR 1994, 490-49

Heermann, Peter W. — „Schadensersatz und Bereicherungsausgleich bei Patentrechtsverletzungen"
in: GRUR 1999, 625-637

Hees, Volker — „Zurückgewinnungshilfe zu Gunsten der Opfer von Marken- und Produktpiraterie"
in: GRUR 2002, 1037-1041

Hefermehl, Wolfgang	„Der namensrechtliche Schutz geschäftlicher Kennzeichen" in: FS für Hueck (1959), 519-542
Helm, Horst	„Der „unechte" Reklamegegenstand" in: GRUR 1981, 630-634
Henning-Bodewig, Frauke Kur, Annette	„Marke und Verbraucher - Funktionen der Marke in der Marktwirtschaft Band I" Weinheim 1988
Heydt, Ludwig	„Zum Begriff des 'warenzeichenmäßigen Gebrauchs' im Sinne des § 16 WZG" in: Mitt 1969, 319-328
Heydt, Ludwig	„Zur Funktion der Marke" in: GRUR Int. 1976, 339-345
Heydt, Ludwig	„Offensivzeichen" in: GRUR 1976, 501 - 509
Heydt, Ludwig	„Der Bedeutungszwang in der Denkschrift der EG-Kommission zur Schaffung einer EWG-Marke" in: GRUR Int. 1977, 47-56
Hoffmeister, Klaus	„Die Zollverwaltung als Partner der Wirtschaft bei der Bekämpfung der Marken- und Produktpiraterie - sog. Grenzbeschlagnahmeverfahren" in: DDZ 1998, F 12 - F 15, F 17 - F 18, F 25 - F 29
Holzbach, Christoph	„Produktpiraterie: EU auf dem Vormarsch" in: MMR aktuell 6 / 2003, VI
Hubmann, Heinrich	„Gewerblicher Rechtsschutz" 7. Auflage München 2002
ICC-Symposium 1984 Markenpiraterie	„Referate und Zusammenfassung der Diskussion Verlagsgruppe Handelsblatt" Düsseldorf 1984
Ingerl, Reinhard	„Die Gemeinschaftsmarke" Stuttgart etc. 1996

Ingerl, Reinhard
Rohnke, Christian | Kommentar zum Markengesetz
München 1998

Janovsky, Thomas | „Einziehung und Verfall - Oder: Verbrechen darf sich nicht lohnen."
in: Kriminalistik 2000, 483 - 487

Jung, Heike | „Gesetzgebungsübersicht - Gesetz zur Bekämpfung der Produktpiraterie"
in: JuS 1990, 856-858

Kampermann Sanders, Anselm | „The Wagamama Decision: Back to the Dark Ages of Trade Mark Law"
in: EIPR 1996, 3-5

Katz, Alexander | „Zur Psychologie der Markenpiraterie"
in: MA 1993, 188-191

Keller, Erhard | „Die zeichenmäßige Benutzung im Markenrecht"
in: GRUR 1996, 607-613

Kelz, Andreas
Wich, Donald | „Internationale Markenpiraterie"
in: Mitt 1986, 28-31

Klindt, Thomas | „Schutz vor Markenpiraterie - auch ein Thema der EG-Binnenmarktrichtlinien?"
in: GRUR 2000, 973-977

Knaak, Roland | „Die nationalen und internationalen Arbeiten gegen die Markenpiraterie"
in: GRUR Int. 1988, 1-11

Knieper, Judith | „Mit Belegen gegen Produktpiraten"
in: WRP 1999, 1116-1118

Köhler, Helmut | „Die wettbewerbsrechtlichen Abwehransprüche (Unterlassung, Beseitigung, Widerruf)"
in: NJW 1992, 137-143

Körner, Eberhard | „Die Aufwertung der Schadensberechnung nach der Lizenzanalogie bei Verletzung gewerblicher Schutzrechte durch die Rechtsprechung zum `Verletzervorteil` und zu den `aufgelaufenen Zinsen`"
in: GRUR 1983, 611-614

Körner, Eberhard | „Schadensausgleich bei Verletzung gewerblicher Schutzrechte und bei ergänzendem Leistungsschutz"
in: FS für Ernst Steindorff zum 70.Geburtstag (1990), 877-896

Kouker, Ludwig | „Reicht der Schutzzweck von Warenzeichen nur bis zur Kaufentscheidung?"
in: WRP 1994, 444-447

Kraft, Alfons | „Die Funktionen des Markenrechts im Rahmen der Marktwirtschaft"
in: MA 1981, 63-70

Kröger, Bernd
Bausch, Thorsten | „Produktpiraterie im Patentwesen"
in: GRUR 1997, 321-328

Krüger, Christof | „Zum gedanklichen Inverbindungbringen im Sinne der §§ 9 I 2, 14 II 2 MarkenG"
in: GRUR 1995, 527-530

Krüger-Nieland, Gerda | „Neue Beurteilungsmaßstäbe für die Verwechslungsgefahr im Warenzeichenrecht?"
in: GRUR 1980, 425-429

Kunas, Siegmar | „Perspektiven der deutschen Zollverwaltung"
in: ZfZ 1995, 262-268

Kunz-Hallstein, Hans Peter | „Europäisierung und Modernisierung des deutschen Warenzeichenrechts - Fragen einer Anpassung des deutschen Markenrechts an die EG Markenrichtlinie"
in: GRUR Int. 1990, 747-759

Kunz-Hallstein, Hans Peter | „Perspektiven der Angleichung des nationalen Markenrechts in der EWG"
in: GRUR Int. 1992, 81-91

Kur, Annette „Verwechslungsgefahr und Irreführung - zum Verhältnis von Markenrecht und § 3 UWG“
in: GRUR 1989, 240-250

Kur, Annette „TRIPs und das Markenrecht“
in: GRUR Int. 1994, 987-997

Kur, Annette „Internet Domain names - Brauchen wir strengere Zulassungsvorschriften für die Datenautobahn?“
in: CR 1996, 325-331

Kur, Annette „Namens- und Kennzeichenschutz im Cyberspace“
in: CR 1996, 590-594

Kur, Annette „Kennzeichenkonflikte im Internet - 'Kinderkrankheiten' oder ernstzunehmendes Problem?“
in: FS für Beier (1996), 265-277

Kur, Annette „Die Verwechslungsgefahr im europäischen Markenrecht Versuch einer Bestandsaufnahme “
in: MarkenR 1999, 2-10

Kur, Annette Anmerkung zum Urteil des EuGH vom 23.02.1999 - C-63/97 - „BMW“
in: JZ 1999, 838-840

Lehmann, Michael „Wettbewerbs- und warenzeichenrechtliche Bemerkungen zur Entscheidung des Bundesgerichtshofs vom 6.Oktober 1983 - Verkauf unter Einstandspreis II“
in: GRUR Int.1984, 313-319

Lehmann, Michael „Die wettbewerbswidrige Ausnutzung und Beeinträchtigung des guten Rufs bekannter Marken, Namen und Herkunftsangaben Die Rechtslage in der Bundesrepublik Deutschland“
in: GRUR Int. 1986, 6-17

Lehmann, Michael „Juristisch-ökonomische Kriterien zur Berechnung des Verletzergewinns bzw. des entgangenen Gewinns“
in: BB 1988, 1680-1687

Leitherer, Eugen „Das Markenwesen der Zunftwirtschaft“
in: MA 1956, 685 – 707

Levin, Marianne — „Was bedeutet 'counterfeiting'?"
in: GRUR Int. 1987, 18-27

Loewenheim, Ulrich — „Die berühmte Marke im europäischen Spannungsfeld"
in: MA 1991, 238-249

Lührs, Wolfgang — „Verfolgungsmöglichkeiten im Fall der 'Produktpiraterie' unter besonderer Betrachtung der Einziehungs- und Gewinnabschöpfungsmöglichkeiten (bei Ton-, Bild- und Computerprogrammträgern)"
in: GRUR 1994, 264-269

Manen van, Willem — „Assoziationsgefahr, 'Raubkatzen'-Urteil des EuGH und Benelux- Markenrecht - Zum Urteil des EuGH vom 11.November 1997"
in: GRUR Int.1998, 471-474

Maul, Karl-Heinz
Maul, Corinna — „Produktpiraterie im Pharma-Bereich – Sanktionsbedarf und Schadensquantifizierung"
in: GRUR 1999, 1059-1066

Marx, Claudius — „Deutsches und europäisches Markenrecht - Handbuch für die Praxis"
Neuwied etc. 1997

Meister, Herbert E. — „Leistungsschutz und Produktpiraterie"
Frankfurt a.M. 1990

Meister, Herbert E. — „Aspekte der Produktpiraterie"
in: WRP 1991, 137-143

Meister, Herbert E. — „Zum Zwischenentwurf eines Markengesetzes"
in: MA 1993, 407-416

Meister, Herbert E. — „Die Verteidigung von Marken - Eine Skizze zum neuen Recht"
in: WRP 1995, 366-377

Mühlens, Peter — „Neue Waffen gegen Produktpiraterie - Das Gesetz zur Stärkung des Schutzes des geistigen Eigentums und zur Bekämpfung der Produktpiraterie"
in: CR 1990, 433-438

Müller, Stefan
Kornmeier, Martin
„Markenpiraterie hat geradezu beängstigende Ausmaße angenommen“
in: MA 2001, 34-41

Münchener Kommentar
„Bürgerliches Gesetzbuch - Schuldrecht Allgemeiner Teil“
4. Auflage
München 2003

Nägele, Thomas
„Die rechtsverletzende Benutzung im Markenrecht“
Dissertation, Baden-Baden 1999

Nordemann, Axel
„Internet-Domains und zeichenrechtliche Kollisionen“
in: NJW 1997, 1891-1897

Oppenhoff, Walter
„Wandel der Markenkonzeption?“
in: GRUR Int. 1973, 433-436

Oppermann, Klaus
„Der Auskunftsanspruch im gewerblichen Rechtsschutz und Urheberrecht“
Dissertation, Berlin 1997

Palandt, Otto
„Bürgerliches Gesetzbuch“
62. Auflage
München 2003

Piper, Henning
„Der Schutz der bekannten Marken“
in: GRUR 1996, 429-439

Redant, Stephan
„Bereicherungsansprüche und Schadensersatz bei Ausbeutung des guten Rufes“
Dissertation, Starnberg 2000

Remmertz, Frank Renè
„Schutz von bekannten Marken bei Produktähnlichkeit“
MarkenR 2000, 242-245

Retzer, Konrad
„Einige Überlegungen zum Vernichtungsanspruch bei der Nachahmung von Waren oder Leistungen“
in: FS Piper (1996), 421-438

Rogge, Rüdiger
„Schadensersatz nach Lizenzanalogie bei Verletzung von Patenten, Urheberrechten und anderen Schutzrechten“
in: FS für Rudolf Nirk (1992), 929-947

Ruijsenaars, Enrico | „Die Verwertung des Werbewerts bekannter Marken durch den Markeninhaber - Teil1: Ein Vergleich zwischen Deutschland und den Niederlanden"
in: GRUR Int.1988, 385-394

Sack, Rolf | „Die rechtlichen Funktionen des Warenzeichens"
in: GRUR 1972, 445-453

Sack, Rolf | „Sonderschutz bekannter Marken"
in: GRUR 1995, 81-98

Sack, Rolf | „'Doppelidentität' und 'gedankliches Inverbindungbringen' im neuen deutschen und europäischen Markenrecht"
in: GRUR 1996, 663-674

Sack, Rolf | „Der Benutzungszwang im internationalen Markenrecht"
in: FS für Henning Piper (1996), 603-626

Sack, Rolf | „Probleme des Markenschutzes im Ähnlichkeitsbereich"
in: WRP 1998, 1127-1141

Sack, Rolf | „Die Durchfuhr im europäischen Markenrecht nach der EuGH-Entscheidung vom 6.4.2000 zur ProduktpiraterieVO (EG) Nr. 3295/94"
in: WRP 2000, 702-704

Schäfer, Carsten | „Strafe und Prävention im Bürgerlichen Recht"
in: AcP 2002, 397-434

Scheja, Katharina | „Bekämpfung der grenzüberschreitenden Produktpiraterie durch die Zollbehörden"
in: CR 1995, 714-722

Scherbauer, Katja | „Die Grenzbeschlagnahme von Produktpirateriewaren im Immaterialgüterrecht"
Dissertation, Starnberg 2000

Schluep, Walter | „Das Markenrecht als subjektives Recht"
Basel 1964

Schmidl, Michael — „Die Bekämpfung der Produktpiraterie in der Bundesrepublik Deutschland und in Frankreich - Zur Notwendigkeit eines europäischen Markenstrafrechts am Beispiel der Gemeinschaftsmarke"
Dissertation, Bayreuth 1997

Schmieder, Hans-Heinrich — „Erste Erfahrungen mit dem neuen Markengesetz"
in: NJW 1997, 2908-2914

Schöner, Karlheinz — „Die Bekämpfung der Produktpiraterie durch die Zollbehörden"
in: Mitt DPA 1992, 180-186

Schreiner, Rupert — „Die Dienstleistungsmarke"
Dissertation, Köln etc. 1983

Schulz v., Detlef — „Zu den Privilegierungstatbeständen des § 23 MarkenG"
in: GRUR 1997, 408-414

Schulz v., Detlef — Kommentar zum Markengesetz
Heidelberg 2002

Selzer, Dagmar — „Der Schutz vor Markenpiraterie auf internationaler und europäischer Ebene"
Dissertation, Aachen 2002

Sielaff, Wolfgang — „Produktpiraterie - Gedanken über ein Delikt mit Zukunft"
in: Kriminalistik 1991, 434-438

Starck, Joachim — „Die Auswirkungen des Markengesetzes auf das Gesetz gegen den unlauteren Wettbewerb"
in: DZWir 1996, 313-316

Starck, Joachim — „Markenmäßiger Gebrauch - Besondere Voraussetzung für die Annahme einer Markenverletzung?"
in: GRUR 1996, 688-693

Starck, Joachim — „Markenschutz - Bemerkungen zum Schutz gegen Rufausnutzung und Rufbeeinträchtigung"
in: MarkenR 2000, 73-76

Teplitzky, Otto — „Verwechslungsgefahr und Warenähnlichkeit im neuen Markenrecht"
in: GRUR 1996, 1-5

Teplitzky, Otto | „Wettbewerbsrechtliche Ansprüche Unterlassung - Beseitigung - Schadensersatz“ 8. Auflage München 2002

Thun, Andrea | „Der immaterialgüterrechtliche Vernichtungsanspruch“ Dissertation, München 1998

Tilmann, Winfried | „Die Rechtsprechung des Europäischen Gerichtshofs und ihre Auswirkungen auf das künftige EWG-Markenrecht“ in: GRUR 1977, 446-460

Tilmann, Winfried | „Der Auskunftsanspruch“ in: GRUR 1987, 251-262

Tilmann, Winfried | „Der Schutz gegen Produktpiraterie nach dem Gesetz von 1990“ in: BB 1990, 1565-1569

Tilmann, Winfried | „Verwechslungsgefahr bei zusammengesetzten Zeichen“ in: GRUR 1996, 701-706

Trube, Claus Moritz | „Zum Vernichtungsanspruch nach § 18 MarkenG bei 'nichterschöpfter' Ware“ in: MarkenR 2001, 225-235

Ubber, Thomas | „Rechtsschutz bei Mißbrauch von Internet-Domains“ in: WRP 1997, 497-513

Völp, Fromut | „Vermarktung bekannter Marken durch Lizenzen“ in: GRUR 1985, 843-850

Wahlert v., Jobst | „Markenartikel und Kennzeichenschutz“ in: MA 1994, 568-576

Walchner, Wolfgang | „Der Beseitigungsanspruch im gewerblichen Rechtsschutz und Urheberrecht“ Dissertation, Köln etc. 1998

Weber, Bernd | „Probleme unlizenzierter Fan-Artikel im Sport - ein neues Phänomen der Produktpiraterie?“ in: SpuRt 1996, 83-86

Weber, Ulrich — „Die Bekämpfung der Videopiraterie mit den Mitteln des Strafrechts“
in: Wesen und Bekämpfung der Videopiraterie, S.51-69
München 1993

Wilde, Günther — „Probleme der warenzeichenmäßigen Benutzung von Kennzeichnungen“
in: GRUR 1968, 477-485

Will, Stefanie — „Der Markenschutz nach § 14 Markengesetz: Eine Untersuchung zum neuen Markenrecht nach der Umsetzung der ersten Richtlinie des Rates vom 21.Dezember 1989zur Angleichung der Rechtsvorschriften der Mitgliedstaaten über die Marken (89/104/EWG)“
Dissertation, Baden-Baden 1996

Winter, Franz — „Die internationale Markenpiraterie - Ein Prüfstein unseres Rechts gegen den Mißbrauch des freien Warenverkehrs“
in: GRUR 1981, 782-788

Winter, Franz — „Internationale Markenpiraterie
Möglichkeiten der Bekämpfung“
in: MA 1983, 392-398

Winter, Franz — „Administrative und legislative Maßnahmen zur Bekämpfung nachgeahmter Waren“
in: MA 1985, 62-67

Wiume, Mark — „Der Auskunftsanspruch im Markenrecht“
Dissertation, Konstanz 2001

Wölfel, Helmut — „Rechtsfolgen von Markenverletzungen und Maßnahmen zur Bekämpfung der Markenpiraterie“
Dissertation, Köln etc. 1990

1. Teil: Einführung

A) Das Phänomen der Markenpiraterie

„Früher enterten Piraten mit lautem Geschrei Schiffe und raubten Gold und Juwelen, heute arbeiten Piraten lautlos und im Verborgenen. Der Schaden, den sie durch Produkt- und Markenpiraterie verursachen, ist dennoch beträchtlich."[1] Mit dem Begriff der Piraterie[2] assoziiert man automatisch unerlaubte Handlung, Rechtsbruch und Vorsatz. Dies gilt sowohl für die ursprünglichen Piraten, als auch für ihre modernen, zeitgenössischen Nachfahren. Auch vermittelt der Begriff der Markenpiraterie den Eindruck eines Angriffs auf körperliche Gegenstände. Tatsächlich dient in der Regel ein körperlicher Gegenstand - der Markenartikel - als Vorbild für die Herstellung der Imitation. Das Wesen des verwirklichten Unrechts besteht allerdings darin, dass die in diesen Gegenständen *verkörperte geistige Leistung* missbraucht wird.[3] Durch die Nachahmung von Marken und Markenartikeln werden die Interessen der Berechtigten gerade nicht im Sinne eines Entzuges der Ware selbst beeinträchtigt. Vielmehr werden diese in der Möglichkeit beschränkt, über die Ergebnisse ihrer geistigen Leistung frei und ausschließlich zu verfügen.[4] Der Plagiator verletzt also ein fremdes Immaterialgüterrecht, mithin das „geistige Eigentum", welches das Bundesverfassungsgericht unter den Schutz des Artikel 14 I 1 GG fasst[5]. Das geistige Gut wird durch seine häufige Verwendung nicht berührt. Im Gegensatz zu körperlichen Gütern wird es nicht verbraucht und kann beliebig oft eingesetzt werden. Diese Eigenschaft trägt dazu bei, dass große Teile der Bevölkerung ein relativ gering ausgeprägtes Unrechtsbewusstsein hinsichtlich der rechtswidrigen Verwertung geistiger Leistungen haben. Dieser Mangel an Unrechtsbewusstsein vermag jedoch nicht über die Tatsache hinwegzutäuschen, dass auch durch eine unerlaubte Verwendung von Immaterialgütern persönliche und materielle Interessen des Werkschaffenden berührt werden. Bei der Imitation von Marken und Markenartikeln steht die Verletzung materieller Interessen eindeutig im Vordergrund. Denn die Schöpfung einer Marke dient dem Schöpfer in erster Linie nicht zur Umsetzung ästhetischer Vorstellungen und Vorlieben, sondern der wirtschaftlichen Verwertung einer anderen, vorgelagerten Idee. Deshalb soll auf die Darstellung der ideellen Interessen in dieser Arbeit verzichtet werden.

Die Nachahmung von Marken und Markenartikeln ist als „Diebstahl" geistigen Eigentums

---

1 So DIHT-Hauptgeschäftsführer Franz Schoser in: FAZ-Verlagsbeilage zum Thema „Markenartikel" vom 27.6.2001.

2 Der Begriff der Piraterie kommt aus dem Griechischen und lässt sich etwa mit „Wagnis" übersetzen. vgl. Sielaff in: Kriminalistik 1991, 434.

3 Beier/v. Mühlendahl, S.21.

4 Scherbauer, S.37.

5 BVerfG NJW 1971, 2163, 2165, 2169; BVerfG NJW 1972, 145; BVerfG NJW 1979, 2029.

zu qualifizieren. Eine unberechtigte Benutzung kann - insbesondere gemäß § 143 MarkenG - strafrechtlich geahndet werden. Der Markeninhaber kann sich mit Hilfe der markenrechtlichen Instrumentarien aber auch auf zivilrechtlicher Ebene zu Wehr setzen. Nach § 14 V MarkenG kann er im Falle einer unberechtigten Benutzung der Marke einen Unterlassungsanspruch geltend machen. Bei vorsätzlichem oder fahrlässigem Handeln steht ihm darüber hinaus auch ein Schadensersatzanspruch gemäß § 14 VI MarkenG zu. Nach § 18 MarkenG kann er zudem die Vernichtung der widerrechtlich gekennzeichneten Gegenstände und der zur Kennzeichnung benutzten Vorrichtungen verlangen, wenn dies im Einzelfall nicht unverhältnismäßig ist. Der Inhaber der Marke kann ferner nach § 19 MarkenG Auskunft über Herkunft und Vertriebsweg der widerrechtlich gekennzeichneten Gegenstände verlangen. Außerdem kann der Schutzrechtsinhaber einen Antrag auf Grenzbeschlagnahme gemäß §§ 146ff. MarkenG oder gestützt auf die Verordnung (EG) Nr. 3295/94 („Produktpiraterieverordnung") stellen.

Auch viele „Anti-Piraterie"-Organisationen[6] haben sich die Bekämpfung der Produkt- und Markenpiraterie zum Ziel gemacht. Zwar wurden fremde Produkte und deren Kennzeichen, die Herkunft und Qualität signalisieren, seit jeher kopiert. Gerade in den letzten dreißig Jahren hat diese Form der Ausbeutung fremder Leistungen jedoch immens zugenommen. Neu sind Umfang und Organisationsgrad des „Nachahmer-Unwesens".[7] Nach heutigen Schätzungen machen Plagiate etwa 5 bis 10 % des Welthandels aus und verursachen den Originalherstellern weltweite Schäden von etwa 200 bis 300 Milliarden Euro jährlich.[8] Allein die deutsche Wirtschaft erleidet jährliche Umsatzeinbußen von circa 28 Milliarden Euro sowie den Verlust von etwa 70.000 Arbeitsplätzen.[9] Gelangen einzelne Plagiate in großen Mengen auf den Markt, so kann das sogar dazu führen, dass das Unternehmen des Rechtsinhabers Insolvenz anmelden muss.

Die modernen Piraten beschränken sich nicht mehr auf das „Abkupfern" von Luxusartikeln, sondern kopieren auch Massenware, die im Trend liegt und sich gut verkaufen lässt. Die Fälschungspalette reicht von Textilien, Computersoftware, CD`s, Spielwaren, Maschinen und Ersatzteilen bis hin zu Verbrauchsgütern des täglichen Bedarfs und sogar

---

6 Z.B. der Aktionskreis deutsche Wirtschaft zur Bekämpfung der Produkt- und Markenpiraterie (APM)/REACT in Bonn, die World Intellectual Property Organisation (WIPO) oder die World Trade Organisation (WTO) beide mit Sitz in der Schweiz. vgl. insgesamt zu Namen und Anschriften ausgewählter Anti-Piraterie-Organisationen Harte-Bavendamm, § 2, Rn.24.
Außerdem wird alljährlich in Berlin von einer Jury, die sich aus Politikern, Unternehmern und Juristen zusammensetzt, medienwirksam der „Plagiarius", ein Negativpreis für kopierte Waren, verliehen, um die Öffentlichkeit auf Plagiate aufmerksam zu machen und die Plagiatoren zu blamieren.

7 Müller/Kornmeier in: MA 2001, 34.

8 Zweiter Produktpirateriebericht der Bundesregierung, BT-Drucks. 14/2111 vom 10.11.1999, S.12; Folgemaßnahmen zum Grünbuch über die Bekämpfung von Nachahmungen und Produkt- und Dienstleistungspiratrie, KOM (2000) 789 endg. vom 30.11.2000; vgl. FAZ-Verlagsbeilage zum Thema „Markenartikel" vom 27.6.2001; Levin in: GRUR Int.1987, 18, 19; Grauel in: MarkenR 2000, 91; Holzbach in: MMR 6/2003, VI; Thun, S.2; Selzer, S.45.

9 Maul/Maul in: GRUR 1999, 1059; Müller/Kornmeier in: MA 2001, 34, 36; Selzer, S.45.

Arzneimitteln. Es gibt kaum eine Produktkategorie, die nicht betroffen ist. Die Ursachen hierfür sind vielfältig. Zu nennen sind diesbezüglich insbesondere die beschleunigte Globalisierung von Handel und Kommunikation sowie die technische Entwicklung von Herstellungs- und damit zwangsläufig auch von Nachahmungsverfahren.[10] Hervorzuheben ist aber, dass die Marke als weltweit einsetzbares Herkunftszeichen, Qualitätssymbol und Kommunikationselement immer bedeutsamer wird.[11] Für den Plagiator besteht der Vorteil der Nachahmung darin, dass er die Imitation eines renommierten Markenartikels schnell und gewinnbringend absetzen und dabei die Investitionen des Markeninhabers nutzen kann, so dass keine eigenen Investitionskosten mehr entstehen.[12] Dieser Vorteil für den Plagiator wird besonders augenfällig, wenn man bedenkt, dass in vielen Wirtschaftsbereichen die weitaus größten Kosten nicht mehr bei der Produktion, sondern bei der Innovation entstehen.

Das Fälschungsunwesen ist international organisiert und weist mafia-ähnliche Strukturen auf.[13] Da die Täter in kürzester Zeit bei vergleichsweise geringem Risiko große Gewinne erzielen, hat diese Form der organisierten Wirtschaftskriminalität enorme Ausmaße angenommen.[14] Oft wird die unzulängliche Strafverfolgungsbereitschaft der mit markenrechtlichen Fällen konfrontierten Ermittlungsbehörden beklagt.[15] Dies beruht unter anderem darauf, dass die zuständigen Rechtspflegeorgane beim strafrechtlichen Schutz des geistigen Eigentums mit einer ihnen oft unbekannten Rechtsmaterie konfrontiert werden.[16] Ursächlich für die Strafverfolgungsdefizite ist jedoch auch die Tatsache, dass die Betroffenen selbst erst seit den 80er Jahren verstärkt strafrechtliche Schritte einleiten.[17]

Geschädigt und gefährdet werden durch Markenverletzungen aber nicht nur Originalhersteller und Markeninhaber, da ihnen Gewinne entgehen und sie unter Umständen Reputationsverluste erleiden. Aufgrund minderwertiger Material- und Verarbeitungsqualität - etwa bei Ersatzteilen - kann es auch zu ernsthaften Gefährdungen der Konsumenten an Leib und Leben kommen. Ferner erleidet die gesamte Volkswirtschaft schwere Nachteile im Hinblick auf entgangene Steuereinnahmen, den Verlust von Arbeitsplätzen und eine schwindende Investitions- und Innovationskraft.

Zwar hat das sogenannte Produktpirateriegesetz[18] von 1990 die nationalen gesetzlichen

---

10 Harte-Bavendamm, § 1, Rn.2.

11 Harte-Bavendamm, § 1, Rn.2.

12 Schmidl, S.33.

13 Kelz/Wich in: Mitt 1986, 28, 30 (Fn.18); Kröger/Bausch in: GRUR 1997, 321, 322.

14 Janovsky in: Kriminalistik 2000, 483, 485; Hees in: GRUR 2002, 1037; Deutsche Vereinigung für gewerblichen Rechtsschutz und Urheberrecht e.V. in: GRUR 1999, 479; Winter in: GRUR 1981, 1, 4; Harte-Bavendamm, Vorwort, S.V.

15 Deutsche Vereinigung für gewerblichen Rechtsschutz und Urheberrecht e.V. in: GRUR 1999, 318; Harte-Bavendamm § 5, Rn.12, 140; Schmidl, S.138ff.; Braun, S.36.

16 Harte-Bavendamm/Holler, § 5, Rn.140.

17 Harte-Bavendamm/Holler, § 5, Rn.139.

18 Das Gesetz sollte ursprünglich ausschließlich der Produktpirateriebekämpfung dienen, wurde aber aufgrund des Nachbesserungsbedarfs hinsichtlich anderer Gesetze zum Schutze geistiger

Instrumentarien zur Bekämpfung massenhafter und gezielt begangener Schutzrechtsverletzungen deutlich verbessert. Dennoch muss über weitere Verbesserungen in rechtlicher und tatsächlicher Hinsicht nachgedacht werden, um die Flut von Fälschungen noch wirksamer einzudämmen.

B) Die Geschichte der Markenpiraterie und ihrer Bekämpfung

Imitationen und die Übernahme fremder gewerblicher oder intellektueller Leistungen sind keine moderne Erscheinung. Schon von alters her wurden Markenzeichen in unberechtigter Art und Weise genutzt, Produkte, Designentwürfe und Modelle nachgeahmt, kurz gesagt, berühmte oder bekannte Vorbilder wirtschaftlich ausgebeutet.[19]

Selbst von Statuen aus dem Jahre 2400 v.Chr. wurden Kopien gefunden, welche ihrerseits nachweislich schon aus dem Jahre 600 v.Chr. stammen.[20]

In den entlegensten Gebieten des römischen Reiches wurden - erwiesenermaßen gefälschte - Marken-Öllampen renommierter norditalienischer Hersteller entdeckt.[21]

Auch setzte man sich bereits früh mit der Eigenart und den Folgen solcher Taten auseinander. So prangerte der römische Epigrammatiker Martialis (ca. 40-102 n.Chr.) die unbefugte Aneignung geistigen Eigentums als Diebstahl und Raub am Menschen an.[22] Nach seiner Anschauung waren nämlich die Früchte des menschlichen Geistes gleichsam Kinder ihres Schöpfers. Folgerichtig bezeichnete er die Täter auch als „plagiarii".[23]

Im 15. Jahrhundert wurde dann erstmals der Begriff „piracy" in einem englischsprachigen juristischen Text benutzt.[24]

Im 18. Jahrhundert definierte das Oxford Shorter English Dictionary den Terminus „piracy" als eine „mit Gewinnerzielungsabsicht vorgenommene, unerlaubte Ausnutzung des Werkes oder der Erfindung eines anderen".[25]

Es existieren Berichte darüber, dass bereits vor dem Jahre 1840 die Marken von Bleischrot und Neusilber ebenso gefälscht wurden wie die von Kaffee-Ersatz, Bier, Sekt und anderen Lebensmitteln.[26]

Die Industrialisierung ermöglichte später die Massenfertigung von Plagiaten.[27]

Errungenschaften in „Gesetz zur Stärkung des Schutzes des geistigen Eigentums und zur Bekämpfung der Produktpiraterie" unbenannt und auch inhaltlich entsprechend erweitert. Der Deutsche Bundestag verabschiedete das Produktpirateriegesetz am 7.3.1990 in dieser ergänzten Form. Es trat am 1.7.1990 in Kraft. Im Folgenden wird es kurz *PrPG* genannt.

19 Sprung in: ICC-Symposium 1984 Markenpiraterie, 1, 11.

20 Schmidl, S.31.

21 Harte-Bavendamm, § 1, Rn.5.

22 Scriptorum classicorum bibliotheca oxoniensis, I, 52; vgl. Schmidl, S.32.

23 Der Begriff „plagium" bedeutet übersetzt so viel wie Menschen- oder Seelenraub. „Der kleine Stowasser", Lateinisch-Deutsches Wörterbuch, S.378.

24 Levin in: GRUR Int. 1987, 18, 21.

25 Levin in: GRUR Int. 1987, 18, 21.

26 Meister in: WRP 1991, 137.

27 Harte-Bavendamm, § 1, Rn.6.

Es wurden entweder die nachgeahmten Produkte selbst oder nur ihre Verpackung mit bekannten Wort- und Bildmarken der Originalhersteller versehen. Aufgrund einer Zunahme dieses Fälschungs-Unwesens wurde im Jahre 1851 von den preußischen Staaten der § 269 des Strafgesetzbuches eingeführt.[28] Darin wurde derjenige mit Strafe bedroht, der „Waren oder deren Verpackungen fälschlich mit dem Namen oder der Firma und mit dem Wohn- oder Fabrikorte eines inländischen Fabrikunternehmers, Produzenten oder Kaufmanns bezeichnete oder wissentlich dergleichen fälschlich bezeichnete Waren in den Verkehr" brachte.
Auch in den Vereinigten Staaten von Amerika wurde der Kongress im Jahre 1876 von 400 führenden Produzenten und Händlern zur Einführung strafrechtlicher Sanktionen gegen die gewerbliche Produktfälschung aufgefordert.
Infolge der verbesserten Massenproduktions-Techniken und der immer kürzeren Entwicklungsphasen neuer Produkte stieg die Anzahl eingetragener Marken im 20. Jahrhundert rasant an. Zeitgleich entwickelte sich aber auch das bisherige, handwerklich strukturierte Nachahmungswesen zu einer weltweit agierende Fälschungsindustrie. Das Phänomen der Produkt- und Markenpiraterie kann somit als „wesensimmanentes Übel der Marktwirtschaft"[29] bezeichnet werden.
Auch die Wirkung der Nachahmungen auf die am Markt Beteiligten unterlag während der Entwicklung der Piraterie einem Wandel.
Anfangs reichte schon die bloße Anbringung eines gefälschten Markenzeichens auf irgendeiner Ware - die dem Original optisch nicht einmal ähnlich zu sein brauchte - aus, um den Konsumenten über den Hersteller des Produkts zu täuschen. Doch schon bald musste die Imitation, um Absatzchancen zu haben, dem Original möglichst weitgehend gleichen. Schließlich wurde die gesamte Erscheinungsform der Originalprodukte naturgetreu nachgeahmt.
Bis in die zweite Hälfte des zwanzigsten Jahrhunderts betrafen Pirateriefälle vorwiegend Luxusartikel, Gegenstände des gehobenen (primär modischen) Bedarfs und vereinzelt auch Werkzeuge und Maschinen.[30] Heute betrifft die Ausnutzung fremder Leistungen alle Branchen und Schutzrechte.
Zu Beginn der 70er Jahre war eine erste, besorgniserregende Welle von Fällen der Markenpiraterie zu beobachten, die - von Ostasien ausgehend - in der Bundesrepublik auftrat.[31] Seit Anfang der 80iger Jahre wird die Effizienz bei der Bekämpfung der internationalen Markenpiraterie als „Prüfstein unseres Rechts gegen den Missbrauch des freien Warenverkehrs"[32] verstanden. Die Deutsche Vereinigung für gewerblichen Rechtsschutz und

---

28 Harte-Bavendamm, § 1, Rn.6.

29 Schmidl, S. 33; so auch Selzer, S.51 und Müller/Kornmeier in: MA 2001, 34, die diesbezüglich von einer Nebenerscheinung des wirtschaftlichen Fortschritts im Industrie- und Informationszeitalter sprechen.

30 Oppermann, S.2; Harte-Bavendamm, § 1, Rn.13.

31 Winter in: GRUR 1981, 782, 787; Winter in: MA 1983, 392, 396; Oppermann, S.101.

32 Winter in: GRUR 1981, 782.

Urheberrecht sprach sich bereits Mitte der 80er Jahre dafür aus, die Marken- und Produktpiraterie als eine besondere Form der Wirtschaftskriminalität zu begreifen, und arbeitete detaillierte Vorschläge für ein konsequentes rechtliches Schutzinstrumentarium aus, die dem Bundesjustizministerium im Mai 1985 vorgelegt wurden.[33]
Auf nationaler Ebene wurden erste effektive Schutzmöglichkeiten im Jahre 1990 durch den Erlass des „Produktpirateriegesetzes" geschaffen. Da man von der prinzipiellen Gleichartigkeit der gewerblichen Schutzrechte ausging, wurde durch dieses Artikelgesetz auch die Stellung der Schutzrechtsinhaber in Rechtsverletzungsfällen in horizontaler, d.h. gleichmäßiger Weise, gestärkt.[34] Insbesondere im Bereich der Produktpiraterie sollte den Schutzrechtsinhabern ermöglicht werden, schneller und effektiver gegen die einzelnen Rechtsverletzer vorzugehen.[35] Zu diesem Zweck wurde der Strafrahmen für vorsätzliche Schutzrechtsverletzungen auf drei, für den Fall gewerbsmäßigen Handels auf fünf Jahre erweitert. Daneben wurde ein zivilrechtlicher - in Fällen „offensichtlicher" Rechtsverletzung auch im Verfügungsverfahren durchsetzbarer - Auskunftsanspruch bezüglich der Lieferquellen und Absatzwege eingeführt. Der Beseitigungsanspruch wurde - vor allem auch aus Gründen der Generalprävention - dadurch verstärkt, dass die vollständige Vernichtung der rechtsverletzenden Waren zur Regel und die bloße Beseitigung rechtswidriger Kennzeichen zur Ausnahme wurde.
Schließlich wurde das Warenzeichengesetz reformiert. Im Zuge einer weiteren Novellierung trat am 01.01.1995 das neue Markengesetz[36] in Kraft. Hierdurch wurden den Kennzeicheninhabern weiter verbesserte Mittel zur Rechtsdurchsetzung an die Hand gegeben.
Produktpirateriegesetz und Markengesetz verdeutlicht, dass die Bundesrepublik Deutschland bei der Bekämpfung der Produkt- und Markenpiraterie eine der führenden Nationen ist.[37]
Auf internationaler Ebene wurden in den 80er Jahren zur Bekämpfung der Markenpiraterie verschiedene Memoranden und Resolutionen unterzeichnet. 1982 wurde durch das GATT-Sekretariat ein US-amerikanischer Entwurf eines „Agreement on Measures to Discourage the Importation of Counterfeiting Goods" vorgestellt[38], der jedoch aufgrund des Widerstandes einer Gruppe von Mitgliedstaaten nicht verabschiedet wurde[39]. Auch die Weltorganisation für Geistiges Eigentum (WIPO)[40] und die Internationale Vereinigung für

33 Deutsche Vereinigung für gewerblichen Rechtsschutz und Urheberrecht e.V. in: GRUR 1999, 479.

34 Begründung PrPG BT-Drucks.11/4792 vom 15.6.1989, S.15, 17f.

35 Begründung PrPG BT-Drucks.11/4792 vom 15.6.1989, S.15.

36 Ausgefertigt und verkündet als Art.1 des Markenrechtsreformgesetzes (Gesetz zur Reform des Markenrechts und zur Umsetzung der Ersten Richtlinie 89/1047 EWG des Rates vom 21.12.1988 zur Angleichung der Rechtsvorschriften der Mitgliedstaaten über die Marken) vom 25.10.1994, BGBl. I, S.3082 ff., geändert am 19.7.1996, BGBl. I, S.1014 ff.

37 Schmidl, S.3.

38 Abgedruckt bei Meister, S.125ff.

39 Wölfel, S.197.

40 Vgl. Bericht über die zweite Sitzung des WIPO-Expertenkommitees zum Schutz gegen

gewerblichen Rechtsschutz[41] verfassten 1985/86 ein Memorandum und 1994 Resolutionen, die jeweils die Bekämpfung der Marken- und Produktpiraterie zum Gegenstand hatten.
Besondere Bedeutung im Rahmen der Bekämpfung der internationalen Produktpiraterie kommt dem Abschluss eines „Agreement on Trade-Related Aspects of Intellectual Property Rights" (TRIPs)[42] vom 15.04.1994 zu. Das TRIPs ist eine Art Rahmengesetz, das bezweckt, gewisse Mindeststandards zum Schutz des geistigen Eigentums weltweit zu garantieren. Neben einem privatrechtlichen Vernichtungsanspruch (Art.46), einem privatrechtlichem Auskunftsanspruch (Art.47) und einer zollrechtlichen Beschlagnahmeregelung (Art.51ff.) wurde dort ein verstärkter strafrechtlicher Schutz (Art.61) vorgesehen.[43]
Auch der europäische Gesetzgeber wurde bei Bekämpfung der internationalen Markenpiraterie tätig, indem er die EG-Verordnung Nr.3842/86 „über Maßnahmen zum Verbot der Überführung nachgeahmter Waren in den zollrechtlich freien Verkehr"[44] erließ, die am 01.01.1988 in Kraft trat. Da sich ihr Anwendungsbereich nur auf die Fälle der Einfuhr und auf diejenigen Waren beschränkte, durch welche eingetragene Marken verletzt werden, erwies sich diese erste Produktpiraterieverordnung jedoch als nicht ausreichend und wurde durch die EG-Verordnung Nr.3295/94 „über Maßnahmen zum Verbot der Überführung nachgeahmter Waren und unerlaubt hergestellter Vervielfältigungsstücke oder Nachbildungen in den zollrechtlich freien Verkehr oder in ein Nichterhebungsverfahren sowie zum Verbot ihrer Ausfuhr und Wiederausfuhr"[45] ersetzt. Durch die Erweiterung ihres Geltungsbereichs auch auf Ausfuhr und Versand und auf Waren, die Urheberrechte, verwandte Schutzrechte oder Geschmacksmusterrechte verletzen, wurden dem zunehmenden Handel mit Plagiaten umfassendere zollrechtliche Möglichkeiten entgegengesetzt. Das maßgebliche Ziel dieser Verordnung war es, zu verhindern, dass die oben genannten Waren überhaupt in den Marktkreislauf gelangen.[46]
Die am 01.07.1999 in Kraft getretene Verordnung Nr.241/1999[47] brachte schließlich einige weitere Änderungen mit sich. Der Titel der Verordnung Nr.3295/94 wurde neu gefasst in „Verordnung ... über Maßnahmen, welche das Verbringen von Waren, die bestimmte Rechte am geistigen Eigentum verletzen, in die Gemeinschaft sowie ihre Ausfuhr oder

---

Nachahmung (counterfeiting), 25. - 29. Mai 1987 / Genf in: GRUR Int. 1987, 693, 694f.

41 Vgl. Bericht über den XXXIII. Kongress der Internationalen Vereinigung für gewerblichen Rechtsschutz (AIPPI), 8. - 13. Juni 1986 / London in: GRUR Int. 1986, 621, 626f. und Bericht über Sitzung des geschäftsführenden Ausschusses der AIPPI, 12. - 18. Juni 1994 / Kopenhagen in: GRUR Int. 1994, 1023, 1027.

42 Abgedruckt in: GRUR Int. 1994, 128ff.; speziell zu den markenrechtlichen Bestimmungen des TRIPs-Übereinkommens vgl. Kur in: GRUR Int. 1994, 987ff; Selzer, S.69ff.

43 Diese Forderungen sind in der Bundesrepublik durch das Produktpirateriegesetz umgesetzt worden. dazu später noch ausführlicher.

44 Abgedruckt in: GRUR Int. 1987, 98ff.

45 Abgedruckt in: GRUR Int. 1995, 483ff.

46 2.Erwägungsgrund der Verordnung (EG) Nr.3295/94, abgedruckt bei Fezer, S.2393.

47 Abgedruckt bei Harte-Bavendamm, S.565 ff. u. Fezer, S.2392ff.

Wiederausfuhr aus der Gemeinschaft betreffen" und ihr Geltungsbereich auf alle zollrechtlich relevanten Sachverhalte ausgedehnt. Durch die Neufassung wurde zudem das System der Grenzbeschlagnahme verbessert und ausgebaut. Daneben wurde die Gemeinschaftsmarke in das Schutzsystem einbezogen.
Ferner beschloss der europäische Rat im Rahmen eines Aktionsplans zur Bekämpfung der organisierten Kriminalität am 28.04.1997 die Gründung einer speziellen Kommission.[48] Diese sollte bis Ende 1998 überprüfen, ob die Einführung gemeinsamer Bestimmungen zur Bekämpfung der organisierten Kriminalität, insbesondere im Bereich der Nachahmung von Produkten und Kennzeichen, erforderlich ist. In ihrem „Grünbuch zur Bekämpfung von Nachahmungen und Produkt- und Dienstleistungspiraterie im Binnenmarkt" vom 15.10.1998[49] verfolgte die Kommission drei Ziele: die Evaluierung der wirtschaftlichen Auswirkungen von Nachahmungen sowie der Produkt- und Dienstleistungspiraterie, die Überprüfung einschlägiger Rechtsvorschriften und die Erkundung erforderlicher gemeinschaftsweiter Maßnahmen.
Die Steigerung der Effizienz bei der Bekämpfung von Pirateriehandlungen sollte dabei auf vier Ebenen erfolgen: durch Überwachungsmaßnahmen des privaten Sektors, durch technische Schutzvorkehrungen, durch Sanktionen und Mittel zur Durchsetzung der Rechte des geistigen Eigentums sowie durch administrative Zusammenarbeit der zuständigen Behörden.[50]

C) Ziel und Gang der Darstellung

Ziel der Darstellung ist es, dass Phänomen der Markenpiraterie umfassend zu ergründen, um darauf aufbauend die Frage nach erfolgversprechenden Abwehrmöglichkeiten, insbesondere in Form von Schutzmaßnahmen durch das nationale Recht[51], zu untersuchen.
Der zweite Teil der Darstellung behandelt die markenrechtlichen Grundlagen. Neben dem Ursprung der Marke und den Funktionen, die sie im Marktgeschehen übernimmt, wird die Bedeutung der Marke im Geschäftsverkehr und ihr Nutzen für die einzelnen Marktteilnehmer erörtert.
Ein Schwerpunkt besteht darin, die unübersichtliche und verwirrende Begriffsvielfalt, die hinsichtlich der Fälschungsobjekte und -tatbestände herrscht, zu analysieren und eine Begriffsklärung vorzunehmen. Die dadurch gewonnenen Erkenntnisse sollen dazu dienen, die Problematik der bestehenden „terminologischen Gemengelage"[52] zu lösen.
Der dritte Teil widmet sich den rechtstatsächlichen, insbesondere ökonomischen und sozialen Aspekten der Markenpiraterie.

---

48 Abl. EG Nr. C251/15 vom 15.08.1997, Pkt.26 a.E.

49 KOM (98) 569 endg. vom 15.10.1998.

50 Folgemaßnahmen zum Grünbuch über die Bekämpfung von Nachahmungen und Produkt- und Dienstleistungspiraterie, KOM (2000) 789 endg. vom 30.11.2000, S.2.

51 Primär soll dabei das Markenrecht näher beleuchtet werden. Andere Rechtsgebiete werden hingegen nur am Rande tangiert.

52 Harte-Bavendamm, § 1, Rn.42.

Im vierten Teil, dem Kern der Arbeit, werden zunächst die verschiedenen Erscheinungsformen anhand des Gesetzes rechtlich eingeordnet und sodann die - primär markenrechtlichen - Abwehrinstrumentarien analysiert. Dabei werden sowohl tatsächliche als auch rechtliche Präventions- und Sanktionsmöglichkeiten der Markeninhaber dargestellt und bewertet. Die Untersuchung der markenrechtlichen Sanktionsinstrumentarien ist dabei wiederum in drei Abschnitte unterteilt: Entsprechend den Gegebenheiten der Rechtspraxis bilden die zivilrechtlichen Unterlassungs-, Schadensersatz-, Vernichtungs- und Auskunftsansprüche den Schwerpunkt. Daneben werden aber auch straf- und zollrechtliche Sanktionsmöglichkeiten behandelt.
Abschließend werden im fünften Teil Verbesserungsvorschläge, die grundlegende institutionelle und organisatorische Fragen zur Markenpiraterie betreffen, gemacht.

2. Teil: Dogmatische Grundlegung

A) Markenrechtliche Grundlagen

Um das Phänomen der Markenpiraterie und die möglichen Gegenmaßnahmen darzustellen, ist es erforderlich, vorab die markenrechtlichen Grundlagen zu klären. Die Marke muss als Schutzobjekt bestimmt werden. Im Folgenden werden Begriff, Geschichte und Aufgaben der Marke sowie das Markenrecht in seiner Funktion als subjektives Abwehrrecht beschrieben. Anschließend wird die Begriffsvielfalt, die die Markenpiraterie umgibt, analysiert.

I. Begriff und Geschichte der Marke

Von grundlegender Bedeutung für eine umfassende Untersuchung der Markenpiraterie ist zunächst die Bestimmung des Schutzobjekts.

1. Tatsächliche Hintergründe

Die Marke[53] ist keine neuartige Erscheinung, sie diente schon früh der Kennzeichnung geistiger Leistungen. So versahen die Griechen bereits in der Antike insbesondere Keramikprodukte mit Marken, die auf den Hersteller hinweisen sollten.[54] Schon damals dienten Kennzeichen als Herkunftsnachweis. Auch die Händler benutzten sehr bald ihre eigenen Handelsmarken, um ihr Eigentum zu manifestieren.[55] Im Mittelalter und in der Neuzeit wurden Herkunftskennzeichnungen sämtlicher Handwerksbranchen (Gold- und Silberschmiede, Buchdrucker, Papier- und Porzellanhersteller, Steinmetze, Möbeltischler) eingeführt.[56] Es wurde die sogenannte Meistermarke entwickelt, das Urheberzeichen der Handwerksmeister.[57]

In dieser Zeit trat neben die Herkunftsfunktion eine Art Garantie für Güte und Qualität, die sich an den Hersteller knüpfen ließ.[58] Ferner wurden sogenannte Privilegienmarken[59] geschaffen. Die Herrscher erteilten hierbei das Privileg der ausschließlichen Benutzung von Marken als Belohnung für die Schaffung neuartiger Produkte. Dadurch sollte ein zusätzlicher Ansporn für den Erfindungsgeist der Bevölkerung geschaffen werden, welcher der Wohlstandsmehrung des gesamten Volkes zu Gute kommen sollte.

---

53 Der Begriff „Marke“ basiert auf dem althochdeutschen Wort „marcha“ oder „marka“ und bedeutet soviel wie Aufschrift oder Merkzeichen. vgl. Schluep, S.1.

54 Fezer in: GRUR 2003, 457; Schmidl, S.21; Selzer, S.5.

55 Selzer, S.5; Harte-Bavendamm, § 1, Rn.6; Leitherer in: MA 1956, 685, 688; Fezer in: GRUR 2003, 457.

56 Leitherer in: MA 1956, 685, 691; Fezer in: GRUR 2003, 457, 458; Harte-Bavendamm, § 1, Rn.6.

57 Selzer, S.6; Leitherer in: MA 1956, 685, 690.

58 Schmidl, S.21; Selzer, S.6; Leitherer in: MA 1956, 685, 690.

59 Selzer, S.7.

Im Zuge der Industrialisierung des 19. Jahrhunderts wandelte sich das Wirtschaftsleben in vielen Bereichen. Aus der Erschließung und besseren Erreichbarkeit immer neuer Märkte folgte insbesondere für das geistige Eigentum ein vormals nicht gekanntes Wirtschaftspotential, woraus eine Bedeutungssteigerung aber auch ein Wesenswandel resultierten.[60] Es wurde erforderlich, auch eine Idee und deren Umsetzung eindeutig ihrem Urheber zuzuordnen, ihn mittels Kennzeichnung rechtlich zu schützen.

2. Rechtliche Aspekte

Der früher verwendete Begriff des „Warenzeichens" wurde mit Inkrafttreten des Markengesetzes am 1.1 1995 abgeschafft.[61] Der Gesetzgeber hat sich statt dessen für die zeitgemäßere Bezeichnung der „Marke" entschieden, die neben der „geschäftlichen Bezeichnung" und der „geographischen Herkunftsangabe" unter den gemeinsamen Oberbegriff des *Kennzeichens* gefasst wird.[62]
Nach § 4 II Nr.1 WZG musste das Kennzeichen, um den Schutz als Warenzeichen zu genießen, geeignet sein, die Waren oder Dienstleistungen des Anmelders von den Waren oder Dienstleistungen eines anderen zu unterscheiden. In § 3 I MarkenG findet sich der entsprechende Begriff der *Unterscheidungskraft* wieder. Zunächst verstand die höchstrichterliche Rechtsprechung darunter die Eignung des Kennzeichens für den Verkehr, die Herkunft der Ware aus einem bestimmten Geschäftsbetrieb erkennbar zu machen.[63] Mittlerweile wird an der Ausschließlichkeit der Herkunftsfunktion der Marke nicht mehr festgehalten. Der EuGH hat jedoch betont, dass insbesondere die Herkunftsfunktion maßgeblicher Inhalt des durch die Marke gewährten Schutzes sei.[64]
Im Vergleich zur Rechtslage unter dem Warenzeichengesetz wurde der Markenschutz durch das Markengesetz deutlich erweitert. Heute werden nicht mehr nur flächenhafte Darstellungen als Marke geschützt, sondern auch plastische (dreidimensionale) Gestaltungen, wenn sie unterscheidungskräftig sind und kein Freihaltebedürfnis gemäß § 8 II MarkenG besteht. Während es früher z.B. nicht möglich war, die Abbildung einer Warenverpackung als Warenzeichen schützen zu lassen, weil man annahm, die Form der Warenverpackung weise nicht die für die Eintragung erforderliche zeichenmäßige Kennzeichnungskraft auf [65], ist heute der Schutz einer Warenverpackung als Marke explizit in § 3 I MarkenG aufgeführt.
Zwar beinhaltet § 3 I MarkenG keine abstrakte Definition des Begriffs der Marke, nennt aber erschöpfend, was als solche in Betracht kommt:
- Wörter (einschließlich Personennamen),
- Abbildungen,

[60] Fezer in: GRUR 2003, 457, 460; Schmidl, S.21.
[61] Im Folgenden werden die Begriffe Marke und Warenzeichen gleichbedeutend verwendet.
[62] Marx, Rn.21.
[63] Berlit, Rn.3.
[64] EuGH WRP 1998, 1165, 1167 - „Canon".
[65] BGH GRUR 1964, 454, 455 - „Palmolive".

- einzelne Buchstaben,
- Zahlen,
- Hörzeichen,
- dreidimensionale Gestaltungen (einschließlich Warenform oder Warenverpackungen) sowie
- Farben oder Farbzusammenstellungen.

Ausdrücklich vom Markenschutz ausgenommen sind gemäß § 3 II MarkenG dagegen solche Zeichendarstellungen,

- die durch die Warenart als solche bedingt sind,
- die erforderlich sind, um die beabsichtigte technische Wirkung zu erreichen oder
- die den wesentlichen Wert der Ware ausmachen.

Sofern kein absolutes Schutzhindernis nach § 8 MarkenG entgegen steht, können heute sehr viele Kennzeichen Markenschutz erlangen.
Mit der weiten Definition der Markenformen in § 3 MarkenG geht das deutsche Recht damit über die Vorgaben in der Markenrechtsrichtlinie[66] hinaus. Schließlich war bei der Schaffung des Markengesetz beabsichtigt, nicht nur der diesbezüglichen Umsetzungspflicht zu genügen, sondern zugleich auch das Markenrecht insgesamt weiterzuentwickeln.[67]
Der in § 3 I MarkenG verankerte Markenbegriff ist zudem weiter als der in Art. 4 GMVO[68].

II. Funktionen der Marke

Die Marke hat im ökonomischen Wettbewerb wesentliche Aufgaben zu erfüllen.[69] Sie ist fester Bestandteil des Marketingkonzepts und wird von ihrem Inhaber zur Erhaltung und Steigerung des Absatzes seiner Waren eingesetzt. Dieses Marketingkonzept besteht zumeist in der Deckung eines bereits vorhandenen Konsumentenbedarfs durch Produkte mit einer im Vergleich zu Waren anderer Anbieter höheren Qualität. Mittlerweile werden aber - gerade durch die Verwendung von Marken - sogar bislang noch überhaupt nicht vorhandene Bedürfnisse bei den Konsumenten geweckt, um diese dann mit den eigenen Produkten zu decken.
Für die einzelnen Marktteilnehmer - Produzent, Händler, Verbraucher - leiten sich im Rahmen des Vertriebs verschiedene Funktionen der Marke ab.

---

66 Erste Richtlinie des Rates zur Angleichung der Rechtsvorschriften der Mitgliedsstaaten über die Marken (80/104/EWG) vom 21.12.1988, abgedruckt bei Fezer, S.2274 ff.

67 Gesetzesbegründung der Bundesregierung zur Reform des MarkenG vom 14.01.1994, BT-Drucks.12/6581, S.1, 53.

68 Zur Gemeinschaftsmarke vgl. auch im 4.Teil die Punkte B) I. und C) IV. 1. c) (1) (c).

69 Aufgrund seiner Weite kann den folgenden Ausführungen jedoch nicht der wirtschaftswissenschaftliche Markenbegriff zugrunde gelegt werden. Denn vorliegend soll primär das Marken*recht* untersucht werden.

1. Klassische Funktionenlehre

Die sogenannte Funktionenlehre[70] teilt diese in vier klassische Markenfunktionen auf:
- Unterscheidungsfunktion,
- Herkunftsfunktion,
- Qualitätsfunktion und
- Werbefunktion

Zwar ist diese Aufzählung nicht abschließend, sie entspricht aber den in der Rechtspraxis zum früheren Warenzeichengesetz als grundlegend erachteten Aufgaben der Marke. Allerdings gilt zu beachten, dass die einzelnen Markenfunktionen nicht isoliert betrachtet werden dürfen, da sie häufig zusammenwirken und sich überschneiden.

a) Unterscheidungsfunktion

In der Marktwirtschaft herrscht ein vielfältiges Warenangebot. Um ein Produkt aus der Masse hervorzuheben, bedarf es der Vermittlung von Information. Eine wesentliche Funktion der Marke besteht daher darin, ein Produkt zu kennzeichnen, um es so von gleichen oder gleichartigen Produkten anderer Hersteller unterscheidbar zu machen. Die Marke fungiert als *Produktdifferenzierungsmittel.* Dem Verbraucher dient das Markenzeichen als Orientierungshilfe. Es ermöglicht ihm, Produkte nach ihrer Herkunft, Eigenschaft, Qualität u.ä. zu individualisieren. Folglich dient die Marke in Bezug auf die Unterscheidungsfunktion zuvorderst dem Konsumenten. Sie dient aber auch dem Hersteller als Markeninhaber dazu, seine Produkte gegenüber dem Angebot der Konkurrenz hervorzuheben.
Die Unterscheidungsfunktion wird vielfach als *Grundfunktion* der Marke verstanden, von der sich die übrigen Funktionen ableiten.[71] Sie wird auch als Individualisierungs- oder als Identifizierungsfunktion beschrieben.[72] Die Marke „benennt"[73] ein ihr zugeordnetes Produkt im Marktgeschehen und ermöglicht dadurch die Unterscheidung dieses Produkts von anderen identischen oder ähnlichen Produkten auf dem gleichen Markt. Die Unterscheidungsfunktion ist markenrechtlich garantiert und geschützt:
Nach § 3 I MarkenG können als Marke alle Zeichen, „die geeignet sind Waren eines Unternehmens von denjenigen anderer Unternehmen zu unterscheiden" geschützt werden. Gemäß § 8 II Nr.1 MarkenG sind diejenigen Marken von der Eintragung ausgeschlossen, „denen für die Waren ... jegliche Unterscheidungskraft fehlt". Wird eine Marke entgegen den Anforderungen der §§ 3, 8 MarkenG eingetragen, so kann sie unter den Voraussetzungen des § 50 I und III MarkenG gelöscht werden. Demnach erkennt das Markenrecht Zeichen, die keine unterscheidende Eigenschaft besitzen, nicht als schützenswert an.

---

70 Vgl. Fezer, Einl. Rn.30; Fezer in: GRUR 2003, 457, 463; Will, S.49.
71 Henning-Bodewig/Kur, S.6ff.; Schluepp, S.68; Busse, Einf. Rn.1.
72 Fezer, Einl. Rn.30; Hefermehl in: FS für Hueck (1959), 519.
73 Hefermehl in: FS für Hueck (1959), S.519, 520.

b) Herkunftsfunktion

Jedes Erzeugnis muss einem Betrieb oder Unternehmen zuzurechnen sein. Durch die Kennzeichnung soll die - persönliche oder geographische - Verbindung zwischen dem Produkt und seiner Herkunft sichergestellt werden. Die Marke vermag also nicht nur das mit ihr versehene Produkt von anderen Produkten im Sinne der Unterscheidungsfunktion zu differenzieren, sondern sie bezeugt dem Kunden darüber hinaus die Identität des Warenursprungs. Diese Herkunftsfunktion dient auch der Konkretisierung der Unterscheidungsfunktion.[74] Deshalb werden diese beiden Funktionen z.T. auch zusammengefasst.[75]
Früher wurde die Herkunftsfunktion vielfach als zentrale, überragende Funktion bezeichnet.[76] Dies zeigt sich beispielsweise darin, dass ältere Marken häufig unter Verwendung von Herstellernamen oder geographischen Ursprungsbezeichnungen gebildet wurden.[77] Die Marke wurde dabei nicht als eigener Vermögenswert angesehen. Sie galt als akzessorisch zum Unternehmen. Nur der Schutz der Herkunftsfunktion war in den §§ 24, 25, 31 WZG normiert. Die übrigen Markenfunktionen - z.B. Qualitäts- und Werbefunktion - waren nur ökonomisch anerkannt. Mangels eindeutiger Normierung im WZG wurde ihnen ein rechtlicher Schutz jedoch versagt.[78]
Bedingt durch die industrielle und daher weitgehend aufgegliederte Fertigung von Produkten verlor die Herkunftsfunktion der Marke stark an Bedeutung.[79] Heute werden immer mehr Unternehmen aufgrund steigender Löhne und Lohnnebenkosten dazu gezwungen, ihre Produktion ins Ausland zu verlagern. Ganze Produktionszweige werden aus den ursprünglichen Produktionsländern ausgelagert und oftmals entstehen dadurch viele verschiedene Produktionsstandorte. Für die Herkunftsfunktion der Marke bedeutet das, dass selbst in ordnungsgemäßer Art und Weise angebrachte Kennzeichen keine sicheren Herkunftsgaranten mehr sind.[80]
Aufgrund der Möglichkeiten der Veräußerung und Lizenzierung kann die Marke heute nicht einmal mehr als Hinweis auf die Herkunft einer Ware aus einem bestimmten Unternehmen verstanden werden, sondern steht nur noch für einen „abstrakten" Markeninhaber.[81]
Dem Verbraucher sind demgemäß die isolierten Eigenschaften oder Qualitäten der Produkte oder das mit ihnen verbundene Image mittlerweile wichtiger als deren Herkunftsstätte. Meist kommt es dem Konsumenten weniger auf die Kenntnis des konkreten Entste-

---

74 Baumbach/Hefermehl, WZG, Einl. Rn.11; Nägele, S.105.

75 Hubmann, S.266.

76 BGHZ 41, 84, 92 - „Maja"; BGH GRUR 1982, 115, 116 - „Öffnungshinweis"; BGH GRUR 1988, 213, 214 - „Griffband"; Beier/Krieger in: GRUR Int. 1976, 125, 126.

77 Vgl. beispielsweise die Marken „Haribo", „Kölnisch Wasser" oder „adidas".

78 Fezer in: GRUR 2003, 457, 463.

79 Bahr in: ÖBl. 1996, 12; Heydt in: GRUR Int. 1977, 47, 49; Nägele, S.106; Fezer, Einl. Rn.30; Will, S.55.

80 Schmidl, S.25.

81 Will, S.55.

hungsortes, als vielmehr darauf an, die Produkte nach ihrer individuellen Eigenart zu identifizieren.[82]
Deshalb ist die Auffassung, die Herkunftsfunktion als Grundfunktion der Marke garantiere eine gleichbleibende Herkunftsstätte eines bestimmten Produkts, überholt.[83] Auch in der Rechtsprechung des EuGH stellt die Herkunftsfunktion nicht die ausschließlich rechtlich geschützte Funktion der Marke dar.[84]

c) Qualitätsfunktion

Eine weitere Aufgabe der Marke - vom EuGH nunmehr als Hauptfunktion bezeichnet -[85] ist es, Aussagen über die Qualität der mit ihr gekennzeichneten Waren zu treffen.[86] Mit dem Kennzeichen assoziiert der Konsument eine gleichbleibende Herkunft und damit eine unveränderte Güte und Qualität.
Die Marke verhindert, dass Verarbeitung und Qualität der Produkte nachlassen. Unzufriedene Konsumenten würden zukünftig Konkurrenzprodukte kaufen. Somit vereint die Marke die Funktion des Qualitätszeichens und des Konsumentenschutzes.[87] Für den Verbraucher stellt die Qualitätsfunktion die wesentliche Aufgabe der Marke dar: Sie befriedigt sein Bedürfnis nach Kontinuität und Sicherheit bei der Produktauswahl.[88]
Die Qualitätsfunktion ist in den §§ 9 I Nr.3, 14 II Nr.3 MarkenG verankert.
In diesen Vorschriften kommt die Wertung des Gesetzgebers zum Ausdruck, dass der Markenschutz nicht auf die Fälle einer möglichen Verwechslung der Herkunft einer Ware beschränkt sein soll. Das Vertrauen der Konsumenten in Güte und Qualität der vermarkteten Produkte soll rechtlich abgesichert werden, ohne dass zugleich die Herkunftsfunktion der Marke berührt sein muss.
Zudem normiert § 24 II MarkenG, dass der Inhaber der Marke - trotz punktueller Erschöpfung[89] des Markenrechts in bezug auf einen in Verkehr gebrachten, konkreten Ge-

---

82 Oppenhoff in: GRUR Int. 1973, 433, 435; Heydt in: GRUR Int. 1976, 339, 342; Tilmann in: GRUR 1977, 446, 453; Krüger-Nieland in: GRUR 1980, 425, 428.

83 Fezer, Einl. Rn.36ff. u. § 14, Rn.341b; Will, S.55, 63.

84 Fezer in: GRUR 2003, 457, 464; vgl. hierzu Will, S.54, die darauf hinweist, dass sich in der neueren Rechtsprechung des EuGH keine eindeutige Betonung der Herkunftsfunktion mehr findet.

85 Hoffmann-La Roche, Rs 102/77, Slg. 1978, 1139; Centrsfarm/American Home products Corporation, Rs 3/78, Slg. 1978, 1823; CNL Sucal/Hag, Rs 10/89, Slg. I 1990, 3711.

86 Diese Funktion wird auch Garantie-, Güte- oder Vertrauensfunktion genannt. vgl. Fezer, Einl. Rn.32; Krüger-Nieland in: GRUR 1980, 425, 428.

87 Kur in: GRUR 1989, 240, 242; Schmidl, S.26

88 Krüger-Nieland in: GRUR 1980, 425, 428; Will, S.56.

89 Das ausschließliche Nutzungsrecht des Inhabers einer Marke wird durch die Erschöpfung des Markenrechts gemäß § 24 I MarkenG eingeschränkt. Dem Markeninhaber stehen gegen den Erwerber eines konkreten Produkts weder Unterlassungs- noch Schadensersatzansprüche zu, sobald er selbst die Ware in der Europäischen Union bzw. im EWR in Verkehr gebracht hat oder sie mit seiner Zustimmung von anderen verbreitet wurde. Der Grundsatz der gemeinschaftsweiten Erschöpfung des Markenrechts dient dazu, eine unzulässige Beschränkung des freien Warenverkehrs gemäß Art.30 und 36 EGV zu verhindern.

genstand - Dritten dessen Verwendung, insbesondere seinen weiteren Vertrieb ausnahmsweise dann untersagen kann, wenn „der Zustand der Waren nach ihrem Inverkehrbringen verändert oder verschlechtert ist". Dadurch soll eine Rufschädigung des Markeninhabers durch spätere Qualitätseinbußen verhindert werden.
Dementsprechend sieht auch § 30 II Nr.5 MarkenG Eingriffsmöglichkeiten des Markeninhabers gegenüber dem Lizenznehmer vor, sobald die Qualität der Waren gegen Bestimmungen des Lizenzvertrages verstößt.
Diese Regelungen zeigen besonders deutlich, dass auch der Markeninhaber selbst von der Aufgabe der Marke als Garantieträger profitiert. Denn die Produktqualität ist Grundlage verschiedener Rechte und Ansprüche gegenüber Konkurrenten und Lizenznehmern.

d) Werbefunktion

Marken spielen als selbständige, einprägsame Zeichen eine bedeutende Rolle bei der Vermarktung eines Produkts. Der potentielle Kunde wird durch die Marke über Vorzüge und Verwendungsmöglichkeiten informiert. Außerdem wird ihm das Image des Produkts vermittelt, das häufig wesentlich zu seiner Kaufentscheidung beiträgt.[90] Über die Marke versucht der Hersteller Einfluss auf die Bedürfnisse und Wünsche der Konsumenten zu nehmen. Die Werbung dient dabei der Bedarfslenkung und Bedarfsdeckung.[91] Die Werbefunktion der Marke beruht nicht nur auf der Verbindung zwischen Produkt und Marke. Es handelt sich hierbei vielmehr um ein Zusammenspiel aus mit der Marke verbundenem Goodwill, der Attraktivität, den Vorstellungen und guten Erfahrungen der Kunden - also um die Werbekraft der Marke insgesamt.[92] Letztlich hat sich die Marke verselbständigt und besitzt einen vom Produkt lösgelösten Werbewert.[93] Der Schutz der Werbefunktion ist explizit in § 14 III Nr.5 MarkenG normiert. Danach kann die Verwendung der Marke „in der Werbung" untersagt werden. Somit wird die Aufgabe der Marke beim Marketing rechtlich geschützt.

2. Kommunikationsfunktion

Die klassische Funktionenlehre wurde durch die Einbeziehung der sogenannten Kommunikationsfunktion der Marke ergänzt[94], teilweise sogar durch diese ersetzt[95]. Danach dient die Marke als Träger von Informationen dazu, eine Kommunikationsbeziehung zwischen Markeninhaber und Verbraucher aufzubauen. Die Funktion der Marke reicht über die bloße Unterscheidung von Produkten hinaus. Wie der Name in der Öffentlichkeit für eine

90 Vertiefend hierzu im 3.Teil unter Punkt E) I.
91 Ingerl/Rohnke, Einl. Rn.33; Fezer, Einl. Rn.33; Selzer, S.9; Will, S.58.
92 Sack in: GRUR 1972, 445, 449; Hubmann, S.266f.
93 Kouker in: WRP 1994, 444, 447; Bahr in: ÖBl. 1996, 12; Hubmann, S.267.
94 Schreiner, S.451ff.; Henning-Bodewig/Kur, S.7; Fezer, Einl. Rn.34; Fezer in: GRUR 2003, 457, 461.
95 Lehmann in: GRUR 1984, 313, 315f.; Lehmann in: GRUR Int. 1986, 6, 15; Ruijsenaars in: GRUR Int. 1988, 385, 386.

bestimmte Person steht, so identifiziert die Marke ein bestimmtes Produkt auf dem Markt. Die Marke ist ein Produktname und informiert über Herkunft, Eigenschaften und Ruf eines Produkts. Die Übermittlung der verschiedenen produktbezogenen Botschaften durch die Marke findet in erster Linie über die Werbung statt.

3. Fazit

Die einzelnen ökonomischen Markenfunktionen bedingen und beeinflussen sich gegenseitig. Erst in ihrer Gesamtheit prägen sie das Bild der Marke.
Mit Inkrafttreten des Markengesetztes ist demgemäß ein Paradigmenwechsel[96] auch im Hinblick auf die rechtlichen Funktionen der Marke erfolgt. Der Markenschutz orientiert sich nicht mehr allein am Herkunftsschutz der Marke. Es besteht nunmehr ein umfassender gleichwertiger Schutz für alle ökonomisch relevanten Markenfunktionen.
Das Markengesetz hat damit die Rechtslage den wirtschaftlichen Veränderungen auf dem Gebiet des gewerblichen Kennzeichenrechts angepasst. Eine Rangordnung der Schutzfunktionen lässt sich dabei nur schwer bilden. Eine solche ist für die Rechtsanwendung jedoch auch entbehrlich. Ebenso bietet die Zusammenfassung der „klassischen“ Marken-Funktionen unter einen neuen Oberbegriff keinerlei systematische oder begriffstechnischen Vorteile.

III. Das Markenrecht als subjektives Recht

Die sozial-ökonomische Bedeutung der Marke erfordert ihre Anerkennung als Schutzrecht. Nachfolgend wird deshalb die rechtliche Qualität der Marke untersucht.
Das Markenrecht besitzt eine *subjektivrechtliche Struktur*. Es beinhaltet sowohl persönlichkeitsrechtliche als auch vermögensrechtliche Schutzinhalte.[97]
Zum einen ist es Ausdruck der personalen Freiheit des Individuums und seiner individuellen Handlungsalternativen. Als Kennzeichenrecht fungiert das Markenrecht als Instrument zur Gewährleistung privater Planungsfreiheit auf dem Markt.[98]
Zum anderen sind Marken aber auch unternehmerische Leistungen.[99] Der Schutz der Marke als selbständiger Vermögensgegenstand eines Unternehmens wird durch das MarkenG gestärkt. Die Marke wird zugunsten des Markeninhabers, der die Produktverantwortung für das Markenprodukt übernimmt, monopolisiert.
Das Markenrecht gewährt dem Markeninhaber als subjektives *Ausschließlichkeitsrecht* nach § 14 I MarkenG sowohl ein positives Benutzungsrecht als auch ein negatives Verbietungsrecht.[100] Der Inhaber kann über die Benutzung seiner Marke entscheiden, beispielsweise gemäß § 30 MarkenG einem Lizenznehmer einen Teil des umfassenden Benut-

---

96 Fezer, Einl. Rn.35; Fezer in: GRUR 2003, 457, 463; Hubmann, S.258.
97 Fezer, Teilhabe und Verantwortung, S. 363ff.; Fezer, § 14, Rn.9.
98 Fezer, Einl. Rn.25ff.
99 Fezer, § 14, Rn.11; Fezer in: GRUR 2003, 457, 464.
100 Walchner, S.156; Selzer, S.22; Fezer, § 14, Rn.12.

zungsrechts an der Marke übertragen. In § 14 II - IV MarkenG ist zudem normiert, durch welche Verhaltensweisen ein Dritter rechtswidrig in das Schutzrecht des Markeninhabers eingreift.

Markenschutz ist demzufolge die Verteidigung eines Monopols durch die Gewährung eines subjektiven, ausschließlichen Rechts.

Seine subjektiv-rechtliche Struktur verleiht dem Markenrecht darüber hinaus die Qualität des *Verfassungseigentums.*[101] Denn als immaterielles Gut ist die Marke ein verfassungsrechtlicher Schutzgegenstand und steht als solcher unter dem Eigentumsschutz der nationalen Verfassung (Art. 14 I 1 GG). Das Bundesverfassungsgericht hat in seiner Entscheidung *Weinbergsrolle*[102] den grundrechtlichen Schutz der Marke als Eigentum anerkannt und den hervorgehobenen subjektiv-rechtlichen Eigentumsschutz der Marke vom schlichten objektiv-rechtlichen Interessenschutz des Wettbewerbsrechts abgegrenzt.

Außerdem genießt das Markenrecht auch gemeinschaftsrechtlichen Schutz. Als Kennzeichenrecht ist es Teil des gewerblichen und kommerziellen Eigentums im Sinne des Art.30 S.1 EGV. Als Immaterialgüterrecht ist es Schutzgegenstand im europäischen Recht des geistigen Eigentums.

B) Der Begriff der Marken(artikel)piraterie

Eine einheitliche und präzise Definition der „Markenpiraterie“ und der mit dieser eng verwandten „Produktpiraterie“ gibt es allerdings nicht. Bezüglich dieser Begriffe herrscht deshalb große Verwirrung. Häufig werden die Bezeichnungen „Markenpiraterie“ und „Produktpiraterie“ synonym verwendet und nicht deutlich voneinander abgegrenzt.[103] Begriffliche Unklarheiten gibt es nicht nur auf nationaler, sondern auch auf europäischer und weltweiter Ebene: Die Mustervorschriften der World Intellectual Property Organisation (WIPO) von 1986[104], das TRIPS-Übereinkommen[105] und die Produktpiraterie-Verordnung des Rates der Europäischen Gemeinschaften[106] sind von einer „terminologischen Gemengelage“[107] durchzogen. Problematisch hieran ist, dass alle Beteiligten der Meinung sind, man sei sich über den ungefähren Bedeutungsinhalt der Schlagworte Marken- und Produktpiraterie einig, die konkreten Begriffsdefinitionen letztlich aber erheblich differieren.[108] Deshalb werden im Folgenden die Begriffe der Produkt- und Markenpiraterie ge-

---

101 Althammer/Ströbele/Klaka, § 14, Rn.5; Fezer, § 14, Rn.10.

102 BVerfGE 51, 193, 202; vgl. ferner BVerfGE 78, 58, 65 - „Esslinger Neckarhalde II“.

103 Ensthaler in: GRUR 1992, 273f.; Enstahler, S.159; vgl. Gloy/Harte-Bavendamm, § 43, Rn.140; Harte-Bavendamm, § 1, Rn.38, Rn.52.

104 Hierzu Levin in: GRUR Int. 1987, 18, 22.

105 Das TRIPs-Übereinkommen (Trade Related Aspects of Intellectual Property Rights) ist eine von mehreren Anlagen zum Übereinkommen über die Errichtung der World Trade Organisation (WTO), abgedruckt in BT-Drucksache 12/7655, sowie in GRUR Int. 1994, 128ff.

106 Früher die VO (EWG) NR. 3842/86 des Rates über Maßnahmen zum Verbot der nachgeahmten Waren in den zollrechtlich freien Verkehr, heute erweiterte VO (EG) NR. 3295/94 des Rates.

107 Harte-Bavendamm, § 1, Rn.42.

108 Scherbauer, S.53.

nauer untersucht. Es soll versucht werden, sie schärfer als bislang üblich voneinander abzugrenzen.

I. Produktpiraterie

Der Begriff der Produktpiraterie ist kein Rechtsterminus. Er entstand aus dem Bedürfnis heraus, die gesamte Problematik aller relevanten Verletzungen des geistigen Eigentums mit einem Schlagwort zu umschreiben. Die Bezeichnung ist also gesellschafts- und rechtspolitischer nicht aber positiv-rechtlicher Natur. Seit dem Ende der 70iger Jahre wurde in rechtspolitischen Debatten von „Markenpiraterie und Nachahmungen sonderrechtlich nicht geschützter Produkte" gesprochen.[109] Da dies aber sachlich oftmals zu eng - und zu schwierig auszusprechen - war, wurde statt dessen inoffiziell der englische Begriff des „counterfeiting" benutzt.[110]

Meister schlug dann 1985 im Rahmen der Vorarbeiten zum Produktpirateriegesetz[111] (PrPG) während eines Gesprächs im Bundesjustizministerium vor, besser allgemein von „Produktpiraterie" zu sprechen, „da sich die Piraterie immer auf Produkte (beziehe)".[112] Dieser Terminus schien ihm geeignet, die verschiedenen Formen der Schutzrechtsverletzungen - um einer größeren Plastizität Willen - zu vereinen. Damit war der Begriff der Produktpiraterie geboren.

Das PrPG von 1990 enthält keine Legaldefinition des Begriffs. Angesichts der vielfältigen Erscheinungsformen der Nachahmung fremder Produkte und des ständigen Wandels dieses Phänomens wurde darauf bewusst verzichtet.[113] Die Festlegung eines Sondertatbestands mit präzisem materiell-rechtlichem Inhalt sei unmöglich. Die Bundesregierung betonte, dass die „Produktpiraterie" kein „aliud zur herkömmlichen Schutzrechtsverletzung (sei), sondern ein Fall von Schutzrechtsverletzung, der sich durch einen besonders großen Unrechtsgehalt oder hohen Schaden auszeichnet".[114] Als Produktpiraterie wird demnach in Anlehnung an den deutschen Gesetzgeber hauptsächlich der Tatbestand der *gewerbsmäßigen* Schutzrechtsverletzung angesehen, d.h. der gezielten, massenhaften und mit Gewinnerzielungsabsicht begangenen vorsätzlichen Verletzung bestehender Schutzrechte.[115]

Viele Stimmen in der Literatur[116] teilen die Ansicht, dass es aufgrund der unterschiedlichen und sich ständig wandelnden Ausprägungen von Schutzrechtsverletzungen keine

109 Meister in: WRP 1991, 137, 138.

110 Meister in: WRP 1991, 137, 138. „Counterfeiting" bezeichnet das rechtswidrige Nachahmen von Waren und Markenzeichen.

111 „Gesetz zur Stärkung des Schutzes des geistigen Eigentums und zur Bekämpfung der Produktpiraterie", vgl. Fn.18.

112 Meister in: WRP 1991, 137, 138.

113 Begründung des Regierungsentwurfs BT-Drucks. 11/4792, S.327.

114 Entwurf eines Gesetzes zur Bekämpfung der Produktpiraterie, BR-Drucks. 206/89, S.52.

115 Entwurf eines Gesetzes zur Bekämpfung der Produktpiraterie, BR-Drucks. 206/89, S.51; Weber, S.51; Enstahler, S.159.

116 Asendorf in: FS für Traub (1994), 21, 27f.; Cremer in: Mitt 1992, 153; Enstahler, S.159; Schmidl, S.58, 106; Oppermann, S.111, 113.

präzise juristische Definition des Begriffs der Produktpiraterie geben kann. Ein solcher Definitionsversuch berge nämlich die Gefahr, dass sich findige „Piraten“ schnell auf die bestehende Gesetzeslage einstellen und daran ausgerichtete Umgehungsformen von Schutzrechtsverletzungen kreieren.[117] Eine konkrete Legaldefinition müsse stets auch zu einer Einengung des Begriffs führen.

Schmidl[118] weist in diesem Zusammenhang jedoch darauf hin, dass das Produktpirateriegesetz eine *indirekte Definition* über den Tatbestand des § 25d WZG enthalte, die sich nach Erlass des Markenrechtsreformgesetzes[119] nunmehr in § 143 MarkenG befinde. Danach ist unter Produktpiraterie die vorsätzliche, rechtswidrige und gewerbsmäßige Verletzung bestehender Schutzrechte zu verstehen. Aufgrund dieser indirekten Definition bestehe die notwendige rechtliche Klarheit, so dass schon deshalb eine Legaldefinition überhaupt nicht erforderlich sei. Schließlich „gehe es im Kern darum, einen bestimmten Unrechtsgehalt schlagwortartig zu umschreiben“.[120]

Meister[121] versteht den Begriff der Produktpiraterie sehr umfassend, nämlich als „Begriffsklammer für eine Mehrzahl unterschiedlicher ökonomischer Lebenssachverhalte, deren gemeinsamer Kern die Übernahme fremder Leistung ohne besondere eigene Leistung ist“. Er differenziert dabei zwischen der Produktpiraterie im engeren Sinne und der Produktpiraterie im weiteren Sinne.[122] Die Produktpiraterie im engeren Sinne benutzt er als Oberbegriff für die Fälle der Markenpiraterie, der gezielten Verletzung der anderen gewerblichen Schutzrechte, der Urheberrechtsverletzungen und der Nachahmung sonderrechtlich nicht geschützter Produkte. Unter Produktpiraterie im weiteren Sinne versteht *Meister* darüber hinausgehend auch weitere Sachverhalte wie das „Schmarotzen am Image bekannter Marken, z.B. das Verhämmern bekannter Markenartikel als Lockvögel oder die Übernahme von Marketing - Ideen Dritter“.

Der Terminus „Produktpiraterie“ wird auch von vielen anderen Vertretern der Literatur[123] als Sammelbezeichnung für die illegale Ausnutzung fremder Immaterialgüterrechte verwendet. Darunter fällt in erster Linie die besonders verwerfliche Form der Imitation durch identische Nachahmung in Täuschungsabsicht, die eine Verwechslungsgefahr hervorruft. Eine solche Imitation kann sowohl Eingriffe in die besonderen Schutzrechte als auch allgemeine Missbrauchshandlungen nach dem Gesetz gegen den unlauteren Wettbewerb, also sklavische Nachahmung eines Produkts oder unmittelbare Leistungsübernahme, be-

---

117 Oppermann, S.113.

118 Schmidl, S.52f.

119 Gesetz zur Reform des Markenrechts und zur Umsetzung der Ersten Richtlinie 89/104/EWG des Rates vom 21.12.1988 zur Angleichung der Rechtsvorschriften der Mitgliedstaaten über die Marken (Markenrechtsreformgesetz), BGBl.1994, Teil I, S.3082ff.

120 Schmidl, S.58.

121 Meister in: WRP 1991, 137, 138.

122 Beier/Meister, S.45; Meister, Leistungsschutz und Produktpiraterie, S.32.

123 Ahrens in: RIW 1996, 727; Weber in: SpuRt 1996, 83; Müller/Kornmeier in: MA 2001, 34, 35; Beier/Cremer, S. 53; Thun, S.2; Braun, S.7; Oppermann, S.3; Selzer, S.40; Weber, S.51.

treffen.[124] Noch weiter versteht die EG-Kommission in ihrem „Grünbuch zur Bekämpfung von Nachahmungen und Produkt- und Dienstleistungspiraterie im Binnenmarkt" vom 15.10.1998 den Begriff der Produktpiraterie.[125] Neben der in betrügerischer Absicht erfolgten Erzeugung von Kopien („Falsifikate") soll hiervon auch die Herstellung von Originalerzeugnissen, die ohne Zustimmung des Rechtsinhabers erfolgt oder - bei Lizenzherstellung - aus einer Überschreitung des vom Rechtsinhaber genehmigten Produktionsvolumens stammen, erfasst werden.
Festzuhalten bleibt damit, dass mit dem Begriff der Produktpiraterie nach herkömmlicher Definition die unzulässige Imitation *eines jeden Handels- und Gewerbegutes* bezeichnet wird.[126] Auch die Marke ist eine unternehmerische Leistung und damit ein solches Gewerbegut. Wird sie plagiiert, so stellt dies also ebenfalls einen Fall der Produktpiraterie dar.

II. Markenpiraterie

Auch Markenfälschungen werden also weitläufig als Produktpiraterie qualifiziert. Man ist sich allerdings weitgehend einig, dass der Begriff „Markenpiraterie" diesbezüglich präziser und deshalb „juristisch sauberer" ist.
Nach *Grauel* handelt es sich zwar bei dem Begriff der Markenpiraterie ebenfalls um eine „*unjuristische* Umschreibung eines Tatbestandes, der eine Verletzungshandlung charakterisiert".[127] Diese Definition verkennt jedoch, dass - anders als im Fall der Produktpiraterie - jedenfalls dem Einzelbegriff der Marke als Bestandteil des Gesamtbegriffs durch § 3 MarkenG eine hinreichend umrissene rechtliche Bedeutung beigemessen worden ist.
Es stellt sich jedoch die Frage, ob die herkömmliche Vorgehensweise, den Begriff der Markenpiraterie für alle Arten von Markenverletzungen zu verwenden, die - erstrebenswerte - größtmögliche begriffliche Präzision hinsichtlich aller Erscheinungsformen markenrechtlicher Verstöße gewährleistet.
Um diese Frage beantworten zu können, ist es hilfreich, zunächst die nicht ganz einheitliche bisherige Begriffspraxis zu beleuchten.

1. „Doppelverstoß"

Der Begriff der Markenpiraterie wird oftmals sehr eng verstanden.[128] Es soll nur eine bewusste Fälschung von fremden Kennzeichen unter gleichzeitiger Nachahmung der entsprechenden Waren erfasst werden, insbesondere also die Imitation namhafter Markener-

---

124 Lührs in: GRUR 1994, 264; Schmidl, S.51.
125 KOM (98) 569 endg. vom 15.10.1998, S.7.
126 Schmidl, S.51; Lührs in: GRUR 1994, 264.
127 Grauel in: MA 1999, 42.
128 Levin in: GRUR Int. 1987, 18, 23; Knaak in: GRUR Int. 1988, 1, 2; Kelz/Wich in: Mitt 1986, 28, 29; Deutsche Vereinigung für gewerblichen Rechtsschutz und Urheberrecht in: GRUR 1985, 867f; Bastian/Götting/Knaak/Stauder-Götting, S.14; Gloy/Harte-Bavendamm, § 43, Rn.137; Harte-Bavendamm, § 1, Rn.51; Selzer, S.38, 40.

zeugnisse. Nach dieser Auffassung sind somit sowohl Markenimitation als auch Produktnachahmung erforderlich. Es muss also ein „Doppelverstoß“[129] vorliegen. Denn der Plagiator will gerade durch die *Kumulation* einer identischen oder nahezu identischen Übernahme des geschützten Zeichens und einer Imitation der wesentlichen Erscheinungsmerkmale der mit der fremden Marke versehenen Ware, den Eindruck erwecken, es handele sich bei dem Plagiat um Originalware.[130] Für den beabsichtigten Täuschungseffekt sind sowohl Zeichen- als auch Warennachahmung erforderlich.

2. Begriffliche Isolierung der Verletzungshandlungen

Andere verstehen den Begriff der Markenpiraterie hingegen weiter.[131] *Allein* die Verwendung der Marke, des Namens, der Geschäftsbezeichnung, der Verpackung oder der Präsentation wird als Markenpiraterie bezeichnet. Die Imitation des Handels-/ Gewerbegutes selbst wird von dieser Auffassung dagegen als Produktpiraterie bezeichnet, die jedoch mit „Annexfälschungen wie z.B. Markenimitationen einhergehen kann“.[132] Diese Meinung bezeichnet also nur die Fälle der *Markenimitation* als Markenpiraterie.

3. Extensives Begriffsverständnis

In Anlehnung an die Differenzierung bei dem Begriff der Produktpiraterie, wird auch der Begriff der Markenpiraterie in einem engeren und einem weiteren Sinne verstanden.
So bezeichnet *Harte-Bavendamm*[133] als Markenpiraterie im engeren oder eigentlichen Sinne solche Nachahmungshandlungen, die in irgendeiner Weise mit der Verletzung fremder Kennzeichnung verbunden sind.[134] Den Begriff der Markenpiraterie im weiteren Sinne verwendet er zwar nicht explizit. Ein Umkehrschluss ergibt aber, dass es begriffsnotwendig auch die Markenpiraterie im weiteren Sinne geben muss. Demgemäß spricht *Harte - Bavendamm* davon, dass die Bezeichnung Markenpiraterie nicht selten - als pars pro toto - auch für solche Nachahmungshandlungen verwendet werde, die sich *nicht oder nicht in erster Linie* auf eine Verletzung eingetragener oder auf sonstige Weise geschützter Marken beziehen[135].
Daraus folgt, dass der Begriff der Markenpiraterie i.w.S. all diejenigen Schutzrechtsverletzungen umfasst, die nicht mit der Verletzung fremder Kennzeichen verbunden sind.

---

129 Selzer, S.40.
130 Wölfel, S.1, 204.
131 Lührs in: GRUR 1994, 264; Ensthaler in: GRUR 1992, 273, 274; Enstahler, S.159; Schmidl, S.51; Wiume, S.62; Harte-Bavendamm, S.VI, § 1, Rn.51 der diesbezüglich von Markenpiraterie im engeren oder eigentlichen Sinne spricht. Vgl. hierzu noch unter 3.
132 Lührs in: GRUR 1994, 264; Wiume, S.62.
133 Harte-Bavendamm, Vorwort, S.VI, § 1, Rn.51.
134 Harte-Bavendamm, Vorwort, S.VI, § 1, Rn.51.
135 Harte-Bavendamm, § 1, Rn.39.

4. Definitionsversuche in anderen Rechtsordnungen

Bei den terminologischen Unklarheiten hinsichtlich des Begriffs der Markenpiraterie handelt es sich nicht um ein rein nationales Problem. In anderssprachigen Rechtsordnungen ist die diesbezügliche Terminologie ebenfalls uneinheitlich. Wie die bei weitem größere Zahl der diesbezüglichen Veröffentlichungen und die Intensität der Auseinandersetzung mit diesem Thema zeigt, ist man sich der bestehenden Unklarheiten dort aber viel eher bewusst als hierzulande.

Im englischsprachigen Raum herrscht eine parallele Begriffsverwirrung um die Auslegung des Begriffs „counterfeiting", der oftmals i.S.v. Markenpiraterie übersetzt wird[136]. Dabei existieren drei verschiedene Grundauffassungen über den Inhalt des Begriffs „counterfeiting".[137]

Nach amerikanischer Auffassung bezieht sich der „counterfeiting"-Tatbestand einschränkend nur auf die isolierte, unerlaubte Verwendung registrierter Marken zum Zwecke der Irreführung über die kommerzielle Herkunft.[138] Dies entspricht der oben dargestellten Ansicht, die den Begriff der Markenpiraterie isoliert für die Markenimitation als solche verwendet.

Im angelsächsischen Raum hingegen wird unter „counterfeiting" weitergehend die vorsätzliche Nachbildung des äußeren Erscheinungsbildes eines Produkts sowie darüber hinaus auch seiner Marke bzw. sonstigen unterscheidungskräftigen Kennzeichnungselementen verstanden. Danach impliziert der Begriff, dass die Nachbildung darauf abzielt als Original zu erscheinen. Dieses Begriffsverständnis haben auch die Vertreter der deutschsprachigen Literatur, die ausschließlich die Fälle der Doppelfälschung unter die Markenpiraterie fassen.

Eine dritte Betrachtungsweise versteht „counterfeiting" als einen übergeordneten Begriff, der alle möglichen unerlaubten Handlungen im Wettbewerb bezeichnet, durch die Immaterialgüterrechte ausgebeutet werden. Diese allgemeine Bedeutung setzt nicht voraus, dass die Nachahmung zu Irreführungszwecken erfolgt. Dieses Verständnis entspricht dem des deutschen Begriffs der Produktpiraterie, der ebenfalls als Sammelbezeichnung fungiert.

Aufgrund der unterschiedlichen Ansichten hinsichtlich der Bedeutung des „counterfeiting" kritisiert Levin[139], dass dieser Begriff eine „zunehmend diffuse Bedeutung" erhalte und dass deshalb die Gefahr bestehe, einen Begriff zu verwenden „von dem die meisten glauben zu wissen, was damit gemeint ist, während in der Praxis die verschiedenen Auffassungen weit auseinanderklaffen". Deshalb müsse ihrer Meinung nach der Inhalt des Begriffs „counterfeiting" stets präzisiert werden, wenn er im Rahmen der Vorbereitung und Durchführung von Gegenmaßnahmen Verwendung finden soll. Um die Verwirrung, die um den Begriff „counterfeiting" entstanden ist zu beseitigen, plädiert Levin dafür, an

136 Knaak in: GRUR Int. 1988, 1; Sammet in: ICC-Symposium 1984 Markenpiraterie, 5; Levin in: GRUR Int.1987, 18, 23; Ensthaler in: GRUR 1992, 273, 274; Enstahler, S.159

137 Levin in: GRUR Int. 1987, 18, 26.

138 Selzer, S.35; Levin in: GRUR Int. 1987, 18, 22.

139 Levin in: GRUR Int. 1987, 18, 26f.

seiner statt immer den Begriff „piracy“ zu benutzen. „Piracy“ sei nämlich eine übergeordnete Bezeichnung, die alle Definitionen des „counterfeiting“ umfasse. Unter diesem Oberbegriff lasse sich anschließend näher präzisieren, ob es um die Fälschung von Marken und/oder Produkten oder anderweitige Schutzrechtsverletzungen gehe.
Auch im Französischen stellt sich das Problem der exakten Begriffsbestimmung. Häufig wird der englische Begriff des „counterfeiting“ mit dem scheinbar verwandten „contrefacon“ ins Französische übersetzt.[140] Allerdings bezeichnet contrefacon sämtliche Immaterialgüterrechtsverletzungen.[141] Deshalb stellt dort das Wort „piraterie“ einen treffenderen Ausdruck für die verschiedenen Markenrechtsverletzungen dar.[142] Dies führt jedoch wiederum zu Problemen, weil nämlich das Wort „piracy“ im Englischen eine viel umfassendere Bedeutung hat.

5. Stellungnahme zur Problematik der Begriffsbestimmung

Die Tatsache, dass es auch auf internationaler Ebene keine einheitliche Terminologie gibt, verdeutlicht das Ausmaß des begrifflichen Wirrwarrs und zeigt die Notwendigkeit einer begrifflichen Klärung. Ursächlich für das unterschiedliche Begriffsverständnis ist nicht zuletzt die Vielschichtigkeit der durch die Markenpiraterie hervorgerufenen Auswirkungen. Denn neben der Bedeutung, die dem Phänomen in rechtlicher Hinsicht zukommt, besitzt es insbesondere auch ökonomische und soziale Relevanz.
Das Problem der Begriffsbestimmung erscheint dabei für sich betrachtet zwar nicht besonders gravierend. Eine einheitliche, präzise Verwendung der einschlägigen Bezeichnungen vermag jedoch Missverständnissen vorzubeugen und unterstützt hierdurch aktiv Maßnahmen zur Bekämpfung des Nachahmungs-Unwesens. Die verschiedenen Erscheinungsformen der Nachahmung können durch eine präzisere Begrifflichkeit besser unter die markenrechtlichen Normen subsumiert werden, was die praktische Rechtsfindung erleichtert. Für die Praxis, insbesondere für die Rechtspraxis, ist eine genaue Begriffsbestimmung daher sehr hilfreich.
Zugleich ist damit die Entwicklung einer exakten Terminologie aber auch von erheblichem wissenschaftlich-dogmatischen Interesse. Diese Arbeit soll deshalb dazu beitragen das Problem der Begrifflichkeiten zumindest auf nationaler Ebene zu lösen.
Zunächst ist festzustellen, dass die Differenzierung zwischen Markenpiraterie im engeren und weiteren Sinne, die Harte-Bavendamm vornimmt, keine Zustimmung verdient. Würde der Begriff der Markenpiraterie im weiteren Sinne an die Stelle des Begriffs der Produktpiraterie gesetzt, so umfasste ersterer sämtliche Schutzrechtsverletzungen hinsichtlich geistigen Eigentums und fungierte damit als Sammelbegriff für sämtliche Verletzungen gewerblicher Schutzrechte. Die Markenpiraterie im weiteren Sinne stellte letztlich nur ein Synonym für den Begriff der Produktpiraterie dar. Eine solche Begriffsverdoppelung trüge jedoch nicht dazu bei, die Verwirrung um die Begriffe der Produktpiraterie und der

140 Levin in: GRUR Int. 1987, 18, 22.
141 Selzer, S.35.
142 Levin in: GRUR Int. 1987, 18, 23.

Markenpiraterie zu beseitigen. Die beiden Begriffe haben einen unterschiedlichen Sinngehalt und bedürfen deshalb einer präzisen Unterscheidung. Denn bereits der Begriff *Marken*piraterie legt nahe, diesen Terminus nur im Zusammenhang mit der Verletzung einer Marke zu verwenden. Wenn schon keine exakte positive Definition der Begriffe der Produkt- und der Markenpiraterie möglich sein sollte - was noch zu klären sein wird -, so muss jedenfalls versucht werden, sie negativ abzugrenzen und auf diese Weise wenigstens die „Teil-Gemengelage" dieser beiden Begrifflichkeiten bestmöglich zu entschärfen.
Die Bezeichnung „Markenpiraterie im weiteren Sinne" ist nach alledem nur eine unbedeutende Worthülse und verstärkt damit eher noch die ohnehin bestehenden begrifflichen Unsicherheiten.
Deshalb soll in dieser Arbeit auf den Begriff der Markenpiraterie im weiteren Sinne verzichtet werden. Einzig der Begriff der Produktpiraterie wird daher als übergeordnete Sammelbezeichnung für Verletzungen des geistigen Eigentums verstanden, die Markenpiraterie hingegen lediglich als ein spezieller Unterfall der Produktpiraterie.
Für das begrifflich-isolierende Verständnis des Begriffs der Markenpiraterie und damit gegen die Theorie vom „Doppelverstoß" spricht hingegen schon der eigentliche, natürliche Sinngehalt. Schließlich lässt bereits die Einbeziehung des Einzelbegriffs „Marke" vermuten, dass es dabei nur um die Imitation einer Marke gehen kann: Der Pirat bemächtigt sich einer Marke. Deshalb ist es im Hinblick auf den „normalen" Sprachgebrauch genau genommen eher irreführend, wenn viele Vertreter der Literatur den Begriff der Markenpiraterie nur bei Vorliegen eines „Doppelverstoßes" verwenden und insbesondere auch die Fälschung renommierter Markenerzeugnisse - also Markenimitation plus Artikelimitation - darunter fassen.
Andererseits reißen die Vertreter des begrifflich-isolierenden Verständnisses, indem sie bei Doppelfälschungen im Hinblick auf die Markenfälschung isoliert das Vorliegen von Markenpiraterie und in Bezug auf die Produktnachahmung Produktpiraterie annehmen, einen bei natürlicher Betrachtung einheitlichen Verletzungsakt begrifflich auseinander. Durch die Annahme, bei der Markenimitation handele es sich in diesen Fällen lediglich um eine „Annexfälschung" zur Produktnachahmung, werden sie darüber hinaus der herausgehobenen Bedeutung der Marke als selbständigem Wirtschaftsgut nicht gerecht.
Im Fall einer Doppelimitation sollte deshalb besser von Marken*artikel*piraterie gesprochen werden.
Dieser Begriff verdeutlicht nämlich beide Aspekte dieser besonderen Pirateriehandlung und betont darüber hinaus, dass Marken- und Artikelfälschung gleichrangig sind.
Zwar handelt es sich hierbei um eine Wortneuschöpfung. Dieser neue Begriff ist aber am besten geeignet, den Fall der Doppelfälschung präzise aber zugleich prägnant zu benennen.
Weniger geeignet wäre hingegen die Bezeichnung Marken*produkt*piraterie, da Verwechslungen mit dem - im Vergleich zum Begriff der Markenpiraterie - noch weiter gefassten Begriff der Produktpiraterie zu erwarten wären und bei der Lösung der terminologischen Probleme somit nichts gewonnen wäre.
Die Marken*artikel*piraterie erfordert in ihren Voraussetzungen ein „Mehr" gegenüber der

Markenpiraterie, denn sie erfordert neben der Imitation eines Warenzeichens zusätzlich die Fälschung eines Produkts. Gleichwohl ist die Marken*artikel*piraterie kein Unterfall der Markenpiraterie. Die beiden Erscheinungsformen stehen vielmehr gleichrangig nebeneinander und bilden jede für sich eine spezielle Ausprägung der Produktpiraterie.
Die Einführung des Terminus Marken*artikel*piraterie könnte dazu beitragen, die bislang ungenaue und verwirrende Begriffsvielfalt ein wenig einzudämmen. Manche Unsicherheit hinsichtlich der Verwendung des Begriffs der Markenpiraterie könnte dadurch behoben werden.
Deshalb soll der Begriff der Markenpiraterie im folgenden restriktiv verwendet werden und nur die Fälle der reinen Markenimitation erfassen. Dagegen sind Fälle, bei denen zusätzlich auch das Produkt nachgeahmt wird, solche der Marken*artikel*piraterie.
Die Abgrenzung der beiden Bezeichnungen ist nicht von rein theoretischer Natur, sondern dient auch der Praxis. Denn die Verwendung einheitlicher und vor allem präziser Begrifflichkeiten bildet die Basis jeder effektiven Eindämmung von Rechtsverletzungen.

III. Zusammenfassung

In der folgenden Abhandlung wird der Begriff der Produktpiraterie als Oberbegriff für die Fälle der Markenpiraterie und der Marken*artikel*piraterie verwendet. Es soll dabei versucht werden, präzise zwischen diesen beiden Erscheinungsformen zu differenzieren. Verkürzt wird an Stellen, an denen nicht differenziert werden muss, von Marken(artikel)piraterie gesprochen.

3. Teil: Die Marken(artikel)piraterie aus rechtstatsächlicher und soziologischer Sicht

Schon Konfuzius lehrte, der Mensch habe dreierlei Wege, klug zu handeln: erstens durch *Nachahmen* - das sei der leichteste; zweitens durch *Nachdenken* - das sei der edelste; drittens durch *Erfahrung* - das sei der bitterste.[143]
Um die Bedeutung des Phänomens der Marken(artikel)piraterie vollständig zu ergründen und die Ermittlung von möglichst effektiven Schutzmaßnahmen vorzubereiten, werden nachfolgend wirtschaftliche und soziale Gesichtspunkte der Marke im allgemeinen und der Marken(artikel)piraterie im besonderen analysiert.

A) Marken(artikel)piraterie in der Gegenwart - rechtstatsächliche Hintergründe

Seit den 80er Jahren hat die Marken(artikel)- und Produktpiraterie international deutlich zugenommen. Sie ist mittlerweile als besondere Form der organisierten Wirtschaftskriminalität zu qualifizieren. Naturgemäß gibt es dabei aber keine genauen Zahlen über den konkreten Marktanteil der Plagiate. Schätzungsweise machen die Plagiate etwa 5 bis 7%[144] - zum Teil wird sogar ein Anteil von bis zu 10% angenommen[145] - des Welthandels aus. Zwar nimmt auch der Welthandel insgesamt stetig zu - sein Volumen hat sich zwischen 1990 und 1995 um etwa 50% erhöht. Der Umsatz von Plagiaten stieg nach vorsichtigen Schätzungen jedoch im gleichen Zeitraum sogar um über 150% auf nunmehr circa 250 bis 350 Milliarden US Dollar.[146]
Auf nationaler Ebene liefern einzig die Zollbehörden in den von ihnen veröffentlichten Statistiken zumindest einige aussagekräftige Zahlen.
So registrierten die deutschen Zollbehörden einen rasanten Anstieg der Beschlagnahmefälle von 269 Beschlagnahmeaktionen im Jahr 1994 auf 3178 Grenzbeschlagnahmen im Jahr 2000.[147] Im Jahr 2000 wurden von ihnen gefälschte Markenartikel im Wert von insgesamt über 185 Millionen DM sichergestellt. Das bedeutet gegenüber 1999 (41,6 Mio.) eine Steigerung um knapp 350%. Wahrscheinlich ist Deutschland der größte Absatzmarkt für Plagiate in Europa und wird von diesen geradezu überschwemmt.[148] Diese Vermutung basiert auf der Tatsache, dass im Zeitraum von Mitte 1995 bis Mitte 1997 etwa 45% der in der EU aufgrund der Produktpiraterie-Verordnung durchgeführten Grenzbeschlagnahmen an deutschen Grenzen stattfanden. Mittlerweile gibt es weltweit kaum mehr eine Region,

143 Beier/Weber, S.6.
144 Holzbach in: MMR 6/2003, VI; Harte-Bavendamm, § 1, Rn.10.
145 Levin in: GRUR Int.1987, 18, 19.
146 Harte-Bavendamm, § 1, Rn.10; Holzbach in: MMR 6/2003, VI.
147 Jahresbericht 2000 der Zentralstelle Gewerblicher Rechtsschutz, S.35, herausgegeben 2001 vom Bundesministerium der Finanzen.
148 Harte-Bavendamm, § 5, Rn.1.

in der nicht Piraterieware produziert oder zumindest in größerem Umfang abgesetzt wird. In Bezug auf die Herkunftsgebiete kam jedoch mit der Zeit zu einer Verlagerung der Schwerpunkte. Während 1999 die meisten Plagiate noch aus China, Taiwan und Hongkong stammten, wurden die Zöllner im Jahr 2000 vor allem bei Lieferungen aus Tschechien (26,2%) und den USA (19,8%) fündig. Zu beachten ist allerdings, dass sich anhand der Zollstatistiken keine repräsentativen Zahlen ableiten lassen. Denn zum einen können die Zollbehörden nur einen sehr geringen Teil der die Grenze überschreitenden Waren näher überprüfen. Zum anderen werden Falsifikate in großem Maße auch in Deutschland selbst hergestellt oder - bspw. durch Zusammenfügung von Marke und Produkt - vollendet.
Es verbieten sich darüber hinaus auch verallgemeinernde Aussagen dahingehend, dass Plagiate überwiegend in Niedrig- und Niedrigstlohnländer hergestellt werden und die hochindustrialisierten Nationen die typischen Abnehmer sind.
Sicher ist jedenfalls, dass die nationale Gesetzgebung der oben genannten „Spitzenreiter-Länder“ zum wirksamen Schutz des geistigen Eigentums völlig unzureichend ist.[149]

Die deutsche Zollstatistik[150] zeigt außerdem, dass heute sämtliche Branchen unter der Marken(artikel)- und Produktpiraterie leiden. Von den grenzüberschreitenden Transaktionen besonders betroffen waren im Jahr 2000 jedoch hauptsächlich Konsumgüter wie Zigaretten, Parfüm, Uhren, Taschen, Textilien, aber auch Computersoft- bzw. -hardware, Bild-, Ton-, und Datenträger sowie Autoersatzteile[151]. Besonders erschreckend ist aber, dass die Markenartikelpiraterie auch in der Arzneimittelbranche boomt, was insbesondere auf die lange Entwicklungs- und Zulassungsphase zurückzuführen ist.[152] Die Entwicklungsphase neuer Wirkstoffe und Arzneimittel beträgt etwa acht bis fünfzehn Jahre. Die Kosten für die Entwicklung eines Arzneimittels sind mit durchschnittlich zwischen 200 und 250 Millionen US-Dollar anzusetzen.[153] Angesichts dieses umfangreichen zeitlichen und finanziellen Aufwands bis zur Markteinführung ist es naheliegend, dass andere die Zusatzkosten der Innovation vermeiden wollen, um auf dem Markt ein wesentlich preisgünstigeres Imitat anbieten zu können.[154] Speziell bei Pharma-Produkten besteht deshalb die häufigste kennzeichenrechtliche Verletzungsvariante darin, dass ein nachgeahmtes Präparat unter einem der Originalmarke zum Verwechseln ähnlichen Namen vertrieben

---

149 Scherbauer, S.74.

150 Jahresbericht 2000 der Zentralstelle Gewerblicher Rechtsschutz, S.35, herausgegeben 2001 vom Bundesministerium der Finanzen.

151 Prominentes Opfer der Fälscher von Autoersatzteilen war Mika Häkkinen, dessen Formel-1-Rennwagen beim „Großen Preis von San Marino“ 1998 aufgrund eines minderwertigen Kugellagers (geliefert von einem asiatischen Markenartikelpiraten) einen Getriebeschaden erlitt. Vgl. dazu Handelsblatt v. 27.01.1999, S.20f.

152 Maul/Maul in: GRUR 1999, 1059.

153 Maul/Maul in: GRUR 1999, 1059, 1060.

154 Maul/Maul in: GRUR 1999, 1059, 1061.

wird.[155] Es handelt sich dabei also um einen Fall der Markenartikelpiraterie aufgrund von Verwechslungsgefahr gemäß § 14 II Nr.2 MarkenG.
Oftmals kommt es aber auch zur Beschlagnahme isolierter Markennachahmungen wie Logos, Etiketten, Aufklebern oder Abzeichen, die für die Veredelung von - ebenfalls identisch imitierten - Waren oder Produkten völlig anderer Warengruppen vorgesehen waren.[156]
Der „Hit der Saison" waren bei den Marken(artikel)piraten im Jahr 2000 aber die TV-Kinderfiguren „Teletubbies", gefolgt von gefälschten „Diddl"-Artikeln und Merchandisingprodukten (Schlüsselanhänger oder bedruckte Baseballkappen) renommierter Automobilhersteller.[157]
Weber[158] hat darauf hingewiesen, dass auch der Profifußball unter dem Phänomen der Markenpiraterie leidet. Die Vereine der Fußball-Bundesliga, die gerade im Bereich des Merchandising enorm hohe Umsätze verzeichnen, werden nämlich vermehrt Opfer unlizenzierter Fan-Artikel. Immer mehr Anbieter versuchen, sich eine „dicke Scheibe vom Kuchen Fan-Artikel-Geschäft" abzuschneiden, ohne Lizenzgebühren zu zahlen.[159] Der Schutz vor Marken(artikel)piraterie bei Bundesliga-Fan-Artikeln kommt jedoch nicht nur den Vereinen selbst zugute, sondern ist - abgesehen von Frage der Produktqualität - auch im Sinne der Fans, da diese nicht zuletzt auch deshalb ein Originalprodukt erwerben wollen, um mit dem gezahlten Kaufpreis ihren Verein zu unterstützen.

B) Das Profil der Marken(artikel)piraten

Neben den unterschiedlichen Erscheinungsformen der Marken(artikel)piraterie existieren auch verschiedene Gruppen von Plagiatoren. Dabei reicht das Täterspektrum von international agierenden, mafiaähnlichen Fälschersyndikaten bis hin zu relativ harmlosen Tüftlern, für die eine möglichst perfekte Markennachahmung eine künstlerische oder handwerkliche Herausforderung darstellt.[160] Hinzu kommen Jene, die - z.B. als ahnungslose Händler - nachgeahmte Waren absetzen. Letztlich sind also alle Berufssparten und sozialen Schichten vertreten. Allerdings kommt es nicht selten vor, dass die Täter ursprünglich in anderen Kriminalitätsbereichen, wie beispielsweise den der internationalen Geldfälschung und Zuhälterei sowie des weltweiten Menschenhandels, zu Hause sind.[161] Im Geschäft mit der Piratenware wird dabei oftmals Schwarzgeld - auch aus dem Drogenhandel - gewaschen.[162] Es wird sogar vermutet, dass das Milieu das eigentliche „Pira-

155 Maul/Maul in: GRUR 1999, 1059.
156 Scherbauer, S.71.
157 SZ vom 25.04.2001, S.28; Die Welt vom 25.04. 2001, S.1; Handelsblatt vom 25.04.2001, S.4; Der Tagesspiegel vom 25.04.2001, S.18.
158 Weber in: SpuRt 1996, 83ff.
159 Weber in: SpuRt 1996, 83.
160 Knaak in: GRUR Int. 1988, 1, 2; Kelz/Wich in: Mitt 1986, 28, 30 (Fn.18); Beier/Cremer, S.54f.
161 Sielaff in: Kriminalistik 1991, 434; Cremer in: Mitt 1992, 153, 162.
162 Winter in: GRUR 1981, 782.

tennest" bilde.[163] Schließlich verfügten gerade diese Kreise über die notwendigen - u.U. weltweiten - Verbindungen, um Material für die gefälschten Produkte zu beschaffen und diese dann in großem Stil abzusetzen.

C) Die Arbeitsweise der Täter

Typisch für die Marken(artikel)piraterie ist eine internationale Arbeitsteilung. Während das Grundprodukt in dem einen Land hergestellt wird, erfolgen rechtswidrige Kennzeichnung, Verpackung und Vertrieb meist mehrstufig in anderen Ländern.[164] Um die Falsifikate zu vertreiben, werden dabei verschiedene Vermarktungsstrategien angewendet. Das Vertriebsnetz entspricht oftmals sogar dem Absatzweg legaler Produkte. Beide können den Verbraucher über den Groß- und Einzelhandel, also Kaufhäuser, Supermärkte und Tankstellen, sowie über den Nachnahmeversand oder über Zeitungsinserate erreichen.[165]
Für Imitate existieren daneben aber auch noch andere Vermarktungsstrategien. Sie werden z.B. auf Floh-, Wochen- und Jahrmärkten vertrieben, an Bekannte und Verwandte verkauft oder aus dem Auto heraus als besonders günstige Gelegenheit offeriert.[166]
Jedenfalls die nahezu perfekten Imitationen werden aber weitaus häufiger über gutgläubige Händler in seriöse Vertriebsnetze eingeschleust.[167] Diesbezüglich werden die unterschiedlichsten Methoden angewendet.
Nicht selten wird der Händler zunächst mit Originalware beliefert. Nach Entstehen einer regelmäßigen Geschäftsbeziehung erhält er dann unbemerkt - zunächst vereinzelt, später ausschließlich - Plagiate.[168] Damit kein Misstrauen entsteht, werden diese nur geringfügig preiswerter als die Originale angeboten. Zudem werden Papiere und Bestätigungen mitgeliefert, die beweisen sollen, dass es sich um Originale handelt.
Insbesondere bei Markenkleidung und bei Ersatzteilen tritt häufig der Fall der „Durchmischung" auf, bei dem schon von Beginn an echte Erzeugnisse und Imitationen vermischt werden.[169] Bei den Originalprodukten handelt es sich dabei um legale, gemeinschaftsinterne Parallelimporte[170] oder aber um Artikel, deren Verbreitung im Europäischen Wirtschaftsraum mangels entsprechender Zustimmung der Markeninhaber gegen Artikel 7 (1) der Markenrechtsrichtlinie und/oder Artikel 13 (1)GMVO verstößt[171].
Des öfteren versuchen Marken(artikel)piraten aber auch, den ausgeprägten Geschäftssinn einiger Händler zu nutzen, indem sie gefälschte Markenware als Re- oder Parallelimport-

---

163 Gebhardt, S.72.
164 Sielaff in: Kriminalistik 1991, 434; Oppermann, S.160.
165 Braun, S.27.
166 Braun, S.27.
167 Beier/Cremer, S.60.
168 Winter in: MA 1983, 392, 393.
169 Harte-Bavendamm, § 1, Rn.32.
170 Vgl. BGH GRUR 1996, 271ff. - „Gefärbte Jeans".
171 Vgl. EuGH GRUR Int. 1998, 695ff. - „Silhouette".

ware deklarieren.[172] Dadurch lassen sich zunächst die vermeintlich günstigen Preise begründen, ohne dass bei den Händlern Misstrauen erweckt wird. Außerdem wird die Enthüllung erschwert, da die Händler nur äußerst selten die hierfür notwendige Kenntnis bezüglich der internationalen Vertriebswege besitzen.
In anderen Fällen wird die gefälschte Ware zunächst tatsächlich ins Ausland verbracht und anschließend offiziell importiert, um dadurch in den Besitz ordnungsgemäßer Papiere zu gelangen.[173]
Teilweise wird dem Geschäftspartner sogar vorgespiegelt, dass es sich „nur" um Schmuggelware handele, die er zu einem besonders günstigen Preis erhalte.[174]
Auch wird die Ware dem Abnehmer manchmal auf Kommissionsbasis überlassen.

Im Gegensatz zu den bisher erläuterten Absatztechniken, die durch das Vorliegen einer Täuschung des Zwischenhändlers oder Endabnehmers geprägt sind, stehen diejenigen Fälle, in denen ein - an sich „seriöser" - Händler den Umstand der Nachahmung erkennt und dennoch bewusst die Chance eines lukrativen Zusatzgeschäftes zu nutzen sucht.[175]
Die Marken(artikel)piraten haben auch bei der Beseitigung der Spuren ihrer illegalen Machenschaften verschiedene Strategien entwickelt.
Sie erteilen Fertigungsaufträge telefonisch. Sie liefern ihre Produkte ohne angemessene vorherige Ankündigung, sofort nach ihrer Fertigstellung also ohne Zwischenlagerung und außerhalb der gewöhnlichen Geschäftszeiten aus. Die Bezahlung verlangen sie in bar sofort bei Lieferung oder durch Überweisung auf ein Nummernkonto. Manche Piraten schrecken auch nicht davor zurück, den Polizeifunk zu überwachen oder aufwendige und umfangreiche Tarnmaßnahmen zu ergreifen.[176] Ferner versuchen sie, die eigenen Absatz-

---

172 BGH GRUR 87, 520 ff. - „Chanel No.5 (I)"; Beier/Cremer, S.60; Cremer in: Mitt 1992, 153, 154 (Fn.5) der davon berichtet, dass z.B. gefälschte Tennisschläger der Marken „Prince" oder „Dunlop" im Sortiment von Großhändlern und Warenhausketten auftauchten oder ein Düngemittelhändler tonnenweise gefälschte BASF-Düngemittel als angeblichen Parallelimport bezog.

173 Braun, S.28.

174 Braun, S.28.

175 Braun, S.28.

176 Exemplarisch zeigen sich die Verschleierungsversuche und die grenzübergreifende Arbeitsweise in einem Fall, der vor dem LG Karlsruhe verhandelt wurde. Über Monate hatte der Angeklagte insgesamt 1877 gefälschte „Carrera Porsche Design"-Sonnenbrillen als echte verkauft, obwohl er wusste, dass es sich um qualitativ minderwertige Nachbildungen der originalen „Porsche-Design"-Brillen handelte. Bei der Durchsuchung der Geschäftsräume wurden neben zahlreichen Gestellen, Gläsern, Bügeln und Etuis auch 228 gefälschte - und teilweise bereits verpackte – „Porsche-Design"-Brillen gefunden. Der Angeklagte hatte die bei ihm aufgefundenen und von ihm vertriebenen Sonnenbrillen durch Vermittlung eines ihm persönlich bekannten Mittelsmannes bei einem Unternehmen in Brasilien bezogen. Dabei wurden die Brillenfälschungen überwiegend vermittels des Reiseverkehrs von Brasilien in die Schweiz verbracht, wo sie im Transitlager einer Speditionsfirma gelagert wurden. Die Zwischenlagerung diente dazu, die Brillen zu "neutralisieren", also ihre ursprüngliche Herkunft zu verschleiern. Anschließend wurde die Ware nach Deutschland eingeführt und dort abgesetzt. vgl. LG Karlsruhe, NStZ 1986, 517f.

chancen durch „Abschreckungsaktionen“ gegen ihre „Piratenbrüder“ zu erhöhen.[177] Marken(artikel)piraten nutzen vermehrt auch das Internet zu Geschäftsanbahnung und Vertrieb. Dies ermöglicht eine bequemere und vor allem auch anonymere Geschäftsabwicklung als beispielsweise beim Straßenverkauf.[178]

D) Auswirkungen der Marken(artikel)piraterie

Auch die Folgen der Marken(artikel)piraterie sind vielfältig. Sie betreffen zwar in erster Linie nicht aber ausschließlich den Markeninhaber, sondern auch die Verbraucher sowie die Volkswirtschaft insgesamt. An dieser Stelle sollen die gravierendsten Konsequenzen kurz erläutert werden.

I. Schädigung des Schutzrechtsinhabers

Die Marken(artikel)piraterie verletzt den Markeninhaber in eklatanter Weise in seinem subjektiven Markenrecht, kann daneben aber u.U. auch sonstige immaterielle Schutzrechte tangieren.[179]
Resultat dieser Rechtsverletzungen sind z.T. immense wirtschaftliche Schäden.
Erwirbt der Verbraucher anstelle des echten Markenprodukts ein Piraterieprodukt, so kann dadurch zunächst schon eine direkte Umsatzeinbuße entstehen. Allerdings ist nicht jeder Käufer eines Falsifikats auch zwingend ein potentieller Kunde des Originalherstellers. Insbesondere beim bewussten Kauf in Konsens ist dies zumeist nicht der Fall.
Vielfach tritt neben den Umsatzschaden noch ein mittelbarer Verlust hinsichtlich des „goodwill“ der Marke. Die Unzufriedenheit mit der u.U. minderwertigen Qualität eines Plagiats kann den gutgläubigen Käufer nämlich dazu veranlassen, in Zukunft Produkte dieser Marke zu meiden.[180] Außerdem sieht der Verbraucher, der die Unechtheit später erkannt hat, oftmals auch deshalb von einem erneuten Kauf ab, weil er eine nochmalige Täuschung ausschließen will.
Vor allem bei Produkten berühmter Markenhersteller ist daneben mit einer schwerwiegenden „Verwässerung der Marke“[181] zu rechnen. Einmal verlorene Marktanteile sind aber nur schwer zurückzugewinnen. Imageverluste, die durch Qualitätsmängel aber auch durch die Massenproduktion eines Premium-Produkts als solche auftreten, sind kaum je wieder gutzumachen.[182]
Eine öffentliche Abwertung stellt jedoch nicht nur für solche berühmten Kennzeichen eine

---

177 v. Gravenreuth in: CR 1986, 741, 742 hinsichtlich Raubkopierern.

178 Selzer, S.162, 175.

179 Auf eine Erörterung von Verletzungshandlungen in bezug auf andere gewerbliche Schutzrechte soll im Rahmen dieser Abhandlung verzichtet werden.

180 Zudem beeinflusst der enttäuschte Käufer mglw. auch weitere potentielle Kunden in diesem Sinne, so dass auch diese sich von der Ware abwenden und in ihrem Umfeld ein ungerechtfertigt schlechtes Image der Marke verbreiten. Thrierr in: ICC-Symposium 1984 Markenpiraterie, 22.

181 Thrierr in: ICC-Symposium 1984 Markenpiraterie, 21; Berlit, Rn.185.

182 Güldenberg in: GRUR 1999, 843, 845; Beier/Weber, S.5.

große Gefahr dar, sondern betrifft alle Marken.[183] Durch die Piraterieware kann im Einzelfall sogar das gesamte Preisgefüge so sehr gestört werden, dass der Originalhersteller gezwungen ist, die eigenen Verkaufspreise zu senken. Außerdem wird der möglicherweise aus einer Markenlizenzierung zu ziehende Profit durch den Wertverlust geschmälert.
Zur Ermittlung der Täter kann ferner die Zahlung von Informationsprämien und Ermittlerhonoraren sowie die - u.U. ebenfalls kostenträchtige - Beschaffung von Mustern der Piraterieware erforderlich werden.
Schließlich kann der Markeninhaber sogar gezwungen sein, seine Rechte gerichtlich gegenüber den Verletzern zu verfolgen und gegenüber Erwerbern der Piraterieware, welche ihn als vermeintliche Kunden in Anspruch nehmen, zu verteidigen, was für ihn ein erhebliches Prozesskostenrisiko zur Folge hat.
Kleine und mittelständische Betriebe, die sich auf die Herstellung einiger weniger Produkte spezialisiert haben, leiden dabei noch viel stärker unter der Nachahmung als die größeren Unternehmen, werden durch die Plagiatoren oftmals sogar an den Rand ihrer wirtschaftlichen Existenz gebracht.[184] Zum einen sind sie vom Erfolg einzelner Produkte abhängig, können diesbezügliche Einbußen also viel schlechter verkraften. Zum anderen sind sie aufgrund des hierfür erforderlichen finanziellen Aufwands auch bei der Wahrnehmung - insbesondere personeller und technischer - Schutzmöglichkeiten viel größeren Einschränkungen unterworfen.[185]

II. Schädigung anderer Personengruppen

Die Marken(artikel)piraterie beeinträchtigt aber nicht nur die Interessen der Markenrechtsinhaber und Lizenznehmer, sondern schädigt darüber hinaus auch andere Personengruppen.
Für den Verbraucher beispielsweise hat der Erwerb eines Plagiats überwiegend negative Folgen.
Nur in Ausnahmefällen erhält ein Verbraucher ein qualitativ gleichwertiges Produkt zum gleichen oder sogar einem günstigeren Preis.[186] Da bei der Produktion der Imitationen häufig preiswertes aber minderwertiges Material verwendet wird, die Fälscher keine Qualitätskontrollen durchführen und keine Produkthaftung fürchten müssen, erleiden die Konsumenten i.d.R. einen materiellen Schaden.
Neben den finanziellen Schäden, die lediglich aus einem unausgewogenen Preis-/ Leistungsverhältnis resultieren, kann für den Verbraucher auch eine erhebliche Gefährdung seiner übrigen Rechtsgüter, insbesondere von Leib und Leben bestehen. So ist es möglich,

183 Thrierr in: ICC-Symposium 1984 Markenpiraterie, 21.
184 Kelz/Wich in: Mitt 1986, 28, 31; Sprung in: ICC-Symposium 1984 Markenpiraterie, 12; Güldenberg in: GRUR 1999, 843, 844.
185 Sprung in: ICC-Symposium 1984 Markenpiraterie, 12.
186 Praktisch ist dies nur bei solcher Marken(artikel)piraterieware denkbar, bei der durch elektronische oder andere moderne Reproduktionsmethoden die Beschaffenheit des Originalprodukts identisch kopiert wird.

dass sogar der bestimmungsgemäße Einsatz einer Fälschung zu gravierenden Folgeschäden führt. Gerade die Nachahmung von Medikamenten, Pflanzenschutzmitteln und technischen Produkten - bspw. medizinischer Geräte oder wichtiger Ersatzteile für Flugzeuge oder Kraftfahrzeug - birgt oftmals große Gefahren.[187] Bei gefälschten Arzneimitteln unterscheidet man unter dem Gesichtspunkt der Gesundheitsgefährdung zwischen drei Fälschungstypen: Es gibt rechtswidrig gekennzeichnete Medikamente, welche den angegebenen Wirkstoff in der angegebenen Dosierung enthalten. In diesen Fällen ist eine Gesundheitsgefährdung gerade infolge der Kennzeichnungsfälschung in aller Regel auszuschließen. Daneben tauchen aber auch solche Medikamentenfälschungen auf, die gefährliche Abweichungen in Dosierung und/oder Mischung der Wirkstoffe aufweisen. Schließlich gibt es Fälschungen, welche gar keine aktiven Wirkstoffe enthalten und infolge völligen Fehlens der indizierten medikamentösen Behandlung ebenfalls zu Körper- und Gesundheitsschäden führen.

Solche Piraterie-Präparate sind insbesondere in den Drittwelt-Staaten mit schlechter medizinischer Gesamtversorgung weit verbreitet. So sollen z.B. in Nigeria über 50% der verabreichten Arzneimittel Fälschungen oder Medikamente mit abgelaufener Haltbarkeit sein.[188]

Weiter wird berichtet, dass es 1995 in Niger aufgrund der Einnahme gefälschter Meningitis-Impfstoffe zu mehreren Todesfällen kam. In Haiti erkrankten 30 Kinder durch einen giftigen Bestandteil einer Medikamentenfälschung enthaltenen, giftigen Bestandteil.[189]

Für den hiesigen Arzneimittelmarkt ist dies insofern von Bedeutung, als die Gefahr, dass solche Ware - etwa als angeblicher Re-Import - auch nach Europa eingeführt werden könnte, nie auszuschließen ist.

Nachgeahmte Fahr- und Flugzeugersatzteile entsprechen ebenfalls häufig nicht den Sicherheitsvorschriften der Hersteller oder nationalen Behörden.[190] Durch das Fehlen der notwendigen Härte kommt es bei Werkzeugen oftmals zu Verformung, Bruch oder Splittern, was zu erheblichen Verletzungsfolgen führen kann.[191]

Schließlich ist jeder Verbraucher - ohne dass er sich dessen bewusst wäre - tagtäglich durch von gefälschten Lebens- und Genussmitteln ausgehende Gesundheitsgefahren bedroht.[192]

Aber auch der Händler, der gutgläubig die imitierten Markenprodukte vertreibt, muss mit nachteiligen Folgen rechnen. Diese sind den Folgen für den Markenrechtsinhaber sehr ähnlich. Denkbar ist z.B. ein Umsatzrückgang dadurch, dass der Verbraucher aus Enttäu-

---

187 Kelz/Wich in: Mitt 1986, 28, 30; Klindt in: GRUR 2000, 793, 975.

188 Beier/Cremer, S.67.

189 Harte-Bavendamm, § 1, Fn.7.

190 Klindt in: GRUR 2000, 973, 975; Beier/Cremer, S.67.

191 Klindt in: GRUR 2000, 973, 975; Beier/Cremer, S.67 nennt als Beispiele imitierte KNIPEX-Zangen, bei denen der Schliff der Schneide oder Elektrowerkzeuge, bei denen die Spannungs-Absicherung mangelhaft ist.

192 Beier/Cremer, S.67 führen exemplarisch gefälschten „Cointreau“-Cognac oder nachgeahmte „Davidoff“ Havanna-Zigarren an.

schung über die mangelnde Qualität des Produkts oder aus Angst, nochmals eine Nachahmung zu erwerben, zukünftig auf ein Produkt „umsteigt", welches der Händler nicht führt. Schlimmstenfalls gibt der Verbraucher sogar dem Händler selbst die Schuld für die Qualitätsdefizite und meidet in Zukunft bewusst dessen Geschäftsbetrieb.
Ferner droht die Geltendmachung von Gewährleistungs- und Schadensersatzansprüchen, welche der Händler jedoch nicht wie im regulären Warenverkehr gegenüber dem eigenen Lieferanten „weiterreichen" kann. Denn der Nachahmer ist meist nicht mehr ausfindig zu machen und der Originalhersteller weigert sich, die Verantwortung für die Plagiate zu übernehmen. Letzterer kann sogar seinerseits Unterlassungs-, Vernichtungs- und Auskunftsansprüche nach §§ 14 V, 18, 19 MarkenG[193] gegenüber dem Händler geltend machen und ihm die durch eine Abmahnung entstandenen Kosten (z.B. Anwaltskosten) aufbürden.

III. Schädigung der Volkswirtschaft insgesamt

Neben den genannten Folgen für die Schutzrechtsinhaber, Verbraucher und Händler treten weitere, sozialschädliche Aspekte.
Eine unmittelbare Schädigung der Volkswirtschaft in den traditionell innovationskräftigen Industriestaaten ergibt sich zunächst daraus, dass viele gefälschte Markenprodukte im Ausland hergestellt werden, was zu Arbeitsplatzabbau führen kann.
Mittelbar bewirkt die Piraterie, dass bei den verletzten Unternehmen die Bereitschaft zur Tätigung von Investitionen abnimmt, was wiederum Auswirkungen sowohl auf die künftige Produktion als auch auf den künftigen Arbeitsmarkt hat.[194]
Nach Schätzungen des „Aktionskreis Deutsche Wirtschaft gegen Produkt- und Markenpiraterie" (APM) sind bisher allein in Deutschland etwa 70.000 Arbeitsplätze verloren gegangen.[195]
Auch die Finanzkraft des Staates wird namentlich durch eine Verminderung der Steuereinnahmen und einen vermehrten Bedarf an Sozialleistungen erheblich geschwächt.[196]

E) Ursachen der Marken(artikel)piraterie

Die stetige Zunahme der Zahl der Marken(artikel)pirateriefälle beruht auf verschiedenen Ursachen. Verantwortlich dafür sind insbesondere gesellschaftliche Entwicklungen und der technische Fortschritt. Zwar kann die Betrachtung der Gründe an dieser Stelle aufgrund der Vielgestaltigkeit der Markenfunktionen nicht abschließend sein. Dennoch sollen zumindest einige wichtige Faktoren angeführt werden, die für die Entstehung und zunehmenden Verbreitung Marken(artikel)piraterie wesentlich sind.

193 Hierauf wird im 4.Teil unter Punkt C) II. noch ausführlich eingegangen.
194 Wölfel, S.40f.; Selzer, S.46; Oppermann, S.3.
195 MA 1998, 52.

I. Bedeutung und Wert der Marke

Viele Markenrechts-Verletzer haben den Handel mit gefälschter Markenware als äußerst lukratives Geschäft für sich entdeckt. Weil die Nachfrage der Verbraucher nach Markenprodukten in neuerer Zeit immens zunimmt, können sie Plagiate immer schneller und gewinnbringender absetzen. Die Marke wird für den Verbraucher immer bedeutender und hat damit auch im Wirtschaftsverkehr eine überragende Rolle eingenommen.

Der enorme Bedeutungszuwachs der Marke für den Verbraucher beruht dabei in erster Linie darauf, dass sie Waren und Dienstleistungen *markiert*. Diese können von jedem identifiziert und wiedererkannt sowie von anderen Produkten unterschieden werden.

Diese Markierungswirkung hat Bedeutung sowohl vor als auch nach der Produktauswahl. Für den Konsumenten stellt sie bei der Kaufentscheidung eine produktbezogene Orientierungshilfe dar.[197]

Aus der Sicht des Produzenten fungiert die Marke bei der Vermarktung seines Produktes als Kommunikationsmittel zwischen ihm und den Konsumenten.[198] Im Rahmen dieser Kommunikation vermittelt die Marke verschiedene Botschaften. Sie kann ein Qualitätsversprechen enthalten, unmittelbar informativ oder mittelbar assoziativ, ja sogar suggestiv wirken.

Aber auch nach dem Kauf wirken Marken aufgrund des mit ihr verbundenen Images weiter. Die Marke kann für den Konsumenten einen psychischen oder sozialen, also immateriellen Nutzen haben, wobei das durch sie markierte Produkt in dem Maße in den Hintergrund tritt, in welchem dieser mittelbare Nutzen der Marke an Bedeutung gewinnt.[199]

Marken erzeugen Emotionen und bestimmte Vorstellungsbilder in den Köpfen der Verbraucher.[200] Insbesondere die Werbung trägt dazu bei, dass die Marke in einem bestimmten positiven Kontext - z.B. luxuriöses Ambiente, emotional ansprechende Interaktionen, sportliche oder kulturelle Ereignisse - gesehen wird, dessen Faszination sich auf die Marke überträgt. Es kommt also zu einem Imagetransfer. Der Konsument hofft, durch den Kauf eines Markenproduktes das Idealbild, welches er mit diesem verbindet, umsetzen zu können und es für sich selbst erfahrbar zu machen.[201] Deshalb stellt die Marke für den Verbraucher ein „Stück käufliche Lebensqualität"[202] dar. Die mit der Marke verbundenen Vorstellungen werden genussvoll erlebt.

Die Kraft der Marke kann sogar so weit reichen, dass sie für den Einzelnen den Bedarf an Werten, Identität und klarer Definition - „wer ich bin und wofür ich stehe" - zu decken

---

196 Kelz/Wich in: Mitt 1986, 28, 30; Oppermann, S.3f.

197 Güldenberg in: GRUR 1999, 843; Meister in: WRP 1995, 366, 367; Beier/Meister, S.45.

198 Marx, Rn.1; Beier/Meister, S.45; Selzer, S.9. Zu den Funktionen der Marke vgl. bereits oben im 2.Teil unter Punkt A) II.

199 Güldenberg in: GRUR 1999, 843; Marx, Rn.5; Selzer, S.9, 14.

200 Kelz/Wich in: Mitt 1986, 28, 29; Selzer, S.14; Die Welt-Special „Die Marke", 23.11.2001, S.1.

201 Will, S.41; Selzer, S.9, 14.

202 Marx, Rn.7.

vermag.[203] U.U. will der Konsument also durch den Kauf von Markenartikeln sogar „ein Stück Persönlichkeit“[204] erwerben.
Nicht nur der Einzelne, sondern ganze Gruppen, Geschlechter und Generationen versuchen, sich über Marken zu definieren. So vereint beispielsweise die Fangemeinde von „Harley Davidson“ mehr „markentreue“ Mitglieder als so manche politische Partei.[205] Weltweit fühlen sich Menschen durch den gemeinsamen Konsum von Kultmarken[206] - wie z.B. „Harley Davidson“[207], „Coca-Cola“[208] oder „Lucky Strike“[209] - zu einer Gemeinschaft verbunden. Diese weisen ein individuelles Design auf und vermitteln den Käufern ein bestimmtes Lebensgefühl. Tatsächlich avancieren aber nur sehr wenige Marken zu solchen Kultmarken. Sie sind zumeist dadurch charakterisiert, dass sie über lange Jahre nahezu unverändert bestehen bleiben und dem Verbraucher auch in Zeiten stetigen gesellschaftlichen Wandels fortwährende Orientierung und Prestige vermitteln.[210]
Weil der Markenkonsum auch für Dritte wahrnehmbar ist, beeinflusst die Marke nicht nur das Verhältnis zwischen Produzent und Konsument. Von der Kleidung bis zum Kraftfahrzeug, von der Wohnungseinrichtung bis zum Urlaubsziel und der zu dessen Erreichung benutzten Airline: Stets umgibt sich der Verbraucher unausweichlich - also ob er will oder nicht - mit gesellschaftlich wahrnehmbaren Marken. Daraus resultiert sein individuelles, sozial bedeutsames Markenprofil. Außenstehende Dritte nehmen aufgrund dieses Markenprofils eine Groborientierung hinsichtlich der Einkommensverhältnisse, persönlicher Präferenzen oder anderer Eigenschaften einer Person vor. Weil sich den konkreten Signalen, die von gewissen Marken ausgehen, niemand entziehen kann, erfolgt eine solche Vorab-Einschätzung des Gegenübers nahezu zwangsläufig.
Dieser Automatismus unterstützt den Konsumenten bei Bedarf aber auch bei einer plan-

---

203 Die Welt-Special „Die Marke“, 23.11.2001, S.2.

204 Gebhardt, S.102.

205 Die Welt-Special „Die Marke“, 23.11.2001, S.10.

206 Die Welt-Special „Die Marke“, 23.11.2001, S.6.

207 In Deutschland belegt „Harley Davidson“ Platz Nummer eins unter den Kultmarken: Der unvergleichliche Sound einer Harley bedeutet für viele Mobilität plus Freiheit plus Abenteuer. Die Welt-Special „Die Marke“, 23.11.2001, S.6.

208 „Coca-Cola“ ist Welt- und Kultmarke und fungiert heute weniger als Erfrischungs-, sondern vielmehr als „Erlebnisgetränk“. Durch den Konsum von „Coca-Cola“ wollen Menschen aus den verschiedensten Teilen der Welt ihr Lebensgefühl - frei nach dem Motto „Life tastes good“ - ausdrücken. Die Welt-Special „Die Marke“, 23.11.2001, S.6.

209 Wie bei vielen anderen Kultmarken besteht das Potential der traditionsreichen „Lucky Strike“ in einer Mischung aus Geschichte, Umfeld, Marketing und Prestige. In Deutschland gilt sie seit dem Ende des zweiten Weltkrieges als Klassiker unter den Zigaretten, da sie von den G.I's ins Land gebracht wurde und auf den Schwarzmärkten als Leitwährung diente. Bereits zu dieser Zeit stand sie für den Traum vom amerikanischen Erfolg, die pulsierenden Metropolen und die schillernde Welt Hollywoods. Die Welt-Special „Die Marke“, 23.11.2001, S.6.

210 So gibt es die Marke „Coca-Cola“ seit 1885. 1917 wurde die „Lucky“ in den USA als Marke eingeführt. Im Jahre 1929 entstand die Urform der „Harley“, so wie man sie bis heute kennt. Die Welt-Special „Die Marke“, 23.11.2001, S.6.

mäßigen „sozialen Inszenierung" der eigenen Person.[211] Nach alledem korrespondiert mit der produktbezogenen Kommunikationsfunktion zwischen Produzent und Konsument eine soziale Kommunikationsfunktion der Verbraucher untereinander. Resultat dieser psychologisch-sozialen Markenwirkungen ist eine Verstärkung der Werbefunktion und damit ein ökonomischer Mehrwert für das markenführende Unternehmen.[212] Mit der Steigerung der Bedeutung für den Einzelnen wächst auch die Wahrscheinlichkeit eines Wiederholungskaufes, die sogenannte Markentreue.[213]

Besonders deutlich zeigt sich die gesellschaftliche Verselbständigung der Markenbotschaft, wenn eine bereits eingeführte Marke erfolgreich auf eine neue Warengruppe übertragen wird. So konnte beispielsweise die Zigarettenmarke „CAMEL" für andere Produkte - wie Bekleidung und Accessoires - eingeführt werden und auf diese Weise im Verbraucherbewusstsein aufrechterhalten werden, obwohl die Präsentation der Marke in ihrer ursprünglichen Bestimmung durch einschlägige Tabakwerbeverbote zunehmend unterbunden wird.

Das mit der Marke verbundene Image stellt einen eigenen wirtschaftlichen Wert dar.[214] Der Wert einer Marke ist sogar messbar[215] und ist in einigen Ländern Bestandteil der Unternehmensbilanzen.[216] Marken sind oftmals das größte Kapital eines Unternehmens.[217] Das Bundesverfassungsgericht wies der Marke dementsprechend bereits vor etlichen Jahren einen Geschäftswert zu und bezeichnete sie als „...ein wichtiges Instrument im Bereich der wirtschaftlichen Betätigung..." ihres Inhabers „... und damit für den Bestand und die Erhaltung des betrieblichen Vermögens...".[218]

Nach Schätzungen von Experten ist die Marke „Coca-Cola" mit 68,9 Milliarden US-Dollar das derzeit wertvollste Warenzeichen weltweit.[219] Dieser immense Wert leitet sich insbesondere aus der Bekanntheit dieser Marke ab. Schließlich ist „Coca-Cola" nach dem Wort „okay" der international gebräuchlichste Begriff. Die wertvollste deutsche Marke ist „Mercedes-Benz". Ihr Wert wird auf 21,7 Milliarden US-Dollar beziffert.[220]

In diesem Zusammenhang ist besonders erstaunlich, dass gerade das Ausmaß der Nach-

---

211 Marx, Rn.10.

212 Will, S. 46; Die Welt-Special „Die Marke", 23.11.2001, S.6.

213 Die Frage des Monats „Was sind für sie die wichtigsten Gründe für den Kauf von Markenartikeln?" in MA 1995, S.351, ergab, dass 79,1% „die hohe Qualität", 61,7% „man weiß, was man für sein Geld erhält", 47,5% „die Marke bzw. den Hersteller", 28,7% „den angemessenen Preis", 19,9% „sind überall erhältlich", 13,9% „gehört einfach zu meinem Lebensstil" nannten.

214 Will, S.42.

215 Auf die wirtschafts-wissenschaftlich geprägte Problematik der exakten Markenwert-Ermittlung soll innerhalb dieser Arbeit nicht näher eingegangen werden. dazu u.a. Will, S.46.

216 Die Welt-Special „Die Marke", 23.11.2001, S.7.

217 Güldenberg in: GRUR 1999, 843; Will, S. 43; Selzer, S.14.

218 BVerfG 51, 193, 217 - „Weinbergsrolle".

219 So das Ergebnis der Untersuchung des amerikanischen Marktforschungsinstituts Interbrand Corp. in Zusammenarbeit mit der Business Week, FAZ vom 06.08.2001, S.20, Die Welt - Special „Die Marke", 23.11.2001, S.1, 6.

220 FAZ vom 06.08.2001, S.20.

ahmung einer bestimmten Marke einen Indikator ihres Wertes darstellt: „Der Wert einer Marke ist daran abzusehen, wie oft sie gefälscht wird. Nur wer bekannt ist, wird kopiert.“[221]

Der ökonomische Wert einer Marke lässt sich aber nicht allein durch eigene Produktion und Vertrieb monetisieren. Auch die Marken-Lizenzierung, also die schuldrechtliche Nutzungsüberlassung gegen Entgelt, hat zunehmend an Bedeutung gewonnen.

Denn ohne bekannten Namen setzen sich neue Produktideen am Markt nur schwer durch. Schon der bloße Aufbau einer neuen Marke erfordert mittlerweile jedoch sehr hohe Investitionen. Um innerhalb von drei Jahren einen Bekanntheitsgrad von wenigstens 20% zu erreichen, müssen schätzungsweise 150 Millionen Mark aufgebracht werden.[222] Aus diesem Grund gewinnt die Markenlizenzierung immer mehr an Bedeutung.[223] Mit lizenzierten Marken versehene Produkte können schneller auf den Markt gebracht werden. Da die lizenzierte Marke dem Produkt und damit auch dem Lizenznehmer zu einem Vertrauensvorschuss bei der Zielgruppe und damit bevorzugtem Zugang zum Markt verhilft, sind erhebliche Einsparungen bei den Faktoren Zeit und Kosten möglich. „CAMEL“ beispielsweise hat Markenlizenzen für Schuhe, Bekleidung und Accessoires vergeben und auch mit der Marke „Davidoff“ versehene Parfüms und Accessoires werden von Lizenznehmern für eigene Rechnung hergestellt und vertrieben.

Das große Interesse der Konsumenten an Markenartikeln[224], welches - wie bereits oben erörtert - hauptsächlich durch den allgemeinen gesellschaftlichen Hang zur Anhäufung von Statussymbolen bedingt ist, beschert nachgeahmter Ware erhöhte Absatz- und Gewinnchancen und führt so zu einer immer weiteren Verbreitung imitierter Markenartikel. Indem sie die Markenverbundenheit der Verbraucher ausnutzen und zu ihren Zwecken missbrauchen, versuchen die Plagiatoren am hart erarbeiteten Erfolg der Markeninhaber teilzuhaben, um eigene Entwicklungs- und Marketingkosten, fiskalische und sonstige Abgaben, Garantie- und Serviceleistung tunlichst zu vermeiden. Festzuhalten bleibt demnach, dass unabdingbare Voraussetzung der Marken(artikel)piraterie eine funktionierende „*Marken*wirtschaft“ ist.

---

221 Vgl. Gebhardt, S.60: Zitat von Gerd Kortbrae (Geschäftsführer von Lunettes Lamy Deutschland).

222 Die Welt-Special „Die Marke“, 23.11.2001, S.10.

223 Die Welt-Special „Die Marke“, 23.11.2001, S.10.

224 So ergab die Frage des Monats „Würden sie sich selbst als einen überzeugten Käufer von Markenartikel bezeichnen?“ in MA 1995, S.351, dass sich 16,3% aller Befragten ausdrücklich dazu bekannten und weitere 29,3% den Kauf eines Markenartikels in erster Linie von der Produktkategorie aber auch von der Situation des Kaufes oder dem konkreten Anlass abhängig machten. Dagegen wollten sich 54,5% der Befragten nicht selbst als überzeugte Markeartikelkäufer einstufen. Hinsichtlich der Aussagekraft dieser Erhebung ist allerdings anzumerken, dass insgesamt nur 2468 Personen - also nicht unbedingt eine repräsentative Anzahl - befragt wurden. Außerdem gilt wie bei jeder Selbsteinschätzung auch hier, dass sich einige der Befragten – möglicherweise aufgrund unbewusster Manipulation durch die Werbung - selbst nicht richtig einzuschätzen vermochten oder sich nicht als „Markenfetischisten“ „outen“ wollten.

II. Globalisierung

Der starke Anstieg des Welthandels, die Geschwindigkeit und Flexibilität moderner Verkehrsmittel und -wege, die internationale Reisetätigkeit sowie bilaterale und multilaterale Bemühungen um den Abbau von Handelshemmnissen haben dazu geführt, dass sich viele Marken in weiten Teilen der Welt etablieren konnten.[225] Maßgeblich zu dieser Entwicklung beigetragen hat insbesondere das Internet als weltumspannendes, kommerzielles Kommunikationsmittel. Aber auch die verbreitete Verfügbarkeit von Mobiltelefonen, Faxgeräten und Express-Lieferdiensten haben zur Schaffung einer globalen Infrastruktur geführt.
Mit dem Bedeutungszuwachs weltweit bekannter Marken, wuchs aber auch das Problem der internationalen Marken(artikel)piraterie. Die Herstellung von Plagiaten stellt heute in einigen Entwicklungs- und Schwellenländern einen bedeutenden Faktor der Gesamtvolkswirtschaft dar.[226]

III. Reproduktionstechnische Ursachen

Die Bundesregierung betont in dem Regierungsentwurf zur Einführung des Produktpirateriegesetzes, dass insbesondere auch die Entwicklung auf dem Gebiet der Reproduktionstechnik eine der wesentlichen Ursachen für den Anstieg der Marken- und Produktpiraterie bilde.[227] Mit Hilfe moderner, kostengünstiger Techniken wie Hochleistungscomputer, Farbdrucker oder Scanner lassen sich die Entwicklungsentwürfe für die zu imitierenden Waren, Verpackungen und Warenzeichen täuschend ähnlich kopieren. Die neuen Fertigungstechnologien ermöglichen sodann eine Großserienproduktion der Plagiate.

IV. Sozialpsychologische Erklärungsversuche

Als Gründe für die starke Ausweitung der Marken(artikel)piraterie müssen - neben den bereits oben im Zusammenhang mit dem ökonomischen Wert der Marke behandelten - auch weitere psychologische Aspekte berücksichtigt werden. Sowohl das allgemeine Verhaltensmuster der Plagiatoren als auch das besondere der Konsumenten beim sogenannten Konsensvertrieb ist Gegenstand verschiedener psychologischer Begründungsansätze.

1. Erklärungsansätze bzgl. der Marken(artikel)piraten

Von den Vertretern des sogenannten sozio-biologischen Ansatzes[228] wird das Imitationsverhalten der Marken(artikel)piraten auf die ureigenste menschliche Natur zurückgeführt.

---

[225] Selzer, S.50; Gloy/Harte-Bavendamm, § 43, Rn.138; Harte-Bavendamm, § 1, Rn.15; Holzbach in: MMR 6/2003, VI.

[226] Braun, S.347; Meister, Leistungsschutz und Produktpiraterie, S.37f.; Faupel in: GRUR Int. 1990, 255, 260ff.

Gesetzentwurf der Bundesregierung, Entwurf eines Gesetzes zur Bekämpfung der Produktpiraterie, BT-Drucks. 11/4792 vom 15.06.1989, S.46.

[228] Müller/Kornmeier in: MA 2001, 34, 38.

Danach hat der Mensch grundsätzlich die Tendenz zur Nachahmung, orientiert sich an erfolgreichen Strategien, um diese als schlagkräftige Waffe im Existenzkampf einzusetzen. Er imitiert also instinktiv und triebgesteuert.[229]
Dagegen bevorzugt *Katz*[230] als Erklärungsansatz das sogenannte Konzept des Modell-Lernens, nach dem für die Nachahmung hauptsächlich Lernprozesse ursächlich sind. Diese beruhten dabei aber nicht nur auf eigenen Erfahrungen, sondern insbesondere auch auf der reflektierenden Beobachtung der Erfahrungen Anderer. Der Vorteil des Lernens durch Beobachtung bestehe in der Vermeidung der negativen Folgen sukzessiver Versuchs-Irrtums-Prozesse, wie sie beispielsweise von den Originalherstellern in Form von Labor- und Markttests oder sogar in Produkt-Flops durchlaufen werden.

2. Erklärungsansätze bzgl. des Konsumentenverhaltens beim Konsensvertrieb

Selbst bei der identischen Nachahmung von Markenartikeln - „Totalfälschung / Identfälschung" - handeln die Plagiatoren nicht immer in der Absicht, die Verbraucher über die Herkunft der Ware zu täuschen.[231] Die klassische Marken(artikel)piraterie durch Täuschung ist zwar immer noch die häufigste Erscheinungsform. Daneben gibt es aber als neue, moderne Form auch den Vertrieb bzw. die Fälschung „in Konsens"[232]. Unzählige Imitationen bekannter Originale werden so preiswert angeboten, dass selbst dem arglosesten Verbraucher das Vorliegen einer Fälschung bewusst wird.[233] Gerade bei Lifestyle-Produkten kommt es vielen Verbrauchern auch weniger auf die Qualität der Ware, als vielmehr auf das Markenzeichen selbst an.[234] Der Vertrieb „in Konsens" kommt deshalb in erster Linie für solche Produkte in Betracht, bei denen der Prestigenutzen den Gebrauchsnutzen deutlich überwiegt. Häufig ist er aber auch beim Vertrieb von Produkten aus solchen Warengruppen, die von dem betreffenden Markeninhaber auf dem legalen Markt überhaupt nicht angeboten werden.[235] Die Überflutung des Marktes mit gefälschten Markenartikeln beruht also nicht zuletzt auf der Nachfrage solcher Verbraucher, die gezielt Plagiate erwerben wollen. Die Verbraucher werden dabei also gleichsam zu Mittätern des Piraten.[236]
Das Konzept der Selbstwerterhöhung begründet das Verhalten der Verbraucher bei der „Täuschung in Konsens" mit deren Intention, durch den Erwerb der Fälschung vom Prestige des Originals zu profitieren.[237] Schließlich wollen gerade auch Verbraucher mit ge-

229 Katz in: MA 1993, 188.
230 Katz in: MA 1993, 188.
231 Braun, S.29; Levin in: GRUR Int. 1987, 18, 19.
232 Winter in: MA 1985, 62, 67; Beier/Cremer, S.60; Katz in: MA 1993, 188, 190.
233 Imitationen, die als solche erkennbar sind und offen gehandelt werden aber nicht mit markenrechtsverletzenden Kennzeichen versehen sind, werden als „knock-offs" bezeichnet. Selzer, S.41.
234 Winter in: MA 1985, 62, 67.
235 Braun, S.24, 29; Beier/Cremer, S.60.
236 Levin in: GRUR Int. 1987, 18, 19.
237 Katz in: MA 1993, 188, 191; Müller/Kornmeier in: MA 2001, 34, 38f.

ringerem Einkommen durch den Konsum renommierter Marken Exklusivität, Lebensstil und überdurchschnittliche wirtschaftliche Leistungsfähigkeit demonstrieren.[238] Für diesen Zweck sind allerdings nur die täuschend echten Plagiate geeignet, bei denen auch eine möglicherweise minderwertige Qualität für Außenstehende nur schwer erkennbar ist.[239] Allerdings kommen - speziell im Bereich der reinen Produktpiraterie - auch Fälle vor, in denen sich der Konsens des Verbrauchers nur auf den Grundnutzen eines Produkts bezieht, z.B. bei unerlaubten Kopien von Videos und Computerprogrammen.[240]
Der kultursoziologische Erklärungsansatz begründet das Konsumentenverhalten beim Konsensvertrieb mit dem Fehlen des Unrechtsbewusstseins, welches auf einem Konflikt verschiedener gesellschaftlicher Wertesysteme beruhe.[241] Vor allem in Ländern der sogenannten Dritten Welt werde jedwedes geistige Eigentum überwiegend als Gemeinschaftsgut der gesamten Menschheit angesehen.
Auch im asiatischen Kulturkreis würden Plagiate grundsätzlich nicht so negativ wie in den westlichen Industrieländern bewertet. Die Nachahmung einer fremden Idee werde nicht als verwerflich angesehen, stelle vielmehr ein Zeichen der Bewunderung dar. Oftmals würden dabei die Originale zugleich auch weiterentwickelt, so dass das wetteifernde Nachahmen in Japan etwa als anerkennenswerter Versuch betrachtet werde, ein hochgeschätztes Vorbild zum Nutzen der Allgemeinheit zu übertreffen.
Im Gegensatz zu der Gemeinschaftsorientierung der asiatischen Welt habe der westliche Kulturkreis im Zuge des Liberalismus des 18. und 19. Jahrhunderts dagegen eine individualistische Grundhaltung entwickelt.
Dem kultursoziologischem Ansatz ist jedoch entgegenzuhalten, dass auch weite Teile der Bevölkerung westlicher Industriestaaten ein sehr gering ausgeprägtes Unrechtsbewusstsein hinsichtlich der Verletzung geistigen Eigentums zeigen.[242] Im Gegensatz zum Sachdiebstahl werden Herstellung und Vertrieb von Plagiaten hier verbreitet als „Kavaliersdelikte“[243], also unbedeutende Kleinkriminalität angesehen.

---

238 Braun, S. 24; Müller/Kornmeier in: MA 2001, 34, 38.

239 Müller/Kornmeier in: MA 2001, 34, 38.

240 Katz in: MA 1993, 188, 190.

241 Müller/Kornmeier in: MA 2001, 34, 39.

242 Braun, S. 24; Selzer, S.50.

243 Begründung PrPG, BT- Drucks. 11/4792 vom 15.06.1989, S.17 und Gesetzesentwurf der Bundesregierung zum PrPG vom 21.04.1989, BR-Drucks. 206/89, S.47; Cremer in: Mitt, 153, 159; Winter in: GRUR 1981, 782, 783.
Der *Markenartikel* (MA 1995, S.535) hat in einer besonderen Untersuchung das Verhalten der deutschen Verbraucher gegenüber Markenpirateriewaare untersucht. Die *Frage des Monats* lautete: „Markenartikel werden ja oft bewusst so kopiert, dass ein Verwechseln beim Einkauf passieren kann. Was würden sie tun, wenn sie feststellen, dass Sie versehentlich nicht das Originalprodukt gekauft haben?“ Der größte Teil der Befragten (52%) würde sich ärgern, das Imitat aber dennoch behalten und lediglich beim nächsten Einkauf besser aufpassen, damit keine weiteren Verwechslungen auftreten. Insgesamt 34% der Befragten antworteten, ein imitiertes Produkt sei ebenso gut wie ein originales Markenprodukt. Sie würden sich über das Versehen beim Kauf nicht einmal ärgern. Beide Produktkategorien seien zur Befriedigung ihrer Bedürfnisse gleicher-

Vereinzelt zeigen Bürger der reichen Industrieländer sogar eine ausgeprägte „Anti-Multi-Haltung“[244], welche sich dadurch ausdrückt, dass sie gezielt gefälschte Markenprodukte kaufen, um einen verhassten Großkonzern zu schädigen.

---

maßen geeignet. Ein derart ausgeprägtes Marken- und Unrechtsbewusstsein, dass sie das Imitat nicht verwenden und statt dessen - wie zunächst beabsichtigt - das Originalprodukt besorgen würden, hatten hingegen nur 13% der Befragten. Auch diese empirische Studie zeigt beispielhaft, dass die wenigsten Verbraucher Plagiaten gegenüber eine strikt negative Haltung an den Tag legen.

244 Müller/Kornmeier in: MA 2001, 34, 39.

4. Teil: Maßnahmen zur Bekämpfung

A) Erscheinungsformen der Marken(artikel)piraterie

Die Möglichkeiten der Imitation von Marken und Markenartikeln sind vielfältig. Da für eine effektive Bekämpfung von Markenverletzungen neben der Klärung der Begrifflichkeiten auch eine rechtliche Einordnung der Begehungsweisen vonnöten ist, werden nachfolgend die verschiedenen Erscheinungsformen - entsprechend der oben entwickelten Differenzierung zwischen der Markenpiraterie und der Marken*artikel*piraterie - begrifflich zugeordnet und unter die jeweils einschlägige markenrechtliche Norm subsumiert. Die begriffliche Aufspaltung der vormals unter dem Oberbegriff der Markenpiraterie zusammengefassten Handlungsmodalitäten zwingt im übrigen nicht zur Neuschaffung spezieller Marken(artikel)piraterie-Tatbestände. Vielmehr erfasst das bereits existierende Normgefüge nach wie vor alle relevanten Varianten von Markenbeeinträchtigungen.
Der recht weite Wortlaut der markengesetzlichen Regelungen bietet den Vorteil, dass diese in ihrem Anwendungsbereich nicht unnötig begrenzt sind und deshalb auch neu auftauchende Erscheinungsformen eher zu erfassen vermögen.

In § 14 II Nr.1 - 3 MarkenG werden die zeichenrechtlichen Kollisionstatbestände und damit die verschiedenen möglichen Erscheinungsformen von Markenverletzungen aufgezählt. Der Aufbau der Norm ist dabei dadurch gekennzeichnet, dass die verletzenden Handlungen nach dem Grad der Nähe ihres Resultats zu Originalmarke/-produkt geordnet sind.
§ 14 II Nr.1 MarkenG regelt den eng begrenzten Bereich der Benutzung eines mit der Marke identischen Zeichens für identische Waren (Doppelidentität).
Nach § 14 II Nr.2 MarkenG werden auch Fälle markenrechtlicher Verletzungen durch nur ähnliche Zeichen und/oder Waren erfasst (Verwechslungsgefahr).
§ 14 II Nr.3 MarkenG beschäftigt sich mit dem Schutz der *bekannten* Marke gegen die Benutzung eines identischen oder ähnlichen Zeichens für gänzlich andere Warengruppen.

I. Doppelidentität (§ 14 II Nr.1 MarkenG)

Der Fall der Doppelidentität stellt die Standardkonstellation der Marken*artikel*piraterie in dem oben geklärten Sinne dar. Dieser liegt vor, wenn sowohl die äußeren Charakteristika des Originalprodukts als auch die optischen Elemente der Marke nachgeahmt werden, um den Konsumenten hinsichtlich der Authentizität der Ware zu täuschen. Hierbei handelt es sich um Sachverhaltskonstellationen, die explizit in § 14 II Nr.1 MarkenG erfasst und ausdrücklich untersagt sind. Man bezeichnet diese „Eins - zu - eins Kopien“[245] auch als „*Totalfälschung*“[246] oder „*Identfälschung*“[247]. Der Konsument erhält ein Produkt, welches

[245] Selzer, S.48.
[246] Braun, S.18.

aus dem Betrieb des Markeninhabers zu stammen scheint, tatsächlich jedoch eine Fälschungsproduktion ist und dem Original qualitativ so gut wie ausnahmslos unterlegen ist.[248] Für die Doppelidentität ist kennzeichnend, dass von den Fälschern vor allem der gute Ruf des Markeninhabers, den sich dieser durch eine erfolgreiche Produktentwicklung, kontinuierliche Qualitätskontrollen, Marketing- und Vertriebsanstrengungen über Jahre hinweg aufgebaut hat, systematisch ausgebeutet wird.[249]
In der Praxis sind Fälle, bei denen die Fälscher nicht zumindest versuchen, das äußere Erscheinungsbild der Originalware und/oder -verpackung zu imitieren sehr selten.[250] Neben der Totalfälschung / Identfälschung treten somit andere Erscheinungsformen fast vollständig in den Hintergrund.
Diese Feststellung lässt sich auch leicht erklären. Zum einen ist es für den Plagiator viel einfacher, einen Markenartikel in seiner Gesamtheit nachzuahmen, als für eine prestigeträchtige Marke eine adäquate, neue Produktkategorie zu finden. Zum anderen ist es auch im Hinblick auf die Absatzmöglichkeiten vielversprechender, einen Markenartikel zu fälschen, der sich am Markt bereits etabliert hat. Nicht-identische - und damit am Markt noch unbekannte - Waren lassen sich nämlich erfahrungsgemäß nicht gleichermaßen schnell und gewinnbringend absetzten.
Letzteres Argument gilt allerdings nicht bei der Fälschung von Produkten aus Branchen, in denen äußere Erscheinung und Produktbeschaffenheit - z.B. saisonal - ständig variieren.[251] Hier ist der Verletzer nicht mehr auf eine identische Nachahmung der Waren angewiesen, weil die von ihm anvisierte Zielgruppe meist nicht über genauere Kenntnisse hinsichtlich Form und Beschaffenheit des aktuellen Originalprodukts verfügt.
Ein weiterer nicht minder einleuchtender Grund für die Tatsache, dass die Doppelidentität den Hauptanwendungsfall der Markenartikelpiraterie darstellt, ist ferner, dass die identische Nachahmung von Kennzeichnung und Ware die Erkennbarkeit der Fälschung erschwert und damit auch die Verfolgung durch Rechtsinhaber und Behörden.[252] Durch die Kombination von Produktnachahmung und Imitation bekannter Marken stellen die Fälscher die Täuschung des Verkehrs sicher. Sie bezwecken gerade eine Warenverwechslung.[253] Allerdings setzt § 14 II Nr.1 MarkenG nicht das Vorliegen eines Identitätsirrtums des Verbrauchers voraus.[254] Als absoluter Markenschutz besteht der Identitätsschutz der Marke nach § 14 II Nr.1 MarkenG auch dann, wenn die unbefugte Benutzung einer identischen Marke für identische Produkte dem Verbraucher bekannt ist, da nicht nur das Verwendungs- und Wertinteresse der Konsumenten, sondern vor allem auch die wirtschaftlichen Interessen des Markeninhabers - Markenimage, Umsatzverluste, u.ä. - beeinträchtigt

247 Cremer in: Mitt 1992, 153, 154; Beier/Cremer, S.55.
248 Gloy/Harte-Bavendamm, § 43, Rn.137.
249 Gloy/Harte-Bavendamm, § 43, Rn.137.
250 Gloy/Harte-Bavendamm, § 43, Rn.141.
251 In der Bekleidungsbranche variieren Materialien, Farben und Schnitte von Saison zu Saison.
252 Braun, S.19.
253 Harte-Bavendamm, § 5, Rn.16.
254 Sack in: GRUR 1996, 663, 664; Fezer, § 14, Rn.74.

wird.[255] Bei der Totalfälschung wird der Artikel zumeist sogar aus Quellen der regulären Wirtschaft - etwa im Ausland - bezogen. Eine Herstellung im Untergrund ist hingegen eher untypisch.[256] Sie tauchen am Markt eher in der Untergrundwirtschaft auf, gelangen nach betrügerischer Einschleusung aber oftmals auch in den regulären Handel.[257]

II. allgemeine Verwechslungsgefahr (§ 14 II Nr.2 MarkenG)

Um Marken*artikel*piraterie handelt es sich auch, wenn die Marke identisch oder zwar nicht identisch, aber mit nur einigen - unwesentlichen - Abweichungen nachgeahmt wird und zudem identische oder zumindest ähnliche Waren gefälscht werden, so dass die Gefahr einer Verwechslung besteht. Dieser Fall ist in § 14 II Nr.2 MarkenG geregelt. Fast identische Markenartikelverletzungen tauchten bisher beispielsweise auf bei
„Cartier“ - „Cartiere/Catier/Cilitier“,
„Ferrari“ - „Ferrani/Ferary“,
„Porsche“- „Porche/Parshe“,
„Nivea“- „Livea“[258] oder
„Sharp“ - Shrap“.[259]
Der Fälscher beabsichtigt hierbei die Vermeidung rechtlicher Konsequenzen, denn nicht in allen Rechtsordnungen wird die Fallgruppe der Verwechslungsgefahr gleichermaßen als unzulässig beurteilt.[260]
Diese Form der Markenartikelpiraterie lässt sich oftmals auf außereuropäische, meist asiatische Quellen zurückführen.[261]
Die Innovationsfreudigkeit der Plagiatoren zeigt sich überdies in den Fällen der „Hybridzeichen“ und der „Hybridverletzungen“,[262] die ebenfalls unter § 14 II Nr.2 MarkenG zu fassen und als Fälle der Marken*artikel*piraterie zu qualifizieren sind.

1. Hybridverletzungen

Bei den Hybridverletzungen bzw. Zwitter-Fälschungen[263] wird ein Zeichen eines Schutzrechtsinhabers mit der Nachahmung des Produkts eines Konkurrenten kombiniert und so ein drittes „neues“ Modell entworfen. Beispielsweise wurde der Schriftzug „Cartier“ auf Nachahmungen von fünfzehn verschiedenen Uhrenmodellen anderer identifizierbarer Originalhersteller gefunden. Diese Sachverhaltskonstellation lässt sich unter § 14 II Nr.2 MarkenG subsumieren. Denn der Marken*artikel*pirat benutzt ein mit der Marke identi-

---

255 Fezer, § 14, Rn.75.
256 Cremer in: Mitt 1992, 153, 154.
257 Beier/Cremer, S.58 f.
258 Selzer, S.48.
259 Beier/Cremer, S.59.
260 Schmidl, S.39.
261 Beier/Cremer, S.59.
262 Cremer in: Mitt 1992, 153, 154; Oppermann, S.113.
263 Beier/Cremer, S.55.

sches Zeichen für ähnliche, von deren Markenschutz erfasste Waren, wodurch für den Verbraucher die Gefahr von Verwechslungen besteht.

2. Hybridzeichen

Andere Täter „kreieren" Hybridzeichen. Ein Beispiel hierfür ist die Kennzeichnung „United Colors of Boss", zusammengesetzt aus den Marken „United Colors of Bennetton" und „Boss". Auch wurde bereits das Zeichen „Cartier" mit der Abbildung der bekannten Kutsche („Calèche") von „Hermès" verbunden. Die Waren, für welche die bei der Kombination verwendeten Marken eingetragen sind, gehören dabei stets zu ein und derselben Warengruppe.
Auch die Erscheinungsform des Hybridzeichens fällt unter § 14 II Nr.2 MarkenG. Das Hybridzeichen ist der Originalmarke ähnlich - zum Teil sogar mit ihr identisch - und wird von den Marken*artikel*piraten für identische oder ähnliche Waren benutzt.

III. Diversifikation (§ 14 II Nr.3 MarkenG)

Ein Fall der *Marken*piraterie liegt hingegen vor, wenn sich Plagiatoren das Diversifikations- und Merchandisingpotential prestigeträchtiger Marken zunutze machen und diese unbefugt für Waren- oder Dienstleistungsgruppen benutzen, die sich der Markeninhaber selbst noch gar nicht erschlossen hat[264]. Hierbei wird also lediglich die Marke imitiert, während die Ware, die das Zeichen markiert, auf dem Erfindungsreichtum des Plagiators beruht. So wurde beispielsweise die Marke „Cartier" für Gartenmöbel oder Radiergummis benutzt oder es wurden - zu diesem Zeitpunkt noch nicht auf dem Markt befindliche - unechte „Ferrari"-Kosmetik oder „Camel"-Brillen angeboten.[265] Dahinter steckt die Intention der Fälscher, nur das geschäftliche Kennzeichen in seinem Kern zu treffen[266], mithin die offensichtliche Absicht, einen rein kennzeichenbezogenen *„Image-Transfer"* zugunsten „eigener" Produkte vorzunehmen.[267] Eine weitere Variante dieser Erscheinungsform ist die Markenparodie. Hierbei handelt es sich um mit fremden Marken gekennzeichnete Scherzartikel. Beispielsweise wurden Aufkleber, T-Shirts u.ä. mit der Aufschrift „BMW - Bumms Mal Wieder" angeboten.[268] In einem anderen Fall wurden Scherzpäckchen mit Kondom und Werbespruch „Mars macht mobil bei Sex-Sport und Spiel" vertrieben.[269]
Von den Markenverletzungen nach § 14 II Nr.3 MarkenG sind ausschließlich bekannte, insbesondere auch exklusive Marken, betroffen.
Der Gesetzgeber beabsichtigte mit Schaffung dieser Norm, die bekannten Marken auch

---

264 Entwurf zur Bekämpfung der Produktpiraterie, BR 206/89, S.54; Oppermann, S.111f.; Gloy/Harte-Bavendamm, § 43, Rn.137.

265 Beier/Cremer, S.56.

266 Knaak in: GRUR Int. 1988, 1, 2.

267 Gloy/Harte-Bavendamm, § 43, Rn.137; Beier/Cremer, S.55; Selzer, S.49.

268 BGH GRUR 1986, 759 - „BMW".

269 BGH GRUR 1994, 808 - „Markenverunglimpfung I"; BGH GRUR 1995, 57 -„Markenverunglimpfung II".

außerhalb des Identitäts- und Ähnlichkeitsbereichs des § 14 II Nr.1 und 2 MarkenG zu schützen, wenn eine Verwässerungsgefahr oder die Gefahr der Rufausbeutung besteht.[270] Offen gelassen hat er jedoch, wann überhaupt eine bekannte Marke vorliegt. Diesbezüglich heißt es in der Gesetzesbegründung[271] lediglich, dass für die Annahme der Bekanntheit einer Marke sowohl qualitative als auch quantitative Voraussetzungen vorliegen müssen. Dies bedeutet, dass sich die Marke in weiten Bevölkerungskreisen durchgesetzt haben muss. Die Bekanntheitsschwelle sollte zumindest nicht unter 50 % liegen.[272] Weiterhin ist erforderlich, dass sie einen derartigen wirtschaftlichen Wert - und damit verbunden ein derartiges Image - hat, dass ihr guter Ruf durch die unrechtmäßige Benutzung seitens eines Dritten - selbst in einem völlig anderen Waren- oder Dienstleistungssektor - verwässert würde.[273]

Die Quellen der durch diesen Image-Transfer geschaffenen Plagiate sind in der Schattenwirtschaft zu finden. Ihre Vertriebswege haben jedoch auch bereits den regulären Markt erreicht. So wurden bspw. die mit der Kennzeichnung „Cartier" versehenen Gartenmöbel von einem durchaus seriösen Unternehmer angeboten.[274]

IV. Hinterhaltsmarken (§§ 14 I, 50 I Nr.4 MarkenG, § 242 BGB)

Eine besondere Erscheinungsform der *Marken*piraterie liegt schließlich im Veranlassen der Registrierung eines Kennzeichens, welches auf der Innovation eines anderen basiert, um die Rechte aus der Registrierung später an diesen zu veräußern.

Der Täter versucht hierbei, Lücken in den internationalen Markenschutzprogrammen der Originalhersteller aufzuspüren, indem er entweder Mängel des Schutzes bereits verwendeter Marken aufdeckt oder eine zukünftige Verwendung bestimmter Marken antizipiert, um diesbezüglich dann - u.U. sogar parallel in mehreren Ländern - entsprechende formelle Registerrechte im eigenen Namen zu erwerben.[275] Das hieraus resultierende Blockadepotential kann er anschließend wirtschaftlich verwerten, indem er seine Rechte zur Veräußerung oder Lizenzierung anbietet. Auch eine solche „Markenanmeldung zu Spekulationszwecken" stellt damit eine spezielle Form der Markenpiraterie dar. Man bezeichnet das durch ein solches Vorgehen geschaffene Schutzrecht als „Hinterhaltsmarke".[276] Da der Verletzer durch eine Markeneintragung, welche er ausschließlich zur Erlangung einer Blockadeposition betreibt, oder durch die Geltendmachung einer in dieser Absicht erworbenen formellen Markenrechtsposition bezweckt, andere in der Ausübung ihrer wirt-

---

270 Berlit, Rn.20.

271 Gesetzesbegründung der Bundesregierung zur Reform des MarkenG vom 14.01.1994, BT-Drucks 12/6581, S.72.

272 Berlit, Rn.193.

273 Berlit, Rn.20.

274 Beier/Cremer, S.58.

275 Harte-Bavendamm, § 1, Rn.22 u. § 5, Rn.20.

276 BGH GRUR 2001, 243, 244 „Classe E"; OLG Frankfurt MA 1998, 42, 44 - „Classe E"; Harte-Bavendamm, § 5, Rn.20.

schaftlichen Betätigung zu behindern, verwendet *Heyd*[277] auch den Begriff des „Offensivzeichens". Ebenso gebräuchlich ist der Terminus „Agressionsmarke".[278]
Diese Form der Markenpiraterie stellt keine Rechtsverletzung im Sinne des § 14 II MarkenG dar. Schließlich ist der „Täter" aufgrund eines gesetzlich geregelten und formell ordnungsgemäß durchlaufenen Verfahrens formal rechtmäßiger Markeninhaber geworden. Die aus der Eintragung einer Marke resultierende Sperrwirkung ist dem Zeichenrecht immanent und deshalb wettbewerbsrechtlich grundsätzlich unbedenklich. Der Unlauterkeitsvorwurf resultiert aber in den Fällen der Hinterhaltsmarke aus der unredlichen Motivationslage des Anmelders.[279] Wer eine Marke nur zu dem ausschließlichen Zweck blockiert, einen anderen zu einem bestimmten wettbewerblichen Handeln oder Unterlassen zu zwingen, missbraucht seine formale Rechtsstellung und handelt damit sittenwidrig.[280]
Diese Form der Markenpiraterie lässt sich auf verschiedene Weise sanktionieren. Zum einen kann die Eintragung der Marke auf Antrag wegen Nichtigkeit nach § 50 I Nr.4 MarkenG gelöscht werden, wenn der Anmelder bei der Anmeldung bösgläubig, also in unlauterer Absicht, gehandelt hat. Mit Hilfe dieser Norm soll missbräuchlicher Markeneintragung und Rechtsausübung entgegengewirkt werden, welche eine wettbewerbswidrige Behinderung darstellen. Da der Nichtigkeitsgrund des § 50 I Nr.4 MarkenG jedoch nicht alle Missbrauchsfälle erfasst, findet daneben auch der allgemeine Grundsatz der unzulässigen Rechtsausübung gemäß § 242 BGB Anwendung[281].
Der BGH hat im „Classe E"- Urteil[282] die Kriterien konkretisiert, die für die Annahme einer unzulässigen Rechtsausübung gem. § 242 BGB in Bezug auf das markenrechtliche Ausschließlichkeitsrecht nach § 14 I MarkenG erfüllt sein müssen. Danach ist grundsätzlich von einer missbräuchlichen Ausnutzung der formalen Rechtsstellung auszugehen, wenn der Markeninhaber *kumulativ*

- eine Vielzahl von Marken für unterschiedliche Waren oder Dienstleistungen angemeldet hat,
- bezüglich der einzelnen Marke keinen ernsthaften Benutzungswillen hat, diese insbesondere nicht im Rahmen eines eigenen Geschäftsbetriebs nutzen will *und*
- die Marken primär gehortet werden, um Dritte, die identische oder ähnliche Zeichen verwenden bzw. zu verwenden beabsichtigen, mit Unterlassungs- und Schadensersatzansprüchen zu bedrohen.

Dabei nimmt der BGH grundsätzlich einen generellen Benutzungswillen an. Diese Annahme stellt jedoch lediglich eine widerlegbare Vermutung dar.
Im Verfahren „Classe E", dem eine negative Feststellungsklage der Daimler-Chrysler AG

---

277 Heyd in: GRUR 1976, 501ff.
278 Fezer, § 50, Rn.29.
279 Jordan in: FS für Piper (1996), 563, 570.
280 BGH GRUR 1967, 298, 301 - „Modess"; BGH GRUR 2001, 242, 244 – „Classe E"; OLG Frankfurt MA 1998, 42, 44; Jordan in: FS für Piper (1996), 563, 570.
281 Jordan in: FS für Piper (1996), 563, 565; Fezer, § 14, Rn.539 u. § 50, Rn.29; BGH GRUR 2001, 242, 244 - „Classe E".
282 BGH GRUR 2001, 242ff.

zugrunde lag, etwa hatte der Beklagte ca. fünfzig Vorratsmarken für unterschiedliche Waren und Dienstleistungen gehortet und sie systematisch verschiedenen Kraftfahrzeugherstellern gegen Geldzahlung angeboten. Er hatte die Marke „Classe E" nicht in einem eigenen Geschäftsbetrieb genutzt, eine solche Nutzung auch nicht geplant. Zum Zeitpunkt der Anmeldung der Marke „Classe E" führte er nicht einmal einen Geschäftsbetrieb.
Der BGH folgerte aus den Gesamtumständen, dass der Beklagte in erster Linie bezweckte, jedenfalls einen Großteil der von ihm angemeldeten Marken bereitzuhalten, um solche Unternehmen, die identische oder verwechslungsfähige Bezeichnungen nutzen oder nutzen wollen, durch die Drohung mit der Geltendmachung von Unterlassungsansprüchen zu Geldzahlungen zu veranlassen. Auf diese Weise war der Beklagte bereits zuvor wiederholt, insbesondere auch gegenüber der Klägerin, vorgegangen.
Zwar sei die generelle Benutzungsvermutung namentlich auch bei Werbeagenturen und Markendesignern anzunehmen, die im Rahmen einer bestehenden oder potentiellen Beratungsleistung Marken schöpfen, um diese ihren Kunden zur Verfügung zu stellen. Diese handelten weder bei der Anmeldung der Marke noch bei der Ausübung des Markenrechts selbst rechtsmissbräuchlich.
Nach Auffassung des BGH entsprach das Verhalten des Beklagten jedoch nicht dem eines Markendesigners, der einem interessierten Unternehmen eine von diesem noch nicht angemeldete oder genutzte Vorratsmarke mit einem Marketingkonzept zur Lizenzierung anbietet. Der Beklagte war erst an die Klägerin herangetreten, nachdem diese selbst die Bezeichnung „E-Klasse" gewählt und der Öffentlichkeit vorgestellt hatte, und hatte ihr die Marke „Classe E" unter Hinweis auf seine formale Markenposition - allerdings ohne Marketingkonzept - zur Lizenzierung angeboten. Auf diese Weise habe er bewusst und zielgerichtet die bei der Klägerin entstandene Drucksituation ausnutzen wollen, um sie zur Zahlung einer Lizenzgebühr zu bewegen.
Die Markenpiraterie in dieser Form einer „Lösegeldforderung" [283] hat in den letzten Jahren stark zugenommen.[284]
Es kommt dabei auch vor, dass der Täter ein Kennzeichen, welches bereits für eine bestimmte Warengruppe eingetragen ist und hierfür auch vom Markeninhaber verwendet wird, auch für eine andere Warengruppe registrieren lässt, in der Hoffnung der Markeninhaber werde in Zukunft auch diese unter der betreffenden Marke vertreiben wollen.
Sie können damit - gleichsam im Vorgriff auf ein langfristiges Merchandising-Konzept eines anderen Unternehmens - auch ganz andere Produkt-Zweige erfassen.
Die Betroffenen können das in dieser unlauteren Weise aufgebaute Sperrpotential zwar mit mehr oder weniger großem Prozessaufwand beseitigen. Dennoch sehen viele den wirtschaftlich sinnvolleren Weg darin, ihr „entführtes" geistiges Eigentum durch erhebliche „Lösegeldzahlungen" freizukaufen.[285]
Die Hinterhaltsmarke unterscheidet sich von den anderen Erscheinungsformen der Mar-

283 OLG Frankfurt MA 1998, 42 - „Classe E"; Harte-Bavendamm, § 1, Rn.22.
284 Harte-Bavendamm, § 1, Rn.22.
285 Harte-Bavendamm, § 1, Rn.22.

ken(artikel)piraterie insbesondere dadurch, dass hierdurch die Verbraucher nicht direkt tangiert werden. Sie kommen zu keiner Zeit mit einem gefälschtem und damit minderwertigen Produkt in Kontakt. Bei der Schaffung einer Hinterhaltsmarke ist die Täuschung der Konsumenten daher nicht - auch nicht als mögliches Nebenziel - bezweckt. Es geht nur darum, einen Schritt schneller zu sein als der „wahre" Markeninhaber. Der Markenpirat will ihm zuvorkommen, um ihn anschließend gnadenlos „auszunehmen".
Als spezielle Ausprägung des Hinterhaltsmarken-Unwesens im Online-Bereich ist noch das „Domain-Grabbing"[286] - auch „Cybersquatting" oder „domain name hijacking" genannt[287] -, zu erwähnen. Der Täter, der in einem beliebigen Staat der Welt ansässig sein kann, sichert sich eine Internet-Adresse (domain) und blockiert diese weltweit. Anschließend bietet er sie dem Nutzer einer gleichlautenden Marke oder dem Inhaber eines gleichlautenden Unternehmens zum Verkauf oder zur Lizenzierung an.

V. Abgrenzung zu „einfachen" Verletzungshandlungen

Von den soeben untersuchten Erscheinungsformen sind solche Sachverhaltskonstellationen abzugrenzen, die weder unter die *Marken*piraterie noch unter die Marken*artikel*piraterie zu fassen sind.
Die Verletzung eines Schutzrechts durch Nachahmung setzt nämlich kein bewusstes oder gar absichtliches Verhalten voraus. Sie kann auch durch unvollständige Kenntnis der am Markt bereits vorhandenen Kennzeichen und Waren bedingt sein. Es kommt vor, dass Produkte, die anderen - bereits existierenden und geschützten - sehr ähneln, von „arglosen Nachahmern" versehentlich in das eigene Sortiment aufgenommen werden. Solche Schutzrechtsverletzungen sind im tagtäglichen regulären Wettbewerb auf dem zunehmend unübersichtlicher werdenden Markt bis zu einem gewissen Grad unvermeidlich. Sie sind den unbeabsichtigten Fouls beim Fußballspiel vergleichbar, bei denen zwar eine Nachteilsausgleichung (Freistoß) erfolgt, die jedoch keine Sanktionen i.e.S. (gelbe / rote Karte) nach sich ziehen.[288]
Die „einfachen" Markenverletzungen sind in der Regel dadurch gekennzeichnet, dass seriöse Unternehmen *ohne Verletzungsabsicht* im Bereich gleichartiger Waren verwechslungsfähige Zeichen verwenden, während für die Marken(artikel)piraterie die *bewusste Fälschung* charakteristisch ist.[289]
Die „einfachen" Schutzrechtsverletzung sind eher der regulären Wirtschaft zuzuordnen, die Marken(artikel)piraterie dagegen eher der Untergrund- bzw. Schattenwirtschaft, wobei diesbezüglich jedoch immer wieder Verflechtungen und fließende Übergänge zu beobachten sind. Dazwischen liegt schließlich in einer Art „Grauzone" der Markt- und Straßen-

---

286 Kur in: CR 1996, 325, 327; Kur in: FS für Beier (1996), 273ff.; Ubber in: WRP 1997, 497, 500; Nordemann in: NJW 1997, 1891, 1893; Selzer, S.170.

287 Selzer, S.162f.

288 Beier/Cremer, S.54.

289 Beier/Müller, S.9; Enstahler in: GRUR 1992, 273.

handel.[290] Außerdem zählen weder der Parallelimporteur[291] von Markenwaren, noch der vertragsbrüchige Lizenznehmer, der „am Lizenzgeber vorbei" sogenannte overrun- oder surplus-Ware herstellt, zu den Maken(artikel)piraten.[292] Hierbei handelt es sich schließlich nicht um den Handel mit gefälschten, sondern mit Originalerzeugnissen.

VI. Zusammenfassung

Die Darstellung der verschiedenen Erscheinungsformen der Marken(artikel)piraterie hat gezeigt, dass sowohl die *Marken*piraten als auch die Marken*artikel*piraten stets „Trittbrettfahrer" sind, die sich am Ergebnis von Investitionen eines Schutzrechtsinhabers bereichern und diesen dadurch schädigen.
Die Marken*artikel*piraterie ist unter die Kollisionstatbestände des § 14 II Nr.1, 2 MarkenG zu subsumieren. Hierbei setzt das Gesetz voraus, dass nicht nur die Marke identisch oder ähnlich nachgeahmt wurde, sondern stets auch eine entsprechende Ware.
Eine Regelung hinsichtlich der *Marken*piraterie speziell bei bekannten Marken findet sich in § 14 II Nr.3 MarkenG. Die bekannte Marke sieht der Gesetzgeber als besonders schutzwürdig an. Zu ihrer Verletzung genügt deshalb schon die Imitation der Marke als solcher. Die gleichzeitige Nachahmung einer Ware wird nicht vorausgesetzt.
Die Problematik der Hinterhaltsmarke, eines weiteren, neueren Falls der *Marken*piraterie lässt sich nur durch eine Anwendung des § 14 I MarkenG in Verbindung mit § 242 BGB adäquat erfassen. Das absolut wirkende markenrechtliche Ausschließlichkeitsrecht darf nicht in rechtsmissbräuchlicher Weise geltend gemacht werden.

B) Prävention

Um einen effektiven Schutz des Vermögensgegenstands „Marke" zu gewährleisten, bedarf es vorrangig der wirksamen Abschreckung und damit eines umfassenden präventiven „Maßnahmenpakets". Dabei müssen in erster Linie die Unternehmen selbst aktiv werden und rechtliche, technische, wirtschaftliche sowie organisatorische Schutzmaßnahmen ergreifen.

---

290 Cremer in: Mitt 1992, 153; Beier/Cremer, S. 53.

291 Beim Parallelimport wird originale Markenware, welche vom inländischen Markeninhaber selbst oder von einem mit ihm vertraglich oder wirtschaftlich verbundenen Unternehmen (Lizenznehmer, Alleinvertriebsberechtigter, Konzerngesellschaft) auf einem ausländischen - als Endabnehmermarkt designierten - Markt in Verkehr gebracht worden ist, gegen dessen Willen von dort ins Inland eingeführt und dort vertrieben. Wegen ihrer Echtheit dürfen Parallelimporte deshalb keinesfalls mit Piraterieware gleichgesetzt werden.

292 Knaak in: GRUR Int. 1988, 1, 3; Selzer, S.42f.; vgl. auch Art. 1 IV VO 3295/94; Anders hinsichtlich der „overruns" aber - aus Sorge um Handelsverlagerungen und Marktstörungen im Binnenmarkt - die Kommission zur Bekämpfung der Nachahmung und Produkt- und Dienstleistungspiraterie in ihrem Grünbuch KOM (98) 569 endg. vom 15.10.1998, S.7.

I. Rechtliche Schutzinstrumente

Die Unternehmen müssen zuvörderst alle gesetzlichen Schutzmöglichkeiten nutzen. Insbesondere sollten sie möglichst frühzeitig, d.h. schon vor der erstmaligen Benutzung, eine ordnungsgemäße formelle Anmeldung der ihnen materiell zustehenden gewerblichen Schutzrechte veranlassen.[293]

International ausgerichtete Unternehmen sollten ihr vorbeugendes Registrierungsprogramm - sowohl in branchenspezifischer als auch territorialer Hinsicht - sehr breit anlegen, also den formellen Markenschutz grenzüberschreitend auf eine Vielzahl von Waren- und Dienstleistungsklassen erstrecken. Andernfalls bestünde die Gefahr, dass Markenpiraten evtl. verbleibende Schutzlücken besetzen, um ein entsprechendes „Blockadepotential" zu erlangen.[294] Zum Schutz vor „Hinterhaltsmarken" sollte das Schutzsystem der Originalhersteller die Überwachung fremder Anmelde- und Eintragungsaktivitäten beinhalten.[295] Beispielsweise bieten das Deutsche Patent- und Markenamt und das Harmonisierungsamt für den Binnenmarkt in Alicante/ESP die Möglichkeit eines Einblicks in noch nicht veröffentlichte Markenanmeldungen. Dadurch kann noch vor der Eintragung einer Marke überprüft werden, ob diese „aus dem Hinterhalt" erfolgt, dagegen also mit marken- oder wettbewerbsrechtlichen Mitteln erfolgreich vorgegangen werden kann. Daneben können durch eine solche Präventivkontrolle auch unbeabsichtigte „einfache" Markenkollisionen vermieden werden.

Innerhalb der Europäischen Union ist die - gegenüber mehreren Einzelanmeldungen kostengünstigere - Anmeldung einer Gemeinschaftsmarke[296] in Betracht zu ziehen, wenn eine spätere Benutzung des neuen Kennzeichens in mehr als zwei Mitgliedstaaten zumindest nicht auszuschließen ist. Gegebenenfalls sollten Unternehmen ihre Produkte auch immer parallel durch mehrere Schutzrechte - z.B. Marke und Patent - sichern, um dadurch eine Art umfassenden „Schutzrechtswall" aufzubauen.[297] Da die Marken(artikel)piraterie einen grenzüberschreitenden Charakter besitzt, bietet sich als Präventivmaßnahme daneben namentlich ein Antrag auf Grenzbeschlagnahme nach der PrPVO oder den §§ 146 ff. MarkenG an, in dessen Rahmen der Schutzrechtsinhaber die Zollbehörden umfassend über die Besonderheiten der Originalprodukte, über typische Erkennungsmerkmale nachgeahmter Ware und über die üblichen Vertriebswege in Kenntnis setzen sollte.[298]

II. Technische Schutzvorkehrungen

Moderne technische Sicherungsmittel zum Schutz nachahmungsgefährdeter Markenpro-

---

293 Vgl. Checkliste für „Maßnahmen zur Bekämpfung von Produkt- und Markenpiraterie" der IHK und des DIHT, S.4; Kelz/Wich in: Mitt 1986, 28, 31; Holzbach in: MMR 6/2003, VI; Harte-Bavendamm, § 5, Rn.8.

294 Vgl. bereits die obige Darstellung zur Hinterhaltsmarke unter Punkt A) IV.

295 Harte-Bavendamm, § 5, Rn.9.

296 §§ 125 a ff. MarkenG.

297 Scherbauer, S.330.

298 Vgl. hierzu ausführlich unter IV. 1.

dukte und zur Identifizierung von Nachahmungen - wie etwa Hologramme u.ä. - werden für viele Originalhersteller immer wichtiger. Sie liefern erste Anhaltspunkte für intensivere Ermittlungen, können darüber hinaus auch selbst gerichtlich verwertbare Beweise hervorbringen.
Dem Konsumenten vermitteln sie die Sicherheit, ein Originalprodukt in Händen zu halten. Potentielle Nachahmer werden abgeschreckt. Denn für die Nachahmung der Schutzvorkehrungen ist eine wesentliche Erhöhung des Produktionseinsatzes erforderlich, welche das Verhältnis der - anhand einer Kosten-Nutzen-Analyse zu ermittelnden Rentabilitätserwartung - zu den mit der illegalen Betätigung verbundenen Risiken „nachteilig" verändert.[299]
Die Schutzvorkehrungen können entweder verdeckt (geheim) oder offen (sichtbar) sein.
Die Bandbreite der Möglichkeiten reicht von eher einfachen Druck-, Präge- und Beschichtungsverfahren bis hin zu hochtechnisierten

- optischen (z.B. Hologramme)
- elektronischen (winzige Silikon-Chips, sog. Smart Cards),
- chemischen (Arzneimittel, Getränke, Druckfarben oder
  Kraftstoffe werden mit bestimmten Chemikalien versetzt, die mittels als „Marker" fungierender, biologischer Moleküle nachgewiesen werden können.) oder
- biotechnischen (Verschlüsselung durch DNS-Profile) Kennzeichnungen.[300]

Die Wahl der einzusetzenden technischen Sicherungsmaßnahme wird von mehreren Faktoren bestimmt. Maßgeblich ist zunächst die Beschaffenheit des Produktes, die Kosten der einzelnen Alternativ-Verfahren und die zu erwartende Vorgehensweise der Nachahmer.
Zu beachten ist weiter, dass ein effektiver Schutz nicht nur durch unmittelbare Kennzeichnung der Produkte selbst möglich ist, sondern - u.U. mit erheblich geringerem Aufwand - auch durch eine „intelligente" Verpackung[301] erreicht werden kann, welche auf dem Prinzip der Versiegelung beruht.
Die Vergangenheit hat allerdings gezeigt, dass die Piraten in Bezug auf know-how und technische Ausstattung in der Lage sind, ihre eigene Vorgehensweise allen von den Schutzrechtsinhabern unternommenen Anstrengungen innerhalb kürzester Zeit anzupassen. Letztere müssen sich daher stets der - potentiellen - Unzulänglichkeit eines jeden auch noch so ausgeklügelten und technisch komplizierten Schutzmechanismus bewusst sein und die vorhandenen Sicherheitsmaßnahmen in regelmäßigen Abständen neu bewerten.[302]
Trotz der Erkenntnis, dass der Kampf mit den Piraten aufgrund des fortwährenden technischen „Wettrüstens" niemals endgültig zu gewinnen sein wird, bleibt festzuhalten, dass

299 Harte-Bavendamm/Lowe/Harte-Bavendamm, § 3, Rn.32.
300 Vgl. Checkliste für „Maßnahmen zur Bekämpfung von Produkt- und Markenpiraterie" der IHK und des DIHT, S.5.
301 Harte-Bavendamm/Lowe/Harte-Bavendamm, § 3, Rn.39.
302 Harte-Bavendamm/Lowe/Harte-Bavendamm, § 3, Rn.29.

die Weiterentwicklung der Schutztechnologien vorangetrieben werden muss, um den Plagiatoren wenigstens zunehmend größere Steine in den Weg legen zu können.[303]

III. Sonstige Schutzstrategien

Die kontinuierlich steigende Nachahmungsflut stellt nicht zuletzt auch an das Schutzrechtsmanagement der betroffenen Unternehmen erhöhte Anforderungen.[304] Zu den zwingenden Bestandteilen der Pirateriebekämpfung gehört auch die Entwicklung wirkungsvoller organisatorischer Strategien.

Wichtig ist dabei vor allem eine ständige und intensive Marktbeobachtung.[305] Diese muss neben dem Markenregister die gesamte öffentliche Präsentation der Konkurrenz in Groß- und Einzelhandel - bspw. die Herausgabe von Prospekten und Katalogen, die Schaltung von Anzeigen und die Gestaltung von Messeständen - betreffen. Am zweckmäßigsten dürfte dabei die Einschaltung von Handelsvertretern sein. Diese können auf ihren Reisen überregionale Marktüberprüfungen und Testkäufe vornehmen und haben Zugang zu den verschiedensten Fachmessen und Ausstellungen.[306] Dabei sollten die im Ermittlungsauftrag handelnden Personen idealerweise einen „Erste-Hilfe-Koffer" mit sich führen, in welchem sich die für eine sofortige Durchsetzung des Schutzrechts benötigten Unterlagen, wie Marken- und Handelsregisterauszüge, Blanko-Prozessvollmachten sowie Beweis- und Glaubhaftmachungsmittel befinden. Dadurch würde bspw. die Möglichkeit eröffnet, gegen eine beim Besuch einer bestimmten Messe aufgedeckte Rechtsverletzung an Ort und Stelle durch einstweilige Verfügung vorzugehen.[307]

Die Effektivität eines Einschreitens gegen Marken(artikel)piraten setzt weiterhin eine kontinuierliche, sorgfältige Dokumentation über den aktuellen Bestand eingetragener und nicht eingetragener Rechte voraus. Die systematische Archivierung sollte dabei sämtliche Unterlagen einbeziehen, welche die einschlägigen Schutzrechtsanmeldungen und -eintragungen, etwaige Verlängerungen und Abgrenzungsvereinbarungen sowie die rechtserhaltende bzw. -begründende Benutzung von Markenrechten betreffen.[308] Die Dokumentation kann bspw. im letztgenannten Fall die Beweisführung hinsichtlich einer durch tatsächliche Benutzung bedingten Priorität des materiellen Markenrechtsinhabers gegenüber dem Inhaber einer Hinterhaltsmarke erleichtern.

Denjenigen Unternehmen, die besonders häufig Opfer von Markenpiraten werden, sind darüber hinaus entsprechende Personalmaßnahmen zu empfehlen. So sollten nicht nur die in den Rechts- bzw. den Entwicklungs- und Designabteilungen tätigen Mitarbeiter über

303 Harte-Bavendamm/Lowe/Harte-Bavendamm, § 3, Rn.32.

304 Cremer in: Mitt 1992, 153, 171; vgl. Checkliste für „Maßnahmen zur Bekämpfung der Produkt- und Markenpiraterie" der IHK und des DIHT, S.5.

305 Holzbach in: MMR 6/2003, VI; Beier/Cremer, S.77f.; Cremer in: Mitt 1992, 153, 171.

306 Cremer in: Mitt 1992, 153, 176.

307 Beier/Cremer, S.73; Cremer in: Mitt 1992, 153, 172.

308 Harte-Bavendamm/Lowe/Harte-Bavendamm, § 3, Rn.66; vgl. Checkliste für „Maßnahmen zur Bekämpfung der Produkt- und Markenpiraterie" der IHK und des DIHT, S.4.

grundlegende Rechtskenntnisse im Bereich des gewerblichen Rechtsschutzes verfügen. Denn es ist sehr hilfreich, wenn sämtliche Beschäftigten im Hinblick auf Schutzrechtsverletzungen sensibilisiert werden und dadurch ein - im Alltagsleben durchaus nicht selbstverständliches - angemessenes Problembewusstsein der Produktfälschung gegenüber entwickeln. Dieses Anliegen kann namentlich durch entsprechende betriebliche Schulungen verwirklicht werden.[309]

Außerdem sollten auch die Verbraucher über die verschiedenen Erscheinungsformen und die (allgemein-)schädlichen Folgen der Marken(artikel)piraterie informiert werden. Denn eine aufgeklärte und markenbewusste Kundschaft stellt eine maßgebliche Unterstützung im Kampf gegen die Piraten dar. Eine solche Aufklärung kann z.B. durch ausführliche Medienberichterstattung, Wanderausstellungen wie bspw. die „Original <-> Plagiat" oder auch durch die Öffentlichkeitsarbeit von Organisationen erreicht werden, die sich die Bekämpfung der Marken(artikel)piraterie zum Ziel gemacht haben.[310]

Ebenso sollten die Hersteller den Fachhandel - etwa in Fachzeitschriften oder durch Rundschreiben - explizit vor dem Bezug von gefälschten Produkten warnen.

Hilfreich ist außerdem eine weitgehende Kooperationen mit anderen - potentiell - betroffenen Schutzrechtsinhabern und mit staatlichen Stellen, insbesondere den Zoll- und Steuerfahndungsbehörden.[311] Denn ein kontinuierlicher Informations- und Erfahrungsaustausch gewährleistet aufgrund besserer Vorbereitung eine angemessenere Reaktion auf möglicherweise auftauchende Konfliktsituationen.

C) Sanktionen

Coco Chanel soll einmal gesagt haben, in dem Zeitpunkt da niemand mehr ihre Kreationen nachzuahmen versuche, werde sie anfangen, sich zu sorgen.[312] Diese Aussage verdeutlicht nicht nur das Selbstbewusstsein einer weltberühmten Frau. Vielmehr zeigt sich in ihr auch, dass offenbar auch die französische Modeschöpferin - wie schon vor ihr Theodor Fontane - der Ansicht war, Plagiate seien wahrscheinlich die aufrichtigsten aller Komplimente.[313] Allerdings teilen nicht alle schöpferisch Tätigen diese Meinung. Die Marken(artikel)piraterie ist schließlich in erster Linie dadurch gekennzeichnet, dass die betroffenen Markeninhaber gravierende Rechtsverletzungen erleiden.

Deshalb ist sich heute auch die weitaus überwiegende Zahl der durch Plagiatoren geschädigten Unternehmen einig, dass gegen diese mit allen zur Verfügung stehenden Mitteln vorgegangen werden muss.

---

309 Cremer in: Mitt 1992, 153, 172; Beier/Cremer, S.75f.

310 Vgl. Fn.6.

311 Kelz/Wich in: Mitt 1986, 28, 31.

312 Gebhardt, S.60; Sprung in: ICC-Symposium 1984 Markenpiraterie, 11; Braun, S.1.

313 Sprung in: ICC-Symposium 1984 Markenpiraterie, 11.

I. Verhältnis zwischen zivil- und strafrechtlichen Instrumentarien

Neben der Zusammenarbeit mit den Zollbehörden bei der Durchführung öffentlich-rechtlicher Grenzbeschlagnahmeverfahren, geht es bei der Bekämpfung der Marken(artikel)piraterie vor allem um zivil- und strafrechtliche Sanktionen. Dabei kommt es häufig zu Überschneidungen von des zivil- und des strafrechtlichen Regelungsbereichs.
So existieren innerhalb beider Gebiete Rechtsgrundlagen für eine vorläufige Sicherstellung sowie die spätere Vernichtung sowohl der Fälschungen selbst als auch spezieller, zu deren Herstellung verwendeter Gegenstände.
Der geschädigte Markeninhaber kann seinen Schadensersatzanspruch durch Einleitung eines Adhäsionsverfahrens sogar im Rahmen des Strafverfahrens gegen den Verletzer geltend machen. Zum Zwecke der Berechnung bzw. schätzweisen Feststellung eines solchen Anspruchs kann der geschädigte Markeninhaber gem. § 19 MarkenG vor dem Zivilgericht von jedem Tatbeteiligten Auskunft über den genauen Hergang und Umfang der Verletzungshandlung, Lieferquellen und gewerbliche Abnehmer verlangen.
Im laufenden Strafverfahren gegen einen Verletzer steht ihm zur Vorbereitung und Durchführung einer Privat- oder Nebenklage bzw. eines Klageerzwingungsverfahrens ein Einsichtsrecht gemäß § 385 III und § 406e StPO auch hinsichtlich beschlagnahmter Unterlagen zu. Schließlich sehen sowohl Zivil- als auch Strafrecht die Möglichkeit einer Veröffentlichung des Urteils auf Kosten des Verletzers vor.
Es bestehen jedoch auch - z.T. praktisch überaus bedeutsame - Unterschiede zwischen zivil- und strafrechtlichen Reaktionsmöglichkeiten.
So kann nur im Zivilverfahren ein strafbewehrtes Unterlassungsgebot ausgesprochen und sogar im Wege des Eilrechtsschutzes durchgesetzt werden.
Andererseits kann eine persönliche Bestrafung, d.h. ein Freiheitsentzug, nur im Strafverfahren und auch dort nur im Falle vorsätzlichen Handelns erfolgen. Die Möglichkeit einer solchen persönlichen Ahndung von im Zusammenhang mit der Marken(artikel)piraterie begangenen Delikten ist aber schon deshalb durchaus bedeutsam, weil sich viele Tatbeteiligte als vermögenslos erweisen, ein relevantes Vermögen jedenfalls nicht feststellbar ist. Auch generalpräventive Erwägungen können u.U. eine besondere Sanktionierung erfordern.[314] Schließlich bietet der Strafprozess für den Verletzten den Vorteil der Geltung des Amtsermittlungsgrundsatzes. Er hat die Möglichkeit eine gerichtlichen Aufklärung des Sachverhalts herbeizuführen, ohne das beweislastbedingte Prozessrisiko fürchten zu müssen. Zwar sind die Feststellungen des Strafurteils in einem nachfolgenden Zivilprozess nicht unmittelbar bindend. Sie stellen jedoch wichtige Indizien dar und haben erheblichen Einfluss auf die eigene Beweiswürdigung des Zivilgerichts.
Trotz der Bedeutung, die dem Strafrecht im Rahmen der Bekämpfung der Marken(artikel)piraterie zukommt, und obwohl auch die Kriminalistik die Produkt- und Marken(artikel)piraterie als ernst zunehmende Wirtschaftskriminalität und Erscheinungsform

---

314 Deutsche Vereinigung für gewerblichen Rechtsschutz und Urheberrecht e.V. in: GRUR 1999, 318; 479, 481.

des organisierten Verbrechens qualifiziert, wird der Schutz des geistigen Eigentums in der Praxis vom Zivilrecht dominiert.[315] Über Jahrzehnte hinweg erfolgte die Ahndung von Schutzrechtsverletzungen praktisch ausschließlich im Zivilprozess.[316]

Bei der anwaltlichen Beratung wird zum Teil ausschließlich der zivilrechtliche Weg empfohlen, da die Strafverfolgung von Marken(artikel)- und Produktpiraterie-Fällen in der Regel äußerst schleppend verlaufe sowie für den Geschädigten kaum vorhersehbar und nur eingeschränkt zu beeinflussen sei.[317]

Den effektivsten und gleichzeitig schnellstmöglichen Schutz bieten in der Tat der markenrechtliche Unterlassungsanspruch sowie die Ansprüche auf Herausgabe der vorhandenen Restbestände und auf unverzügliche Auskunftserteilung, geltend gemacht im Wege des einstweiligen Rechtsschutzes. Bedingt durch die oftmals gegenüber einem Zivilrechtsstreit überlange Dauer von Strafprozessen ist auch die Durchsetzung von Schadensersatzansprüchen im Adhäsionsverfahren nicht zweckmäßig. Allerdings darf man in diesem Zusammenhang nicht übersehen, dass das Marken(-zivil-)recht hinsichtlich der Möglichkeiten zur Erzwingung einer vollständigen und wahrheitsgemäßen Auskunft und in Bezug auf die Beschaffung bzw. Sicherung von Beweismitteln als lückenhaft angesehen wird.[318]

Bei einem Vorgehen gegen die klassische Marken(artikel)piraterie, also der Ausbeutung durch Täuschung, vertreten die geschädigten Unternehmen zugleich auch die Interessen der zumeist ebenfalls benachteiligten Verbraucher und dürfen sich deshalb breiter Sympathien sicher sein.[319] Beim Kampf gegen den Konsensvertrieb, bei dem der Erwerb gerade mit dem Ziel erfolgt, in erkannt unredlicher Weise vom Prestige des Originals zu profitieren, stehen die betroffenen Wirtschaftsunternehmen hingegen oftmals allein da und sehen sich sogar dem Vorwurf ausgesetzt, aufgrund übermäßigen Gewinnstrebens den Verbraucherinteressen schaden zu wollen.[320]

II. Zivilrechtliche Maßnahmen

In zivilrechtlicher Hinsicht wird der Markenrechtsinhaber in erster Linie durch das Markengesetz geschützt.

Zentrale Norm für Ansprüche gegen Markenverletzer ist dessen § 14.

In § 14 II MarkenG sind drei markenspezifische Kollisionstatbestände normiert, nach denen dem Berechtigten Identitätsschutz, Verwechslungsschutz und Bekanntheitsschutz gewährt werden. Als Rechtsfolge eines Verstoßes sieht § 14 V und VI MarkenG Unterlas-

---

315 Gesetzentwurf der Bundesregierung für ein Gesetzt zur Bekämpfung der Produktpiraterie, vom 21.04.1989, BT-Drucks. 11/4792, S.30; Zweiter Produktpirateriebericht der Bundesregierung vom 10.11.1999, BT-Drucks. 14/2111, S.2; Braun, S.36; Schmidl, S.138; Fritze in: FS für Piper (1996), 221, 229.

316 Klindt in: GRUR 2000, 973, 975; Cremer in: Mitt 1992, 153, 159.

317 Harte-Bavendamm, § 5, Rn.12.

318 Ausführlich dazu unter Punkt 5. b) (3).

319 Winter in: ICC-Symposium 1984 Markenpiraterie, 27.

320 Winter in: ICC-Symposium 1984 Markenpiraterie, 27.

sungs- und Schadensersatzansprüche vor. Daneben besteht aber auch noch ein Vernichtungsanspruch gem. § 18 MarkenG und ein Auskunftsanspruch gem. § 19 MarkenG.
Die Verletzungsansprüche stehen als subjektive Rechte nur dem Markeninhaber selbst zu. Nach § 30 III MarkenG ist aber auch der Lizenznehmer im Falle einer Beeinträchtigung seines Lizenzrechts klagebefugt, bedarf jedoch für eine Klageerhebung der Zustimmung des Markeninhabers.
Bei Vorliegen einer Hinterhaltsmarke kann der materiell Berechtigte gemäß § 50 I Nr.4 MarkenG bei der Registerbehörde deren Löschung beantragen. Dieses Antragsrecht stellt zwar keinen zivilrechtlichen Anspruch im eigentlichen Sinne dar, soll aufgrund der gegebenen Übereinstimmung in der Schutzrichtung jedoch im Zusammenhang mit den Schutzansprüchen des Markeninhabers behandelt werden.
Da das Markengesetz gemäß seinem § 2 nicht als abschließend anzusehen ist, kommen bei der Bekämpfung der Marken(artikel)piraterie daneben auch Ansprüche des allgemeinen Wettbewerbsrechts in Betracht. Dies sind z.B. Unterlassungsansprüche gemäß den §§ 1 und 3 UWG: § 3 UWG unter dem Aspekt der Irreführung über die Beschaffenheit und den Ursprung von Waren, § 1 UWG bei der Herkunftstäuschung und der Ausnutzung des Rufs der fremden Leistung.
Des weiteren können ergänzend allgemeine zivilrechtliche Vorschriften, etwa über den deliktischen Schadensersatz (§§ 823 ff BGB), die ungerechtfertigte Bereicherung (§§ 812 ff. BGB) und die Störungsbeseitigung (§ 1004 BGB), Anwendung finden.
Aufgrund der dominierenden Rolle, die die markengesetzlichen Ansprüche im Rahmen eines Verletzungsprozesses einnehmen, sollen sich die folgenden Ausführungen jedoch auf diese konzentrieren.

1. Unterlassungsanspruch gem. § 14 V MarkenG

Wichtigstes Ziel eines jeden Markeninhabers ist die vorbeugende Verhinderung jeglicher Verletzungen seines Rechts. Der gegen die Wiederholung bereits begangener und die Begehung erstmalig drohender Markenverletzungen gerichtete, verschuldensunabhängige Unterlassungsanspruch gem. § 14 V MarkenG steht daher bei der Abwehr markenbezogener Schutzrechtsverletzungen an vorderster Stelle.[321]

a) Schutzgegenstand

Schutzgegenstand des Unterlassungsanspruchs nach § 14 MarkenG ist die Marke als solche. Das Markenkollisionsrecht ist vereinheitlicht, gilt also für alle drei Markentypen des § 4 MarkenG:
- für eingetragene und angemeldete Marken gemäß § 4 Nr.1 MarkenG,
- für kraft Verkehrsgeltung geschützte Marken gemäß § 4 Nr.2 MarkenG
- und für notorisch bekannte Marken nach Art.6bis PVÜ gemäß § 4 Nr.3 MarkenG.

321 Bastian/Götting/Knaak/Stauder-Götting, S.12; Dreier, S.118.

Für die Markenpiraterie ist neben den eingetragenen Marken auch der Markenschutz kraft Verkehrsgeltung von Bedeutung. Die Verkehrsgeltung setzt voraus, dass ein großer Teil des betroffenen Verkehrs die Marke wiedererkennt und mit einem bestimmten Unternehmen - dessen Firma nicht notwendig bekannt sein muss - verbindet. Der Grad der Verkehrsgeltung bestimmt sich nach dem Einzelfall, liegt jedoch bei mindestens 20%. Grundsätzlich setzt die Verkehrsgeltung eine intensive Benutzung voraus. Ein Produkt kann allerdings aufgrund entsprechender Werbeanstrengungen und -erfolge bereits bei seiner Markteinführung den erforderlichen Bekanntheitsgrad erlangen.[322] Letztgenannte Besonderheit kann namentlich in den Fällen der Hinterhaltsmarke[323] bei der Ermittlung eines der Eintragung entgegenstehenden materiellen Markenrechts von Relevanz sein. Gelingt also dem Inhaber eines solchen materiellen Markenrechts - etwa mit Hilfe empirischer Untersuchungen - der Nachweis, dass der Schutz der eigenen Marke kraft Verkehrsgeltung bereits im Zeitpunkt der Anmeldung durch den nunmehr formell Berechtigten vorlag und dieser auch bösgläubig war, so folgt der grundsätzliche Markenschutz in diesen Fällen aus den §§ 4 Nr.2, 50 I Nr.4 MarkenG. Eines Rückgriffs auf § 242 BGB bzw. § 1 UWG bedarf es in diesem Zusammenhang nur dann, wenn der materiell Berechtigte unmittelbar - etwa wie im Fall „Classe E" mittels einer negativen Feststellungsklage - gegen den formellen Rechtsinhaber vorgehen will.

b) Allgemeine Anspruchsvoraussetzungen

§ 14 II MarkenG beinhaltet die besonderen Voraussetzungen, unter denen aufgrund drohender Verletzung einer geschützten Marke ein Unterlassungsanspruch geltend gemacht werden kann. Den drei Kollisionstatbeständen gemeinsame Voraussetzung für die Feststellung eines Eingriffs in das Markenrecht ist, dass die Marke von einem Dritten im geschäftlichen Verkehr benutzt wird.

(1) Begehung durch „Dritten"

„Dritter" i.S.d. § 14 II MarkenG kann jede nicht mit dem Markeninhaber identische Person - also auch der Lizenznehmer (§ 30 II MarkenG) sowie eine gesellschaftsrechtlich oder konzernmäßig mit dem Rechtsinhaber verbundene juristische Person oder Personengesamtheit - sein.[324]

(2) Fehlende Zustimmung des Markeninhabers

Hat der Markeninhaber der Zeichenbenutzung des Dritten zugestimmt, so entfällt bereits der Verletzungstatbestand und nicht erst die Rechtswidrigkeit.[325] Der Verzicht auf das Verbietungsrecht kann auch konkludent erfolgen.

---

322 Ingerl/Rohnke, § 4, Rn.19.

323 Vgl. Punkt A) IV.

324 Ingerl/Rohnke, § 14, Rn.25.

325 Ingerl/Rohnke, § 14, Rn.26.

(3) Räumlicher Schutzbereich

Ein Anspruch nach § 14 MarkenG setzt voraus, dass eine Verletzungshandlung im territorialen Schutzbereich der Marke begangen wurde bzw. droht. Die kraft Eintragung oder Notorietät geschützten Marken genießen Schutz im gesamten Bundesgebiet. Dagegen hängt das Schutzgebiet bei kraft Verkehrsgeltung geschützten, nicht eingetragenen Marken von der konkreten geographischen Ausdehnung der Verkehrsgeltung ab und kann deshalb örtlich und regional beschränkt sein.

Maßgeblich für die territoriale Zuordnung ist der Ort, an dem die Markenverletzung begangen wurde bzw. an dem im Falle des vorbeugenden Unterlassungsanspruchs ihre Begehung droht. Die Markenverletzung ist dabei an allen Orten begangen, an denen ein zur tatbestandsmäßigen Handlung gehörender Teilakt vorgenommen wird oder der Verletzungserfolg eintritt.

(4) Geschäftlicher Verkehr

Der Markenschutz besteht gemäß § 14 II, IV MarkenG nur hinsichtlich „im geschäftlichen Verkehr" vorgenommener Handlungen.

Die Handlung muss somit einem beliebigen eigenen oder fremden Geschäftszweck dienen. Bei rein privatem Handeln, also von einer Benutzung zum ausschließlich persönlichen Gebrauch, ist das Markenrecht, als Teilbereich des Wirtschaftsrecht hingegen nicht tangiert. Dies beruht auf der Erwägung, dass - grundsätzlich durchaus abstrakt als Schutzrechtsverletzungen charakterisierbare - markenspezifische Verhaltensweisen eines einzelnen privaten Letztverbrauchers nicht die erforderliche wirtschaftliche Erheblichkeit besitzen.[326] Nicht notwendig ist allerdings das Vorliegen von Entgeltlichkeit, Gewinnerzielungsabsicht[327] oder eines Wettbewerbsverhältnisses.

Das Tatbestandsmerkmal „im geschäftlichen Verkehr" stimmt mit dem gleichlautenden Begriff des UWG überein. Wie dort kann auch im Regelungsbereich des MarkenG bei Gewerbetreibenden von einer tatsächlichen Vermutung des Handelns im geschäftlichen Verkehr ausgegangen werden.[328]

Ein Handeln im geschäftlichen Verkehr kann dabei auch bereits in der bloßen Anmeldung einer Marke gesehen werden, wenn die eingetragene Marke - wie z.B. im Fall der „Hinterhaltsmarke" oder des „domain-grabbing" - lizenziert oder veräußert werden soll.

Die Beurteilung einer Handlung als privat oder geschäftlich kann im Einzelfall große Schwierigkeiten bereiten. Es kann z.B. fraglich sein, ab welcher Stückzahl oder welchem Gesamtwert aufgefundener Piraterieware von einem kommerziellen Hintergrund ausgegangen werden darf. Entsprechende normative Vorgaben enthalten - allerdings lediglich für den Bereich der Grenzbeschlagnahme - die Art.46 und 47 der Zollbefreiungsverordnung sowie die Einreise-Freimengen-Verordnung. Danach findet eine solche nur dann

---

326 Gesetzesbegründung zum PrPG, BT-Drucks. 11/4792 vom 15.06.1989, S.32.

327 BGH GRUR 1987, 438, 440 - „Handtuchspender".

328 Ingerl/Rohnke, § 14, Rn.35.

statt, wenn die festgestellten Waren bei Überschreitung der deutsch-polnischen oder deutsch-tschechischen Grenze einen Wert von mehr als 75 Euro und bei anderen Grenzübertritten von mehr als 175 Euro haben.[329]
Die Rechtsprechung zur Frage der Abgrenzung zwischen privatem und geschäftlichem Verkehr bietet ein uneinheitliches Bild. So hat beispielsweise das LG Mannheim ein Handeln im geschäftlichen Verkehr bei der Einfuhr von vierzehn T-Shirts der Marke „JOOP!" aus der tschechischen Republik nach Deutschland angenommen, weil die Einfuhr nicht zu rein privaten Zwecken, sondern mit Gewinnerzielungsabsicht erfolgt sei. Dafür sprach nach Auffassung des Gerichts insbesondere die Tatsache, dass die Beklagten pro Person mehr als 23 Bekleidungsstücke und insgesamt 94 Markenprodukte einführen wollten.[330]
Dagegen ist das LG Düsseldorf in einem ähnlich gelagerten Fall von einer Handlung zur Deckung des Eigenbedarfs ausgegangen und hat deshalb eine Markenrechtsverletzung abgelehnt.[331] Hier hatte ein tschechischer LKW-Fahrer versucht, 16 Plagiate der Marke „Windsurfing Chiemsee" nach Deutschland einzuführen. Nach Aussage des Beklagten handelte es sich dabei um Weihnachtsgeschenke für seine Familie. Entgegen der Auffassung des LG Düsseldorf ist hierin jedoch eine geschäftliche Handlung - und damit eine Markenrechtsverletzung - zu sehen. Dafür spricht jedenfalls die Menge der mitgeführten Falsifikate. Um einer Gewährung effektiven Markenschutzes willen sollte das Tatbestandsmerkmal des geschäftlichen Verkehrs extensiv ausgelegt werden. Im Zweifel ist deshalb von einem Handeln mit geschäftlichem Hintergrund auszugehen.

(5) Rechtsverletzende Benutzung

§ 14 II MarkenG verbietet dem Dritten ein identisches oder ähnliches Zeichen für Waren oder Dienstleistungen „zu benutzen".
Der Begriff der Benutzung wird im Rahmen des MarkenG in unterschiedlichen Regelungszusammenhängen verwendet.[332] Eine Legaldefinition enthält es jedoch nicht.
Fraglich ist daher, ob der Gesetzgeber in den Verletzungstatbeständen nur den spezifisch kennzeichenmäßigen Gebrauch oder weitergehend auch jegliche allgemeine Verwendung regeln wollte.
Da sämtliche markenrechtlichen Abwehransprüche hinsichtlich ihrer Voraussetzungen auf § 14 MarkenG verweisen, kommt der Klärung dieses Problems, nicht zuletzt auch im Hinblick auf die Abgrenzung der markengesetzlichen von den wettbewerbsrechtlichen und

---

329 Vgl. Merkblatt „Das Wichtigste über Grenzbeschlagnahmen in Fällen von Produkt- und Markenpiraterie", hrsg. v. ehem. OFD München, S.1.

330 LG Mannheim WRP 1999, 1057, 1058 - „JOOP!".

331 LG Düsseldorf Mitt 1996, 22, 23 - „Windsurfing Chiemsee".

332 Z.B. die rechtserhaltende Benutzung eingetragener Marken i.S.d. § 26 MarkenG; Aufgrund seiner Zweckbestimmung, einer „Verstopfung des Registers" vorzubeugen, hat der Benutzungsbegriff des § 26 MarkenG gegenüber dem des § 14 MarkenG einen abweichenden, eigenständigen Bedeutungsinhalt.

allgemeinen deliktischen Instrumentarien, weitreichende Bedeutung zu.[333] Für die vorliegende Abhandlung ist die Beantwortung dieser Frage aber speziell im Hinblick auf die kontrovers diskutierten Fallgestaltungen des „dekorativen Gebrauchs einer Marke" und der „Täuschung in Konsens" von besonderer Bedeutung.
Zum besseren Verständnis soll nachfolgend zunächst ein kurzer Blick auf die Rechtslage zu Zeiten des WZG geworfen werden. Daran anknüpfend wird dann die aktuelle Problematik im Rahmen des Markengesetzes analysiert.

(a) Zeichenmäßiger Gebrauch nach dem WZG

Früher hat die Rechtsprechung[334] nur den „(waren-)zeichenmäßigen" bzw. „markenmäßigen" oder allgemeiner formuliert „kennzeichenmäßigen" Gebrauch eines Zeichens als Verletzungshandlung angesehen. Danach kam eine Warenzeichen- oder Ausstattungsverletzung nach §§ 24, 25 WZG bei einer Verwendung im geschäftlichen Verkehr nur dann in Betracht, wenn ein nicht ganz unerheblicher Teil der angesprochenen Verkehrskreise annehmen musste, dass das Zeichen als Hinweis auf die betriebliche Herkunft des gekennzeichneten Produkts dient.
Das Erfordernis des zeichenmäßigen Gebrauchs wurde in erster Linie damit begründet, dass der rechtliche Schutz des Warenzeichens ausschließlich auf seiner Herkunftsfunktion beruht.[335] In diesem Zusammenhang wurde ergänzend auch auf die abschließende Regelung der möglichen Verletzungshandlungen in §§ 15, 24, 25 WZG und auf den Begriff des „warenzeichenmäßigen Gebrauchs" nach § 16 WZG verwiesen.
Um dennoch einen effektiven Zeichenschutz gewährleisten zu können, wurde der warenzeichenmäßige Gebrauch jedoch sehr weit verstanden.[336] Abgelehnt wurde sein Vorliegen nur, wenn zweifelsfrei davon auszugehen war, dass ein unbefangener Durchschnittsbetrachter in dem betreffenden Warenzeichen auf gar keinen Fall eine betriebliche Herkunftskennzeichnung sehen würde.[337] Eine zeichenmäßige Verwendung wurde deshalb bei rein beschreibendem, dekorativem[338] oder mündlichem Gebrauch abgelehnt.

---

333 Zu den verschiedenen Fallgestaltungen vgl. die ausführliche Darstellung bei Nägele, S.19 ff.

334 RGZ 117, 408, 410f. - „Lysol"; BGH GRUR 1975, 257 - „Budelei"; BGH GRUR 1981, 362, 364 - „Kurfürst-Quelle"; BGH GRUR 1984, 352, 354 – „Ceramix"; BGH GRUR 1995, 57, 60 - „Markenverunglimpfung II".

335 Darin zeigt sich, dass die Lehre von den Kennzeichenfunktionen früher - jedenfalls in rechtlicher Hinsicht - vor allem durch die Herkunftsfunktion bestimmt wurde. Vgl. dazu bereits im 2. Teil unter Punkt II. 1. b).

336 Althammer/Ströbele/Klaka, § 14, Rn.68.

337 BGH GRUR 1957, 433f. - „Hubertus"; BGH GRUR 1983, 247, 248 - „Rolls-Royce".

338 So beispielsweise in dem Fall BGH GRUR 1994, 635, 636 - „Pulloverbeschriftung". Hier wurde ein Kleidungsstück mit den Darstellungen verschiedener Uhrenmodelle und einer Ansammlung von entsprechenden Schriftzügen wie „Cartier", „Piaget", „Rolex" etc. versehen. Nach Ansicht des Gerichts wurden die bekannten Marken hierbei aber nicht als Herkunftsnachweis, sondern lediglich schmückend verwendet. Außerdem verfügten die Pullover sowohl im Nackenetikett als auch auf einem zusätzlichen Anhänger über das Kennzeichen des Herstellers, also einem erkenn-

Auch die Veröffentlichung das Originalprodukt erkennbar bloß bezeichnender Namenswiedergaben - beispielsweise im Rahmen redaktioneller Berichte, in der vergleichenden Werbung oder bei Verwendung als Bestellzeichen - wurden nicht als tatbestandsmäßig eingestuft.[339]

Ebensowenig wurde die Markenwiedergabe auf realitätsnah gestalteten aber verkleinerten Modellen des Originalprodukts grundsätzlich als kennzeichenmäßige Benutzung qualifiziert.[340] In solchen Fallgestaltungen sei die Marke schließlich weder zum Zwecke der Produktidentifikation noch zur Kennzeichnung ihrer Herkunft verwendet worden, sondern diene ausschließlich einer möglichst wirklichkeitsgetreuen Gestaltung oder Dekoration. Zudem sei die Ware in diesen Fällen unter einer eigenen Kennzeichnung vertrieben worden, so dass die Verbraucher sich darüber im klaren gewesen seien, dass der Hersteller der Modelle nicht mit den Herstellern der Vorbilder identisch ist.

Auch in den Fällen der Täuschung in Konsens[341] wurde ein zeichenmäßiger Gebrauch von der Rechtsprechung verneint, weil die Verbraucher wussten, dass es sich um eine Produktkopie handelte. Danach hätten Warenzeichen „lediglich die Aufgabe gehabt, eine möglichst große Nähe zum Original zu vermitteln". Sie fungierten damit nur als „Sachhinweis", der ohne „Identitätstäuschung" lediglich die Ähnlichkeit mit dem Original verdeutlichen sollte. Das gelte „erst recht" - also nicht etwa nur dann - , wenn auch die Marke des wirklichen Herstellers angebracht sei. Der Konsument solle dadurch zu einem Vergleich von „Fälschung" und Original veranlasst werden, was aber gerade die Offenlegung der Divergenz der Hersteller voraussetzt. Diese Rechtsprechung fand bei vielen Vertretern des Schrifttums Zustimmung.[342]

Vereinzelt wurde der Begriff der rechtsverletzenden Benutzung aber auch extensiv interpretiert.[343] Danach konnte der Zeicheninhaber jeden geschäftlichen - also auch den nichtzeichenmäßigen - Gebrauch z.B. zu ornamentalen oder dekorativen Zwecken warenzeichenrechtlich untersagen.

---

bar abweichenden Herkunftsnachweis.

339 Ingerl/Rohnke, § 14, Rn.49.

340 Diese Fallgruppe liegt beispielsweise vor, wenn ein Spielwarenhersteller originalgetreue Modellfahrzeuge herstellt und sie mit der Marke des Kraftfahrzeugherstellers versieht. Dies kann entweder im Interesse einer möglichst realitätsnahen Nachbildung geschehen oder auch nur aus rein dekorativen Gründen. vgl. BGH GRUR 1994, 732, 735 - „Mc Laren"; OLG München OLG-Report 1997, 138 - „BMW-Carrera-Modelle"; OLG München OLG-Report 1994, 14 - „BMW / Carrera".

341 Nach Auffassung des OLG Hamburg soll ein zeichenmäßiger Gebrauch nicht vorliegen, wenn ein erkennbar einem bestimmten Original nachgebildetes Produkt mit der Originalmarke versehen wird, sofern der Verkehr aufgrund jahrelanger Gewöhnung mit dem Vorhandensein von Kopien auf dem Markt rechnet. vgl. OLG Hamburg WRP 1996, 572, 576 - „Les-Paul-Gitarren".

342 Baumbach/Hefermehl, § 15 WZG, Rn.22ff.; Althammer, § 16 WZG, Rn7ff.; Wilde in: GRUR 1968, 477, 479ff.; v. Gamm in: GRUR 1974, 539ff.

343 Heydt in: Mitt 1969, 319ff.; Bußmann in: GRUR 1971, 392ff.; Fezer, Benutzungszwang, S.72f.; Anmerkung Fezer zu BGH-Urteil „Gebäudefassade" in: GRUR 1977, 616, 618.

(b) Rechtsverletzende Benutzung i.S.d. MarkenG

Bei der Betrachtung der in § 14 II MarkenG normierten Tatbestände sind zwei Problemkreise voneinander zu unterscheiden.
Einerseits ist umstritten, ob unter den Benutzungsbegriff einschränkend - entsprechend der herrschenden Meinung zum WZG - nur der markenmäßige oder jeder Gebrauch einer Marke zu subsumieren ist.
Zum anderen ist aber auch klärungsbedürftig, ob dem Benutzungsbegriff innerhalb der drei Untersagungstatbestände ein identischer Sinngehalt beizumessen ist.

aa) Das Erfordernis eines zeichenmäßigen Gebrauchs im Markenrecht

Hinsichtlich der Frage, ob auch unter dem Markengesetz infolge einer restriktiven Auslegung des Benutzungsbegriffs am Erfordernis eines kennzeichenmäßigen Gebrauchs festzuhalten ist, sind die Meinungen geteilt. Im Schrifttum wird die Begriffsbestimmung zur Zeit so kontrovers wie kaum eine andere markenrechtliche Auslegungsfrage diskutiert.[344]

aaa) Restriktiver Benutzungsbegriff

Nach der Rechtsprechung des EuGH setzt eine markenrechtlich relevante Benutzung voraus, dass ein Kennzeichen im Hinblick auf die Unterscheidbarkeit eigener Waren oder Dienstleistungen von denen fremder Unternehmen verwendet wird.[345] Der EuGH sieht somit nicht jede beliebige Zeichenbenutzung im geschäftlichen Verkehr als Verletzungshandlung i.S.d. Art.5 I MarkenRL - deren Vorgaben in Deutschland durch § 14 I, II MarkenG umgesetzt wurden - an.
Auch die Instanzgerichte erachteten größtenteils einen markenmäßigen Gebrauch für notwendig[346] oder ließen diese Grundsatzfrage - bei Bejahung einer zeichenmäßigen Benutzung im Streitfall - unentschieden[347].
Der BGH hingegen hat die Frage der Auslegung des markenrechtlichen Benutzungsbegriffes zunächst ausdrücklich offengelassen.[348]
Nunmehr hat er sich jedoch dem restriktiven Begriffsverständnis des EuGH angeschlossen und fordert ebenfalls eine markenmäßige Verwendung des Kennzeichens als Herkunftsangabe.[349] Danach erfordert der Benutzungsbegriff nach § 14 II MarkenG, dass die Marke

344 Althammer/Ströbele/Klaka, § 14, Rn.66.

345 EuGH GRUR Int. 1999, 438, 441 - „BMW/Deenik"; EuGH GRUR 2002, 692 - „Hölterhoff"; EuGH GRUR 2003, 55, 58 - „ Arsenal".

346 OLG Hamburg WRP 1996, 572, 576 - „Les-Paul-Gitarren"; OLG Hamburg GRUR 1996, 90 – „Für Kinder"; OLG Hamburg WRP 1997, 106, 108, 110 - „GUCCI"; OLG München Mitt 1996, 174, 175 - „FAT-TIRE"; OLG Hamburg MD 1999, 396, 408 - „Bild"; KG GRUR 1997, 295, 296 „Alles wird teurer".

347 OLG Köln GRUR 1999, 374 „ARD-1"; LG Braunschweig CR 1998, 364, 365 - „deta.com".

348 BGH GRUR 1998, 697, 699 - „VENUS MULTI"; BGH NJW 1998, 3773 - „Les-Paul-Gitarren".

349 BGH GRUR 2002, 809, 811 - „FRÜHSTÜCKS-DRINK I"; BGH GRUR 2002, 812, 813 – „FRÜHSTÜCKS-DRINK II"; BGH GRUR 2002, 814f. - „Festspielhaus".

im Rahmen eines Produkt- oder Leistungsabsatzes jedenfalls auch der Unterscheidung zwischen Waren oder Dienstleistungen verschiedener Unternehmen dient.
Auch eine Ansicht im Schrifttum hält weiterhin an dem unter dem WZG entwickelten restriktiven Verständnis des Gebrauchs- bzw. Benutzungsbegriffs fest.[350] Allein diese Sicht werde dem ursprünglichen Wesen der Marke als Herkunfts-Kennzeichen gerecht, was insbesondere durch die Entstehungsgeschichte, die amtliche Begründung und die Gesetzessystematik verdeutlicht werde.
Aus Art.5 V MRL wird zudem gefolgert, dass sowohl die MRL selbst als auch das MarkenG den Markenschutz nur in grundsätzlicher Übereinstimmung mit der früheren Rechtslage gewähren solle.[351] Dieser Vorschrift sei nämlich eindeutig zu entnehmen, dass der Schutz des Art.5 I-IV MRL die Markenbenutzung zu „anderen Zwecken als der Unterscheidung von Waren oder Dienstleistungen" gerade *nicht* umfasst. Dass allein eine zeichenmäßige Benutzungshandlung markenrechtlich relevant sein könne, ergebe sich auch aus der Formulierung in § 14 II Nr.2 und V MarkenG, wonach es untersagt ist „ein Zeichen ... zu benutzen" und auch ein Unterlassungsanspruch nur gegenüber demjenigen besteht, der „ein Zeichen ... benutzt".[352]
Da die restriktive Auslegung des markenrechtlichen Benutzungsbegriffs eine Fortführung der herrschenden Meinung zu Zeiten des WZG darstellt, ändert sich nach dieser Sichtweise die Qualifizierung der Fallgruppen des dekorativen Markengebrauchs und der Täuschung in Konsens, denen - wie bereits erwähnt - unser besonderes Augenmerk gelten soll, nicht. Bei diesen liegt nach wie vor kein Fall einer rechtsverletzenden Benutzung vor.

bbb) Weiter Benutzungsbegriff

Nach der Gegenmeinung[353] setzt die Annahme einer Markenrechtsverletzung eine markenmäßige Benutzung nicht voraus. Vielmehr stellt hiernach jedwede Benutzung eines kollidierenden Zeichens im geschäftlichen Verkehr eine Markenverletzung im Sinne des § 14 II MarkenG dar.
Dieser weite Benutzungsbegriff wurde vereinzelt schon zu Zeiten des WZG vertreten. Heute erfreut er sich im Rahmen des Markenrechts einer stetig wachsenden Anhängerschaft. Die Argumente sind dabei vielschichtig.

---

350 Piper in: GRUR 1996, 429, 434; Sack in: GRUR 1995, 81, 94; v. Gamm in: FS für Piper (1996), 537, 540; Loewenheim in: MA 1991, 238, 248; Keller in: GRUR 1996, 607, 609; Deutsch in: GRUR 1995, 319, 321; Albert in: GRUR Int. 1997, 449, 463; v. Schulz in: GRUR 1997, 408, 409.

351 Kunz-Hallstein in: GRUR Int. 1990, 747, 757; Kunz-Hallstein in: GRUR Int. 1992, 81, 89; Sack in: GRUR 1995, 81, 93ff.; Ernst-Moll in: GRUR 1993, 8, 17; Piper in: GRUR 1996, 429, 434; Keller in: GRUR 1996, 607, 609.

352 Piper in: GRUR 1996, 429, 434.

353 Starck in: GRUR 1996, 688, 691; Fezer in: GRUR 1996, 566, 568; Fezer, § 14, Rn.31ff.; Althammer/Ströbele/Klaka, § 14, Rn.66ff.; Eichmann in: GRUR 1998, 201, 203, 209; Meister in: WRP 1995, 366, 369; Krüger in: GRUR 1995, 527, 529; Ingerl/Rohnke, § 14, Rn.53; Ingerl/Rohnke in: NJW 1994, 1247, 1252; Ingerl, S.88; Will, S. 183ff.; Hubmann, S.302; Berlit in: GRUR 1998, 423, 426; Berlit, Rn.241; Nägele, S.184f.

Zuvörderst wird das extensive Begriffsverständnis mit der Neustrukturierung des Zeichenrechts durch das Markengesetz begründet.[354]

Das Markenrecht ist im Gegensatz zum Warenzeichenrecht nicht ausschließlich auf den Schutz der Herkunfts- bzw. Unterscheidungsfunktion ausgerichtet, sondern bezweckt einen umfassenden Schutz auch der bislang nur in wirtschaftlicher Hinsicht anerkannten Markenfunktionen.[355] Insbesondere die Aufnahme des Sonderschutzes bekannter Marken in § 14 II Nr.3 MarkenG verdeutlicht dabei die Intention des Gesetzgebers, das Markenrecht um besondere wettbewerblich-ökonomische Komponenten zu erweitern.[356]

Konsequenz des beschriebenen Paradigmenwechsel sei ein über die Abwehr markenmäßigen Missbrauchs hinausgehender Markenschutz. Auch der EuGH mache die verschiedenen Markenfunktionen zum Ausgangspunkt der Begriffsbestimmung und komme dadurch ebenfalls zu einer extensiven Auslegung. Denn als Rechtsverletzungen kämen grundsätzlich sämtliche Benutzungsweisen in Betracht, also auch solche, die nicht die Herkunfts-, sondern etwa nur die Unterscheidungs- oder die Werbefunktion betreffen.[357]

Angeführt wird daneben insbesondere noch, dass sich weder dem weit gefassten Wortlaut des § 14 II MarkenG noch dem Text des Art. 5 V MRL entnehmen lasse, dass der Gesetzgeber die Rechtsverletzungstatbestände restriktiv verstanden wissen wollte.[358] Die eher allgemein gehaltene Formulierung lasse vielmehr vermuten, dass dem Markeninhaber das Untersagungsrecht gegen *jede* Art der Benutzung zustehen solle. Zwar sei dies auch bereits bei § 15 WZG der Fall gewesen, doch habe man aus § 16 WZG, in welchem explizit die einschränkende Voraussetzung der Warenzeichenmäßigkeit des Gebrauchs enthalten war, - gleichsam durch Analogiebildung - den Schluss gezogen, dass diese Einschränkung auch in allen übrigen Regelungen vorgenommen werde sollte. In der Nachfolge-Norm des § 23 MarkenG fehle jedoch eine in entsprechender Weise übertragbare, ausdrückliche Einschränkung, so dass sich ein solcher Schluss nunmehr verbiete.

Ferner wird betont, dass der Benutzungsbegriff schon weit verstanden werden müsse, um den Regelungsgehalt der - mittlerweile nur noch exemplarischen - Auflistung verletzungstypischer Handlungsformen in § 14 III MarkenG richtig erfassen zu können.[359] Dies werde im übrigen auch in der Amtlichen Begründung zu § 14 II, III MarkenG in aller Deutlichkeit herausgestellt.[360]

Dass der Gesetzgeber von dem traditionellen, kennzeichenmäßigen Verständnis abgerückt sei, zeige sich überdies darin, dass die nach dem früheren Verständnis nicht als Verlet-

---

354 Hubmann, S.302; Ingerl/Rohnke, § 14, Rn.54; Will, S.188f.; Fezer, § 14, Rn.39.

355 Althammer/Ströbele/Klaka, § 14, Rn.66.

356 Will, S.195.

357 Kur in: JZ 1999, 838, 840.

358 Ingerl/Rohnke, § 14, Rn.53; Althammer/Ströbele/Klaka, § 14, Rn.66; Eichmann in: GRUR 1998, 201, 203.

359 Starck in: GRUR 1996, 688, 691; Starck in: DZ Wir 1996, 313, 316; v. Gamm in: GRUR 1994, 775, 780.

360 Regierungsbegründung zum Markenrechtsreformgesetz, BT-Drucks. 12 / 6581 vom 14.01.1994, S.75.

zungshandlung qualifizierte mündliche Verwendung und der qualifizierte Besitz nunmehr ausdrücklich von § 14 III Nr.2, 1.Alt., 3, 5 MarkenG bzw. Nr.2, 3.Alt. MarkenG erfasst werden.[361]

Zudem wird betont, dass der umfassende Benutzungsbegriff auch keineswegs zu einer Ausuferung der Verletzungstatbestände führe. Dem werde schon durch § 23 MarkenG begegnet, welche dem schutzwürdigen Interesse der Mitbewerber und der Allgemeinheit an einer angemessenen Benutzungsmöglichkeit ausreichend Rechnung trage.[362] Diese Regelung gewährleiste, dass sich das Ausschließlichkeitsrecht des Markenrechtsinhabers weder gegenüber dem bürgerlichen Namen einer Personen noch gegenüber beschreibenden sowie Angaben im Rahmen des Zubehör- und Ersatzteilgeschäftes durchsetzt. Für die Fälle der beschreibenden Verwendung folge aus ihrer Nr.2 im übrigen ein unmittelbares, gesetzessystematisches Argument gegen das restriktive Verständnis. Denn der markenspezifische Charakter dieser Art der Benutzung werde vorausgesetzt, wenn für Fälle eines Sittenverstoßes der Ausschluss eines - seinerseits eine Benutzung voraussetzenden - Unterlassungsanspruchs angeordnet werde.

Schließlich zeige auch ein „Blick über den Tellerrand", dass in fast allen Nachbarländern - wie Frankreich, Italien, Benelux, Schweden und Großbritannien - die herrschende Meinung auch im Falle einer nicht-zeichenmäßigen Benutzung eine Markenverletzung annimmt, mithin jede Markennennung als „use of the mark as a mark" begreift.[363]

Nach dieser Ansicht sind die Fallgruppen der Täuschung in Konsens und des dekorativen Gebrauchs einer Marke als rechtsverletzende Benutzung gemäß § 14 II MarkenG zu qualifizieren.

ccc) Fazit und Stellungnahme

Es steht außer Frage, dass der Begriff der rechtsverletzenden Markenbenutzung gemäß § 14 II MarkenG von grundlegender Bedeutung für die Reichweite des Markenschutzes ist. Wie *Ingerl/Rohnke*[364] zutreffend feststellen, ist - trotz der um diesen Begriff geführten, heftigen Diskussion - zumindest sicher, dass der markenrechtliche Benutzungsbegriff keinesfalls enger, sondern allenfalls weiter zu verstehen ist als es der des warenzeichenmäßigen Gebrauchs nach traditioneller Sicht war. Daraus folgern sie zurecht, dass eine Streitentscheidung immer dann hinfällig ist, wenn die konkrete Markenbenutzung als „kennzeichenmäßig" im Sinne der herkömmlichen Rechtsprechung anzusehen ist. Da der - an sich restriktiv verstandene - Begriff des warenzeichenmäßigen Gebrauchs in der praktischen Rechtsanwendung jedoch sehr weit gehandhabt worden sei, sei davon auszugehen, dass er auch heute in fast allen streitigen Fällen der Praxis zu bejahen sein dürfte. Die Ergebnisse der zukünftigen Judikatur würden deshalb vermutlich nicht allzu viel von der bisherigen Rechtsprechung abweichen.

---

361 Ingerl/Rohnke, § 14, Rn.53.
362 Hubmann, S.302f.; Will, S.187.
363 Althammer/Ströbele/Klaka, § 14, Rn.66.
364 Ingerl/Rohnke, § 14, Rn.56.

Allerdings werden einige Sachverhalte, bei denen früher angenommen wurde, es liege evident keine kennzeichenmäßige Benutzung vor,[365] heute unter Zugrundelegung eines weit verstandenen Benutzungsbegriffs über § 14 II Nr.3 MarkenG[366] als Markenverletzungen erfasst.
Darüber hinaus sind heute aber auch die Fälle der Täuschung in Konsens, die früher jedenfalls überwiegend als nicht-zeichenmäßige Benutzung eingestuft wurden, nach dem weiten Begriffsverständnis als Identfälschungen i.S.v. § 14 II Nr.1 MarkenG zu qualifizieren.
Da restriktiver und weiter Benutzungsbegriff also jedenfalls bei einigen Fallgruppen der Marken(artikel)piraterie zu unterschiedlichen Ergebnissen führen, muss an dieser Stelle eine Streitentscheidung vorgenommen werden.
Dabei sprechen viele Argumente dafür, die Beschränkung auf eine kennzeichenmäßige Verwendung aufzugeben.
Zunächst erscheint die Auffassung, die weiterhin eine markenmäßige Benutzung als Voraussetzung für das Vorliegen einer Markenrechtsverletzung verlangt, schon allein deshalb überholt, weil sie die Bedeutung verkennt, die der - primär rechtsdogmatische - Paradigmenwechsel in der Funktionenlehre auch für den Schutzumfang des subjektiven Markenrechts mit sich bringt. Die Marke ist heute ein bedeutendes Wirtschaftsgut mit vielfältigen Funktionen. Sie kann nicht auf einen bloßen Herkunftsnachweis reduziert werden. Im Gegenteil ist dessen Bedeutung aus Konsumentensicht sogar in den Hintergrund getreten. Insbesondere die gesellschaftlichen Wirkungen der Marke nehmen heute einen enormen Stellenwert ein. Der moderne Verbraucher assoziiert mit einer Marke mittlerweile die verschiedensten Eigenschaften. Sie fungiert vielfach nicht mehr vorrangig als Qualitäts- sondern eher als Statussymbol. Der hinter ihr und dem Produkt stehende Betrieb, die Herkunftsstätte werden nebensächlich.
Die Beurteilung ist jedoch unter vorrangiger Berücksichtigung derjenigen Sachverhalte vorzunehmen, bei denen diese die schwerwiegendsten praktischen Konsequenzen nach sich zieht. Das sind - wie bereits erwähnt - die Fälle der dekorativen Verwendung und des Konsensvertriebs.
Das Ergebnis der restriktiven Ansicht, in bezug auf beide Erscheinungsformen das Vorliegen einer rechtsverletzenden Benutzung zu verneinen, verdient dabei keine Zustimmung. Wird einem Produkt als „schmückendes Beiwerk" eine Marke hinzugefügt, so vergrößert der Hersteller dadurch seine Absatzchancen, nutzt also den goodwill der Marke. Er profitiert damit in ungerechtfertigter, weil unentgeltlicher Weise von vorangegangenen Leistungen des Markeninhabers. Deshalb muss auch eine solche Verwendung als Benutzungshandlung im Sinne des § 14 II Nr.3 MarkenG verstanden werden.
Beim Konsensvertrieb wird zwar der Konsument nicht geschädigt. Der Markeninhaber ist aber gerade deshalb einem um so größeren Schadensrisiko ausgesetzt. Denn das Misstrau-

365 OLG München OLG-Report 1997, 138 - „BMW-Carrera-Modelle"; BGH GRUR 1994, 732 – „Mc Laren"; BGH GRUR 1994, 635 - „Pulloverbeschriftungen".
366 Vgl. noch unter Punkt e).

en der Verbraucher gegenüber Piraterieware zählt für ihn zu den wirksamsten Schutzmechanismen bei deren Bekämpfung. Zur Gewährleistung eines umfassenden Markenschutzes hinsichtlich aller möglichen Erscheinungsformen der Marken(artikel)piraterie sind demnach auch diese Sachverhalte als Rechtsverletzungen einzustufen. Der Schutzrechtsinhaber soll nämlich zumindest auf die gesetzlichen Schutzinstrumentarien zurückgreifen können.

Für eine weite Auslegung des Benutzungsbegriffs spricht ferner die Tatsache, dass dadurch eine möglicherweise schwierige Abgrenzung im Einzelfall obsolet wird. Dadurch kann eine drohende Uneinheitlichkeit der Rechtsprechung vermieden werden, was wiederum einen deutlichen Zugewinn an Rechtssicherheit bedeutet.

Außerdem ist auch die gesetzgeberische Wertung zu beachten. Danach ist die Rechtsposition des Markeninhabers grds. eine umfassende. Das Markenrecht sollte insbesondere - was durch die Aufnahme des Sonderschutzes für bekannte Marken in § 14 II Nr.3 MarkenG deutlich wird - um wettbewerbliche Komponenten ergänzt werden. Dem muss bei der Auslegung und Anwendung der Kollisionsregelungen des § 14 II MarkenG Rechnung getragen werden. Diese ist verstärkt auch an der Wahrung allgemein wirtschaftlicher - und damit nicht mehr nur zeichenmäßiger - Interessen auszurichten. Das Erfordernis der zeichenmäßigen Verwendung schränkt dieses gesetzgeberische Ziel jedoch unangemessen ein. Es passt nicht zum Gesamtbild der Neustrukturierung des Zeichenrechts.

Überzeugen kann schließlich auch nicht der Vorschlag, den Terminus der markenmäßigen Benutzung selbst völlig neu zu definieren und *ihn* dem Paradigmenwechsel der Funktionenlehre anzupassen.[367]

Bei einer solchen Vorgehensweise könnte mittelbar ebenfalls eine Ausdehnung des Anwendungsbereichs der Kollisionstatbestände erreicht werden. Man setzt dabei früher an als die Vertreter des (unmittelbar) weiten Begriffsverständnisses und legt schon den Begriff der Markenmäßigkeit in extensiver Weise aus. Unter dieser Prämisse ist es möglich, den markengesetzlichen Benutzungsterminus in einer restriktiven Bedeutung zu gebrauchen ohne dadurch jedoch den Anwendungsbereich des § 14 II MarkenG nennenswert einzuschränken.

Der Begriff der Markenmäßigkeit wird dabei so weit ausgedehnt, dass jede Markenverwendung als markenmäßig und damit als rechtsverletzende Benutzungshandlung anzusehen ist, weil sie jedenfalls stets eine Störung der Kommunikationsfunktion darstellt.

Eine markenmäßige Benutzung läge also immer schon dann vor, wenn die Marke im Verkehr als Unterscheidungs- oder Werbemittel zur Identifizierung von Produkten dient. Die Extension des Begriffs der markenmäßigen Benutzung würde - wie auch der unmittelbar weit verstandene Benutzungsbegriff - gegenüber dem traditionellen Verständnis zu einer deutlichen Ausdehnung des Anwendungsbereichs der Kollisionstatbestände führen. Sowohl die Fälle der Täuschung in Konsens als auch die ornamentale oder dekorative Verwendung der Marke würden als markenmäßige Benutzung erfasst. Die praktischen Ergebnisse dieser Ansicht unterscheiden sich letztlich nur in einem einzigen Fall von denen bei

---

367 Fezer, § 14, Rn.48f.

Zugrundelegung des unmittelbar weiten Benutzungsbegriffs: Die beschreibende Verwendung einer Marke wird nicht als markenmäßige Benutzung bewertet und deshalb nicht unter § 14 II MarkenG subsumiert. Denn dadurch wird keine der Markenfunktionen beeinträchtigt und die ökonomischen Interessen ihres Inhabers sind nicht berührt.
In Bezug auf diesen Fall widerspricht der Ansatz - wie auch die streng restriktive Sichtweise - schon der Gesetzessystematik. Nach § 23 Nr.2 MarkenG begründet die beschreibende Benutzung einer Marke nämlich einen Anspruch gemäß § 14 II MarkenG, wenn sie gegen die guten Sitten verstößt. Daraus folgt, dass auch der beschreibende Gebrauch einer Marke grundsätzlich als Benutzung zu werten ist.
Die mittelbar extensive Auslegung des markengesetzlichen Terminus der Benutzung verdient letztlich also ebenfalls keine Zustimmung.

bb) Problematik der Einheitlichkeit des Benutzungsbegriffs

Der Terminus der Benutzung ist Bestandteil aller Tatbestände des § 14 II MarkenG.
Die Frage, ob dem Begriff dabei eine einheitliche Bedeutung beizumessen ist, wird dabei unterschiedlich beantwortet.

aaa) Differenzierende Betrachtungsweise

Teilweise[368] unterscheidet man zwischen den einzelnen Untersagungsfällen. Dabei wird hinsichtlich der Identfälschung nach Nr.1 MarkenG ein gesonderter Benutzungsbegriff vorgeschlagen, der Schutz auch gegenüber nicht-zeichenmäßiger Verwendung gewährt.[369] Dagegen seien in den Fällen der Nr.2 und 3 MarkenG Verwechslungsgefahr sowie Rufausbeutung und Rufschädigung ohne zeichenmäßige Verwendung der Marke kaum denkbar.[370]

bbb) Vereinheitlichter Benutzungsbegriff

Überwiegend[371] wird bei den drei Untersagungstatbeständen jedoch ein vereinheitlichter Benutzungsbegriff zugrunde gelegt. Dies wird insbesondere mit dem identischen Wortlaut begründet. Auch beziehe sich die Aufzählung der in § 14 III MarkenG beispielhaft genannten Benutzungshandlungen gleichermaßen auf alle drei Untersagungstatbestände.
Ferner sei eine Abgrenzung der Kollisionstatbestände aufgrund der fließenden Übergänge ohnehin schwierig. Das Bedürfnis nach möglichst weitgehender Rechtssicherheit spreche deshalb für eine einheitliche Auslegung.[372]

---

368 v. Gamm in: WRP 1993, 793, 797f.; v. Wahlert in: MA 1994, 568, 572.
369 v. Wahlert in: MA 1994, 568, 572.
370 v. Wahlert in: MA 1994, 568, 572.
371 Keller in: GRUR 1996, 607, 610; Ingerl/Rohnke, § 14, Rn.46; Althammer/Ströbele/Klaka, § 14, Rn.66; Fezer, § 14, Rn.29; Fezer in: GRUR 1996, 568, 570.
372 Fezer, § 14, Rn.29.

ccc) Stellungnahme

Die Ansicht, die den Begriff der rechtsverletzenden Benutzung i.S.d. § 14 II MarkenG nicht einheitlich versteht und zwischen den einzelnen Untersagungstatbeständen des § 14 II MarkenG unterscheidet, ist abzulehnen. Es sind keine Gründe ersichtlich, die eine solche Differenzierung rechtfertigen. Die differenzierende Sichtweise verkennt, dass gerade die Regelung des § 14 II Nr.3 MarkenG eine Ausdehnung des Markenschutzes gegenüber dem nicht-kennzeichenmäßigen Gebrauch beinhaltet. Besonders in dieser Norm zeigen sich die wettbewerblichen Aspekte des markenrechtlichen Leistungsschutzes. Im Mittelpunkt steht hier nicht die Herkunftsfunktion, sondern der Schutz der in dem Zeichen verkörperten wettbewerblichen Leistung. Insbesondere im Bereich der Verwässerung und Rufausbeutung sind - z.B. bei dekorativer Verwendung - nicht-zeichenmäßige Markenkollisionen sehr wohl denkbar. Um den vom Gesetzgeber bezweckten Schutz der bekannten Marke nicht sofort wieder einzuschränken, muss das Tatbestandsmerkmal der Markenbenutzung deshalb auch eine von der eigentlichen Kennzeichnungsfunktion losgelöste Verwendung erfassen.
Die bereits erwähnten Abgrenzungsschwierigkeiten zwischen den Kollisionstatbeständen führen im Falle der Differenzierung auch nicht nur zu Defiziten hinsichtlich der Rechtssicherheit. Die Praxis wäre auch häufig gehindert, die Abgrenzungsfrage offenzulassen.
Den Tatbeständen des § 14 II MarkenG ist demnach ein einheitlicher Benutzungsbegriff zugrunde zu legen.

c) Identitätsschutz der Marke nach § 14 II Nr.1 MarkenG

Nach § 14 II Nr.1 MarkenG ist es Dritten untersagt, ohne Zustimmung des Markeninhabers im geschäftlichen Verkehr ein identisches Zeichen für identische Waren oder Dienstleistungen zu benutzen. Bei einer solchen Doppelidentität wird das Piraterieprodukt auch als Totalfälschung oder als Identfälschung bezeichnet. Sie stellt die häufigste Erscheinungsform der Markenartikelpiraterie dar.
Markiert ein Dritter identische Produkte mit einer identischen Marke, so kann die Originalmarke ihre Aufgabe, als Warenkennzeichen das Erzeugnis des Markeninhabers auf dem Markt zu identifizieren und es so von den Erzeugnissen der Wettbewerber zu differenzieren, nicht mehr erfüllen. Bei der Doppelidentität handelt es sich um die intensivste aller Kollisionslagen. Deshalb ist der Identitätsschutz in § 14 II Nr.1 MarkenG als *absoluter* Markenschutz normiert. Neben der Doppelidentität müssen also keine weiteren speziellen Voraussetzungen erfüllt sein.[373] Aus der Sicht des Verbrauchers stellt die Doppelidentität von Marke und Produkt den Prototyp einer Täuschung durch Piraterieware dar. Dennoch setzt der absolute Identitätsschutz der Marke nach § 14 II Nr.1 MarkenG tatbestandlich einen Irrtum der Konsumenten nicht voraus.[374] Schon der Vergleich mit der Nr.2 zeigt, dass das Bestehen einer konkreten Verwechslungsgefahr kein zwingendes Er-

---

373 Will, S.93; Fezer, § 14, Rn.72.

374 Sack in: GRUR 1996, 663, 664; Sack in: WRP 1998, 1127; Fezer, § 14, Rn.72, 74; Will, S.93.

fordernis, sondern allenfalls notwendige Folge einer Totalfälschung ist. Deshalb besteht der Identitätsschutz auch in den Fällen der Täuschung in Konsens, bei welchen der Käufer sich der Markenverletzung bewusst ist.
Spezielle Tatbestandsvoraussetzungen des § 14 II Nr.1 MarkenG sind also die Marken- und die Produktidentität.

(1) Markenidentität

Voraussetzung einer Markenidentität ist, dass das von dem Dritten benutzte Zeichen *vollständig* mit der geschützten Marke übereinstimmt.[375]
Die Verwendung eines herausgelösten Markenbestandteils genügt dafür nicht.[376] Deshalb vermag auch der abweichende Vorschlag[377], eine Differenzierung danach vorzunehmen, ob der übernommene Markenbestandteil „das Wesen der geschützten Marke ausmacht" oder die übrigen Bestandteile nur „unwesentliches Beiwerk darstellen", nicht zu überzeugen. Hinsichtlich dieser Differenzierung müsste nämlich auf Kriterien der Ähnlichkeits- und Verwechslungsprüfung zurückgegriffen werden, was aber ausweislich des eindeutigen systematischen Gefüges des § 14 MarkenG bei der Feststellung der Doppelidentität gerade vermieden werden soll.[378] Überdies ist eine solche Ausweitung in Anbetracht des durch die Nr.2 gewährten, hinreichenden Verwechslungsschutzes nicht notwendig.
Problematisch kann die Beurteilung der Markenidentität sein, wenn die gesamte Marke von dem Dritten nur als ein Bestandteil der aus verschiedenen Elementen bestehenden, eigenen Kennzeichnung verwendet wird. Die Identität bestimmt sich in diesen Fällen nach dem Gesamteindruck.
Zum Teil wird angenommen, Identität sei schon dann anzunehmen, wenn der eigentümliche Charakter der Marke bestehen und diese damit weiterhin individualisierbar bleibt.[379]
Dagegen ist einzuwenden, dass eine solche Abgrenzung dem Identitätsbegriff wesensfremd ist und allenfalls unter dem Aspekt der Verwechslungsgefahr vorgenommen werden kann.
Andererseits ist Zeichenidentität dann nicht auszuschließen, wenn der geschützten Marke beschreibende Zusätze beigefügt werden, die der Verkehr eindeutig nicht als Kennzeichenbestandteil, sondern als allgemein beschreibenden Zusatz ansieht. So wird beispielsweise die eingetragene Milchproduktmarke „Fluppy" durch Verwendung der Kennzeichnung „Fluppy Joghurt" identisch verletzt, nicht hingegen bei Einbeziehung des nichtkennzeichnungskräftigen, beschreibenden Zusatzes im Gesamtzeichen „Fluppyghurt".

---

375 Ingerl/Rohnke, § 14, Rn.141.
376 Ingerl/Rohnke, § 14, Rn.143.
377 Fezer, § 14, Rn.76.
378 Ingerl/Rohnke, § 14, Rn.143.
379 Tilmann in: GRUR 1996, 702.

(2) Warenidentität

Auch die Warenidentität bestimmt sich nach der objektivierten Verkehrsauffassung und liegt schon bei Übereinstimmung der *Art* der zu vergleichenden Waren oder Dienstleistungen vor.[380]

Der Gebrauch des Terminus der Identität erscheint hier zunächst verfehlt. Denn Identität setzt nach dem ursprünglichen Wortsinn eine vollkommene Gleichheit voraus. Da Markenschutz aber nicht für einzelne Produkte, sondern stets nur für ganze Warengruppen gewährt wird, liegt eine Verletzung des Markenrechts bereits darin, dass ein beliebiges Produkt aus der geschützten Warengruppe unter der betreffenden Marke in Verkehr gebracht wird. Hinsichtlich der Ware ist der Identitätsbegriff also markenrechtsspezifisch zu modifizieren.

Für die Identitätsfeststellung sind bei eingetragenen Marken die Gattungsbegriffe des Warenverzeichnisses der Anlage zu § 15 I MarkenV, bei den anderen Markenarten die im Einzelfall anhand von Verkehrsgeltung bzw. Notorietät festzustellende Verkehrsauffassung maßgeblich.[381]

Die Art-Bezogenheit des Identitätsbegriffs führt dazu, dass - abhängig vom Umfang des geltend gemachten Schutzanspruchs - auch eine bloße Teilidentität anzunehmen sein kann.

Hat sich ein Warengruppenschutz etwa aufgrund der Nichtbeachtung des Benutzungsgebots auf einen bloßen Produktschutz verengt und verwendet nunmehr ein Dritter die geschützte Marke sowohl für das geschützte als auch für andere Produkte dieser Warengruppe, so liegt Identität und damit eine Markenkollision nur beschränkt auf das vom Schutzrechtsinhaber vertriebene Einzelprodukt vor. Voll-Identität ist also immer nur dann anzunehmen, wenn sämtliche potentiell verletzenden Waren, hinsichtlich deren Vertrieb der Markeninhaber Unterlassung begehrt, Bestandteil einer geschützten Ware(-ngruppe) sind. Negativ formuliert scheidet sie dann aus, wenn die geschützten Produkte eine bloße Teilmenge der angegriffenen Produktpalette darstellen.[382]

Ähnlich ist die Situation, wenn eine geschützte Warengruppe ein bestimmtes Einzelprodukt enthält, welches daneben auch Bestandteil einer anderen Warengruppe ist und der Dritte neben diesem noch andere Produkte aus dieser anderen Warengruppe unter der geschützten Marke vertreibt. Auch hier ist Gesamt-Identität nur dann gegeben, wenn der Schutzrechtsinhaber ausschließlich im Hinblick auf das doppelt vertretene Produkt, mit anderen Worten also bezüglich der Schnittmenge der beiden Warengruppen, vorgeht.[383]

Eine Teilidentität scheidet hingegen aus, wenn der Markeninhaber Schutz hinsichtlich einer ganzen Warengruppe genießt, ein Dritter sich der geschützten Marke aber nur für den Absatz eines einzelnen Produkts bedient. Hier ist die gegenüber dem erstgenannten

---

380 Ingerl/Rohnke, § 14, Rn.144.

381 Ingerl/Rohnke, § 14, Rn.144.

382 Ingerl/Rohnke, § 14, Rn.145.

383 Ingerl/Rohnke, § 14, Rn.147.

Fall umgekehrte Situation gegeben, dass das verletzende Produkt eine Teilmenge der geschützten Warengruppe darstellt.[384]

d) Verwechslungsschutz nach § 14 II Nr.2 MarkenG

Bliebe das Verbietungsrecht auf den Identitätsschutz beschränkt, so könnte der Fälscher die geschützte Marke unter nur geringfügiger Abwandlung für identische oder ähnliche Waren verwenden und auf diesem Weg die Begehung einer Rechtsverletzung vermeiden. Um ein solches Vorgehen auszuschließen, erweitert § 14 II Nr.2 MarkenG die Untersagungstatbestände um einen Verwechslungsschutz. Dadurch will das Markenrecht die generelle Identifizierungs- und Kommunikationsfunktion der Marke sichern. Dass die Ausnutzung der Verwechslungsgefahr eine beliebte und typische Erscheinungsform der Marken(artikel)piraterie ist, wurde oben bereits erläutert.[385] Deshalb sollen nunmehr einige dogmatische Aspekte des § 14 II Nr.2 MarkenG näher beleuchtet werden.

(1) Grundlagen

Der Markeninhaber kann Dritten gemäß § 14 II Nr.2 MarkenG die Benutzung solcher Zeichen verbieten, die aufgrund ihrer Identität oder Ähnlichkeit mit der Marke und einer Identität oder Ähnlichkeit der durch die Marke erfassten Waren oder Dienstleistungen beim Publikum die Gefahr von Verwechslungen hervorrufen. Der Gesetzgeber hat die Verwechslungsgefahr exemplarisch als Gefahr definiert, dass die beiden Marken gedanklich miteinander in Verbindung gebracht werden könnten.
Die Verwechslungsgefahr ist ein zentraler Begriff des Markenrechts, denn im Gegensatz zu dem besonderen Schutz nach § 14 II Nr.3 MarkenG, der nur bekannten Marken zugute kommt, bestimmt die Verwechslungsgefahr die Reichweite des Schutzbereiches jeder Marke. Entscheidend für die Beurteilung ist der Gesamteindruck der konkreten Zeichenkollision.[386] Abzustellen ist darauf, ob ein nicht unerheblicher Teil der beteiligten Verkehrskreise der Gefahr einer Irreführung unterliegt.[387] Dabei kommt es auf die Sicht eines umsichtigen und kritisch prüfenden Durchschnittsverbrauchers an.[388]
Bei der Verwechslungsgefahr handelt es sich nicht um einen empirisch zu verifizierenden Tatsachenbegriff, sondern um einen abstrakten Rechtsbegriff, der als solcher revisibel ist.[389] Als abstrakter Gefährdungstatbestand setzt die Verwechslungsgefahr den Nachweis

---

384 Ingerl/Rohnke, § 14, Rn.146.
385 A) II.
386 EuGH GRUR Int. 1998, 56, 57 - „Sabèl / Puma“; BGH GRUR 1990, 367, 368 - „alpi / Alba Moda“; BGH GRUR 1996, 198, 199 - „Springende Raubkatze“; BGH GRUR 1996, 200, 201 - „Innovadiclophlont“; BGH GRUR 1996, 777 - „JOY“; BGH GRUR 1998, 759, 761 - „Wunderbaum“; Sack in: WRP 1998, 1127, 1131.
387 BGH GRUR 1992, 110, 111f. - „dipa / dib“.
388 EuGH Int. 1998, 387, 389 - „Sabèl / Puma“; 795, 797 - „Gut Springenheide“.
389 Will, S.89; Hubmann, S.304.

tatsächlicher Verwechslungen nicht voraus. Diese haben lediglich Indizfunktion.[390] Aufgrund des Funktionswandels der Marke ist der Schutz vor Verwechslungen nicht auf die Irreführung über die Herkunftsidentität im herkömmlichen Sinne beschränkt. Vielmehr ist auch in Bezug auf den Verwechslungsschutz eine Multifunktionalität der Marke anzuerkennen.[391] Maßgeblich ist die objektive Gefahr, dass Verwechslungen auftreten können, während der subjektive Wille des Verletzers irrelevant ist.[392]

(2) Prüfung der Verwechslungsgefahr

Die Verwechslungsgefahr wird als normativer Rechtsbegriff eines beweglichen Systems wechselseitiger Beurteilungskriterien bezeichnet.[393] Bei der Feststellung von Verwechslungsgefahr sind drei Elemente maßgeblich:
(1) der Grad der Zeichenübereinstimmung (Identität bzw. Ähnlichkeit)
(2) die Kennzeichnungsstärke oder -schwäche des geschützten älteren Zeichens und
(3) die Branchennähe oder -ferne der einander gegenüberstehenden Waren oder Dienstleistungen.[394]
Die einzelnen Faktoren stehen dabei in einer Wechselwirkung zueinander, mit der Folge dass ein Element - z.B. die Identität oder Ähnlichkeit der Mark - die Schwäche eines beliebigen anderen Elements - bspw. die Verschiedenartigkeit der Produkte - kompensieren kann.[395] Aufgrund dessen kann eine flexiblere Kollisionsprüfung durchgeführt werden, die es dem Rechtsanwender ermöglicht, sich den Diversifikationsbestrebungen der Plagiatoren anzupassen oder diesen sogar zuvorzukommen.
Bezüglich der Kennzeichnungskraft eines Zeichens (2) ist insbesondere die Bekanntheit der Marke zu berücksichtigen. Seit langem ist die Relation zwischen der Kennzeichnungskraft und dem Umfang des Verwechslungsschutzes anerkannt: Je stärker die Kennzeichnungskraft eines Zeichens wegen seiner Eigenart und Bekanntheit im Verkehr ist, desto größer, je schwächer seine Kennzeichnungskraft ist, desto geringer ist seine Schutzbedürftigkeit.[396]
Die Warenähnlichkeit (3) schließlich ersetzt den früher das WZG beherrschenden Begriff der *Warengleichartigkeit*. Dieser setzte dem Schutzbereich eine vergleichsweise starre Grenze, weil bei Ablehnung ihrer Voraussetzungen der zeichenrechtliche Schutz unab-

---

390 BGH GRUR 1960, 130, 131 - „Sunpearl II“; Berlit, Rn.135; Hubmann, S.304, Will, S.89.
391 Kur in: MarkenR 1999, 2, 8; Fezer in: NJW 1998, 713, 715f.; Fezer, § 14, Rn.113 b) u. d).
392 Will, S.89.
393 Fezer, § 14, Rn.103.
394 Will, S.95ff.
395 BGH GRUR 1997, 221, 223 - „Canon“; BGH GRUR 1996, 198, 199 - „Springende Raubkatze“; BGH GRUR 2002, 809, 811 - „FRÜHSTÜCKS-DRINK I“; BGH GRUR 2002, 814, 815 - „Festspielhaus“; Hebeis in: GRUR 1994, 490, 491; Krüger in: GRUR 1995, 527, 528; Ingerl/Rohnke, § 14, Rn.180; a.A. Will, S.114ff., die für eine getrennte, unabhängige Prüfung der einzelnen Elemente der Verwechslungsgefahr plädiert und dafür u.a. das Argument der Prüfungsvereinfachung anführt.
396 Baumbach/Hefermehl, WZG, § 31, Rn.15.

hängig vom Ähnlichkeitsgrad der beteiligten Marken und der Bekanntheit der zu schützenden Marke zu versagen war.[397] Da die Warengleichartigkeit allein nach der Herkunftsfunktion ausgerichtet war, kann sie heute schon aufgrund des Paradigmenwechsels der Funktionenlehre nicht mehr den ursprünglichen Stellenwert innehaben.
Aufgrund der beschriebenen Wechselwirkungen lassen sich zwar für die Warenähnlichkeit keine allgemeingültigen Kriterien mehr bestimmen, was zu Schwierigkeiten in der Rechtspraxis führen kann. Andererseits bewirkt die Ausgleichsmöglichkeit aber eine wesentliche Flexibilisierung.[398]
Bei der Prüfung einer Markenrechtskollision nach § 14 II Nr.2 MarkenG sind - insbesondere in Bezug auf die Kriterien der Nummern (1) und (3) - drei Fallkonstellationen denkbar:
(a) Markenidentität und Produktähnlichkeit,
(b) Markenähnlichkeit und Produktidentität sowie
(c) Markenähnlichkeit und Produktähnlichkeit.[399]
Dabei bilden den Schwerpunkt einer Prüfung in der Konstellation (a) der Grad der Ähnlichkeit der Produkte (3), bei Fall (b) die Ähnlichkeit der Marken (1) und in Fallgruppe (c) beide Aspekte (1) und (3).[400] Neben dem jeweiligen Schwerpunkt sind jedoch stets auch die übrigen Merkmale der Verwechslungsgefahr in die Prüfung einzubeziehen.

(3) Ursachen der Verwechslungsgefahr

Da Zeichen durch Bildeindruck auf das Auge, durch Klang auf das Ohr und durch Sinngehalt auf das Vorstellungs- und Denkvermögen wirken, ist ihre Einprägsamkeit von der individuellen und situativen Konstitution des menschlichen Gedächtnisses abhängig. Grundsätzlich genügt es für das Vorliegen der Verwechslungsgefahr, wenn kollidierende Marken nur hinsichtlich einer dieser Wahrnehmungsformen verwechslungsfähig sind.[401] Im Hinblick auf die Marken(artikel)piraterie - und ihre z.T. äußerst kreativen Ausgestaltungen - sind sämtliche Wahrnehmungsformen relevant.

(a) Bildwirkung

Über Bildwirkung verfügen nicht nur Bildzeichen, sondern auch schriftlich verkörperte Wortzeichen.
Bei Wortzeichen kann schon ein ähnliches Schriftbild trotz verschiedenen Klanges und unterschiedlichen Sinngehaltes zu Verwechslungen führen. Die geringen Unterschiede bemerkt der Verkehr in aller Regel nicht, da sie - ähnlich einem Druckfehler - bei flüchti-

---

397 Piper in: GRUR 1996, 429, 431; Bahr in: ÖBl. 1996, 12, 14.
398 EuGH GRUR 1998, 922, 923 - „Canon"; Bahr in: ÖBl. 1996, 12, 14; Hubmann, S. 304f.
399 Regierungsbegründung zum Markenrechtsreformgesetz vom 14.01.1994, BT-Drucks., 12/6581, S.71f.; Fezer, § 14, Rn.128; Will, S.118.
400 Will, S.118.
401 BGH GRUR 1959, 182, 185 - „Quick"; BGH GRUR 1979, 853, 854 - „LILA".

ger Betrachtung leicht übersehen werden.[402] Beispielsweise sind „Mentor“ und „Meteor“ bei Verwendung gleicher Schrifttypen dem Schriftbild nach verwechslungsfähig.
Bei Bildzeichen genügt für die Verwechslungsfähigkeit ein ähnlicher Bildkern. Liegt ein solcher vor, so kann sie selbst durch die Hinzufügung unterschiedlicher Verzierungen oder sonstiger Zutaten nicht beseitigt werden.[403] Es gibt beispielsweise Plagiate, bei denen das Lacoste-Krokodil spiegelbildlich angebracht ist oder für adidas-Imitationen vier Streifen statt deren drei verwendet werden.

(b) Klangwirkung

Im Falle akustisch umgesetzter Wortzeichen und Hörmarken steht die Klangwirkung im Vordergrund. Gerade diese prägt sich dem Verkehr besonders stark ein. Für die Feststellung einer Ähnlichkeit bei Wortzeichen sind dabei abweichende Betonungs- und Aussprachemöglichkeiten - z.B. Dialekte - zu berücksichtigen. Denn das Wortzeichen wird auch von den beteiligten Verkehrskreisen nicht immer einheitlich ausgesprochen und betont. Da das „G“ in manchen Dialekten wie ein „J“ ausgesprochen wird, sind trotz der wesentlich anderen Schreibweise z.B. auch „Goldina“ und „Jordtina“ verwechselungsfähig,.[404] „Zentis“ und „Säntis“ sind danach ebenso verwechselbar,[405] wie „Gabor“ und „Caber“[406] oder „Widia“ und „Ardia“[407].

(c) Sinngehalt

Wort- und Bildzeichen können einen bestimmten Sinngehalt besitzen. Bei gleicher Bedeutung sind nicht nur Wort- und Bildzeichen jeweils untereinander, sondern auch einzelne Wort- und Bildzeichen miteinander verwechselbar.[408]
So können etwa Bildzeichen, die den gleichen Gegenstand darstellen - z.B. erheblich unterschiedliche Darstellungen einer Kaffeemühle[409] -, miteinander verwechselt werden.
Auch die Verwendung verschiedensprachiger Wörter mit entsprechender Bedeutung kann zu Verwechslungen führen, so dass z.B. „Sonne“ und „sun“ verwechslungsfähig sind.[410]
Denkbar ist z.B., dass das Parfüm „sun“ der Modeschöpferin Jil Sander auf dem Schwarzmarkt als Plagiat mit dem Logo „Sonne“ zu erwerben ist.
Bild- und Wortzeichen können miteinander verwechselt werden, wenn das Wort den wesentlichen Kern des Bildes wiedergibt. Beispielsweise ist das Wortzeichen „Störche“ mit

---

402 Will, S.109.
403 BGHZ 14, 15, 23 - „MIT DEM RÖMER“.
404 Hubmann, S.306.
405 BGH GRUR 1986, 253, 254f. - „Zentis“.
406 BGH GRUR 1984, 471, 472 - „Gabor / Caber“.
407 BGH GRUR 1952, 35, 36 - „Widia“.
408 BGH GRUR 1979, 853, 854 - „LILA“.
409 RGZ 155, 374, 379f. - „Kaffeemühle“.
410 BGH GRUR 1955, 579, 584f. - „Sunpearl“.

einem Storchenbild genauso verwechselbar[411] wie „Oldtimer“ mit der Abbildung eines altertümlichen Vehikels[412]. Fälschungen von Hand- oder Badetüchern der Marke „Möve“ könnten durch Markenartikelpiraten mit dem Bild einer Möwe versehen werden.
Dabei werden solche Wortzeichen, die eine einfache, für jedermann verständliche Bedeutung haben, regelmäßig auch in Klang und Schriftbild schneller und exakter erfasst als kompliziertere ungebräuchliche Begriffe. Dadurch wird in Fällen der erstgenannten Kategorie eine an sich nach Bild oder Klang bestehende Verwechslungsgefahr entschärft. Deshalb ist beispielsweise „Glück“ nicht mit „Quick“ verwechselbar.[413]

(4) Formen der Verwechslungsgefahr

Hinsichtlich des Inhalts der Irreführung, die die Benutzung einer kollidierenden Marke bei den beteiligten Verkehrskreisen verursacht, wird zwischen verschiedenen Arten der Verwechslungsgefahr differenziert:

(a) Verwechslungsgefahr im engeren Sinne

Die Verwechslungsgefahr im engeren Sinne umfasst zum einen die *unmittelbare* Verwechslungsgefahr, wonach die Marken selbst miteinander verwechselt werden.[414]
Zum anderen fallen darunter aber auch die Fallgestaltungen der *mittelbaren* Verwechslungsgefahr.[415] Bei dieser werden die Zeichen als solche zwar auseinandergehalten, wegen einzelner gemeinsamer Merkmale entsteht aber die Fehlvorstellung, die Zeichen seien demselben Unternehmen zuzuordnen. Meistens wird dabei die neuere Marke für eine Abwandlung einer Stammarke bzw. Serienmarke, welche für eine andere Produktlinie desselben Unternehmens verwendet wird, gehalten: z.B. „Aspirin“, „Novaspirin“, „Diaspirin“, „Quinaspirin“, „Beiaspirin“[416] oder auch „Abbo“, „Abo“[417].

(b) Verwechslungsgefahr im weiteren Sinne

In Fällen, in denen sowohl die Zeichen als auch die Unternehmen auseinandergehalten werden können, übereinstimmende Merkmale aber gleichwohl den Anschein erwecken, es bestünden wirtschaftliche oder organisatorische Beziehungen zwischen den Markeninhabern - also ein Unternehmenszusammenhang -, liegt Verwechslungsgefahr im weiteren

---

411 BGH GRUR 1951, 159, 161 - „Störche“.
412 BGH GRUR 1971, 251f. - „Oldtimer“.
413 BGH GRUR 1959, 182, 185 - „Quick“.
414 Walchner, S.145; Berlit, Rn.171; Hebeis in: GRUR 1994, 490, 493.
415 BGH GRUR 1996, 26 - „AQUA“; BGH GRUR 1996, 200 - „Innovadiclophlont; BGH GRUR 1989, 856f. - „Commerzbau“; BGH GRUR 1989, 350, 352 - „ABBO / ABO“; BGH GRUR 1969, 40 - „Pentavenon“; Hebeis in: GRUR 1994, 490, 493; Sack in: WRP 1998, 1127, 1129; Bahr in: ÖBl. 1996, 12, 14; Walchner, S.145.
416 DPA GRUR 1953, 223 - „Aspirin“.
417 BGH GRUR 1989, 350, 352 - „ABBO / ABO“.

Sinne vor.[418] Die Bezeichnung „Mc Chinese“ kann z.B. zu dem Trugschluss führen, es gebe wirtschaftliche Verflechtungen mit der Fastfood-Kette „Mc Donalds“.[419]

(c) Gedankliches Inverbindungbringen

Darüber hinaus handelt es sich bereits dann um einen Fall der Verwechslungsgefahr, wenn die Marken - wie es das Gesetz in § 14 II Nr.2, 2.HS MarkenG formuliert - „gedanklich in Verbindung gebracht“ werden. Die gedankliche Inverbindungbringung umfasst dabei die Fälle sowohl der mittelbaren Verwechslungsgefahr als auch der Verwechslungsgefahr im weiteren Sinne. Nicht eindeutig und deshalb heftig umstritten ist jedoch, ob unter das Tatbestandsmerkmal des gedanklichen Inverbindungbringens auch das Hervorrufen bloßer Assoziationen zu einer älteren Marke fällt, wenn im Einzelfall aber gerade keine Verwechslungsgefahr gegeben ist. Diese Problematik ist als Fortsetzung der Meinungsverschiedenheit zu qualifizieren, die schon die Entstehung der MRL begleitet hat. Einige wollten an dem traditionellen, auf die vorrangige Unterbindung von Herkunftstäuschungen ausgerichteten Begriff der Verwechslungsgefahr festhalten. Andere plädierten dafür, den Schutzumfang des europäischen Markenrechts - nach dem Modell des Benelux - Markenrechts - durch Einbeziehung der „Assoziationsgefahr“ auszudehnen.[420] Als Kompromisslösung wurde schließlich die Regelung des Art.5 I b MRL geschaffen, auf der auch die Norm des § 14 II Nr.2 MarkenG beruht.[421]
Gerade die Formulierung „... Gefahr von Verwechslungen..., einschließlich der Gefahr, dass das Zeichen mit der Marke gedanklich in Verbindung gebracht wird...“ in § 14 II Nr.2 (sowie § 9 I Nr.2) MarkenG ist auf heftige Kritik gestoßen und wird als „widersprüchlich“[422], „dunkel“[423], „unklar“[424], „unscharf“[425], „nebulös“[426], „strange“[427] oder als „sprachlicher Unsinn“[428] bezeichnet. Auch der BGH[429] spricht diesbezüglich von einer „nicht eindeutigen Wortwahl“.
Für die vorliegende Abhandlung ist die Frage, ob die bloße Assoziationsgefahr für das Vorliegen des § 14 II Nr.2 MarkenG ausreicht, im Hinblick auf die Fallgruppen der Mar-

---

418 Vgl. BGH GRUR 1977, 491, 493 - „Allstar“; BGH GRUR 1991, 863ff. - „AVON“; Walchner, S.145; Bahr in: ÖBl. 1996, 12, 14.
419 OLG Karlsruhe WRP 1992, 497, 500ff. - „McDonald's“; Berlit, Rn.184.
420 Fezer, § 14, Rn.113 a.
421 Verkade in: GRUR Int. 1992, 92, 93; Bahr in: ÖBl. 1996, 12, 14.
422 Gielen in: EIPR 1992, 262, 267; Gielen/Strowel in: Mitt 1995, 198, 208; Sack in: GRUR 1996, 663, 665f.
423 Teplitzky in: GRUR 1996, 1, 2.
424 Ingerl/Rohnke in: NJW 1994, 1247, 1250.
425 Bahr in: ÖBl. 1996, 12, 14; Albert in: GRUR Int. 1996, 738f., 739.
426 Bahr in: ÖBl. 1996, 12, 14.
427 Gielen in: EIPR 1992, 262, 267; Gielen in: Mitt 1996, 105, 106; Gielen/Strowel in: Mitt 1995, 198, 208.
428 Verkade in: GRUR Int. 1992, 92, 96; Sack in: GRUR 1995, 81, 89.
429 BGH GRUR 1996, 198, 200 - „Springende Raubkatze“.

kenparodie und der Täuschung in Konsens relevant. Das Vorliegen einer Verwechslungsgefahr ist in der erstgenannten Variante ausgeschlossen und im letztgenannten Fall zwar möglich aber nicht zwingend. Denn der Verbraucher kann auch in der Erwartung handeln, die kaufentscheidende bloße Assoziation zu einer repräsentativen Originalmarke werde auch in seinem sozialen Umfeld hervorgerufen werden.

aa) Enge Auffassung

Die Vertreter der engen Auslegung qualifizieren den Begriff des gedanklichen Inverbindungbringens als Unterfall der Verwechslungsgefahr.[430] Das gedankliche Inverbindungbringen dürfe nicht als eigenständiger Kollisionstatbestand zur Verhinderung weitergehender, assoziativer Verbindungen zwischen Originalprodukt und Piraterieware eingestuft werden.[431] Denn Assoziationsgefahr bedinge immer zugleich auch Verwechslungsgefahr. Bei den Vorarbeiten zu MRL und GemeinschaftsmarkenVO sei zunächst eine Beschränkung des Markenschutzes auf solche Fälle beabsichtigt gewesen, in welchen eine „ernsthafte" Verwechslungsgefahr vorliegt. Auch wenn dieser Vorschlag einer Verengung des Begriffs letztlich verworfen worden sei, so lasse sich doch der Schluss ziehen, dass die endgültige Gesetzesfassung jedenfalls keine Erweiterung habe bewirken sollen.[432]
Der BGH[433] betont in diesem Zusammenhang, dass nicht schon jegliche wie auch immer geartete gedankliche Assoziation vom Begriff des gedanklichen Inverbindungbringens erfasst werde. Dieser Ansicht hat sich auch der EuGH[434] in einer aufgrund einer Vorlagefrage des BGH ergangenen Vorabentscheidung angeschlossen.
Das Bestehen von Verwechslungsgefahr sei demnach zwingende Tatbestandsvoraussetzung für den Markenschutz nach Nr.2.[435] Die Aufnahme des gedanklichen Inverbindungbringens als eigenständiges Tatbestandsmerkmal diene lediglich der deklaratorischen Klarstellung im Hinblick auf die Einbeziehung der Sonderfälle der mittelbaren - engen - Verwechslungsgefahr[436] und der Verwechslungsgefahr im weiteren Sinne[437] in den Tatbestand der Nr.2. Schließlich spreche schon die Wortwahl in Nr.2 dafür, dass die Verwechslungsgefahr das gedankliche Inverbindungbringen „einschließe".[438] Die Regelung könne

430 EuGH GRUR 1998, 387, 389 - „Sabèl / Puma"; EuGH GRUR 2000, 899,901 - „Marca Mode"; BGH GRUR 1996, 198, 200 - „Springende Raubkatze"; Busche in: DZWir 1998, 363, 365; van Manen in: GRUR Int. 1998, 471; Annand in GRUR Int. 1998, 656; Kur in: MarkenR 1999, 2; Teplitzky in: GRUR 1996, 1; Krüger in: GRUR 1995, 527; v. Gamm in: GRUR 1994, 775, 780; Kunz-Hallstein in: GRUR Int. 1990, 747; Fezer in: NJW 1998, 713; Berlit, Rn.174; Fezer, § 14, Rn.113 d; Remmertz in: MarkenR 2000, 242, 243; Redant, S.91ff.

431 Fezer, § 14, Rn.113c.

432 Teplitzky in: GRUR 1996, 1, 3.

433 BGH GRUR 1996, 200, 202 - „Innovadiclophlont".

434 EuGH WRP 1998, 39, 42 - „Springende Raubkatze".

435 Fezer, § 14, Rn.113 d.

436 v. Gamm in: GRUR 1994, 775, 780.

437 Kunz-Hallstein in: GRUR Int. 1990, 747, 756f.; Teplitzky in: GRUR 1996, 1, 2.

438 Will, S.124.

deshalb nur so verstanden werden, dass eine tatbestandliche Verbindung zwischen geschützter Marke und verletzendem Zeichen zu einer Gefahr von Verwechslungen führen müsse.
Ausschlaggebend für eine enge Auslegung sei aber insbesondere, dass die Verwechslungsgefahr als alleiniges Abgrenzungskriterium des Schutzes nach Nr.2 gegenüber dem Identitätsschutz nach Nr.1 und dem Bekanntheitsschutz nach Nr.3 fungiere.[439] Die Gesamtsystematik des § 14 II MarkenG zeige nämlich, dass Marken unabhängig vom Vorliegen einer Verwechslungsgefahr nur bei Doppelidentität und bei hinreichender Bekanntheit Kollisionsschutz genießen sollen.[440]

bb) Weite Auffassung

Andere verbinden mit dem Tatbestandsmerkmal des gedanklichen Inverbindungbringens einen schon im Vorfeld konkreter Verwechslungsgefahren einsetzenden Schutz vor unzutreffenden Assoziationen.[441] Das gedankliche Inverbindungbringen gehe damit seinerseits über den Begriff der Verwechslungsgefahr hinaus. Denn die von ungerechtfertigten gedanklichen Verbindungen ausgehende Gefahr erfasse jegliches Hervorrufen assoziativer Verknüpfungen mit der geschützten Marke.
Auch die Vertreter dieses weiten Begriffsverständnisses berufen sich auf den Wortlaut der Vorschrift. Der Begriff des gedanklichen Inverbindungbringens sei nämlich sogar bei engstmöglicher Auslegung noch deutlich weiter als der der Verwechslungsgefahr im herkömmlichen Sinne.[442] Ein gedankliches Inverbindungbringen rufe zwingend auch dann die Gefahr einer Ausnutzung oder Beeinträchtigung der Unterscheidungskraft oder Wertschätzung einer Marke - etwa durch Rufausbeutung[443], Rufbeeinträchtigung[444] oder Verwässerungsgefahr[445] - hervor, wenn eine Verwechslungsgefahr fehle.
Zudem wäre das Tatbestandmerkmal „gedankliches Inverbindungbringen" nach der engen Sichtweise überflüssig. Insbesondere erfasse der Begriff der Verwechslungsgefahr schließlich schon selbst sämtliche Fälle der engen und weiten Verwechslungsgefahr.[446]
Ferner vermeide eine weite Auslegung des Begriffs unnötige Abgrenzungsprobleme nicht nur innerhalb der Nr.2 zwischen der allgemeinen Verwechslungsgefahr und den Fällen

---

439 Fezer, § 14, Rn.113 d, 114.
440 Will, S.124; Redant, S.91f.
441 Sack in: GRUR 1995, 81, 89; Sack in: GRUR 1996, 663, 666; Gielen in: Mitt 1996, 105; Deutsch in: GRUR 1995, 319 ff.; Kampermann Sanders in: EIPR 1996, 3 ff.
442 Sack in: GRUR 1996, 663, 666; Sack in: GRUR 1995, 81, 89.
443 Sack in: GRUR 1995, 81ff.; Gielen in: Mitt DPA 1996, 105. Gemeint sind dabei Fälle, in denen der Aufmerksamkeitseffekt der älteren Marke oder die mit ihr verbundenen Gütevorstellungen ausgenutzt werden.
444 Sack in: GRUR 1995, 81ff.; Gielen in: Mitt 1996, 105. Darunter wird die Beeinträchtigung der älteren Marke in ihrer Wertschätzung verstanden.
445 Gielen in: Mitt 1996, 105, 106; Sack in: GRUR 1995, 81ff. Der Ausdruck Verwässerungsgefahr wird verwendet, wenn die Unterscheidungskraft der Marke verringert zu werden droht.
446 British High Court GRUR Int. 1996, 735f. - „WAGAMAMA".

des gedanklichen Inverbindungbringens, sondern auch zwischen Identität (Nr.1) und bloßer Ähnlichkeit (Nr.2) sowie zwischen dem Ähnlichkeitsbereich (Nr.2) und dem Unähnlichkeitsbereich (Nr.3) und sei deshalb weitaus praktikabler.[447]
Neben dem Schutz der Herkunftsfunktion bezwecke das Markenrecht nach modernem Verständnis auch den Schutz der Werbefunktion der Marke. Der dahingehende gesetzgeberische Wille sei für den Unähnlichkeitsbereich in der Regelung des § 14 II Nr.3 MarkenG deutlich zum Ausdruck gekommen. Eine Beschränkung des Schutzes der Werbefunktion auf Kollisionssituationen außerhalb des Ähnlichkeitsbereichs sei aber sachlich nicht gerechtfertigt. Vielmehr sei der markenrechtliche Schutz innerhalb des Ähnlichkeitsbereiches sogar dringender, müsse hier *erst recht* bestehen.[448] Jedenfalls aber dürfe er nicht hinter dem durch die Nr.3 vermittelten Schutz zurückbleiben.
Letztlich bezwecke das Markengesetz also einen möglichst umfassenden Markenschutz. Um diesen trotz der widersprüchlichen Fassung des § 14 II Nr.2 MarkenG realisieren zu können, sei - gleichsam als Korrektiv - eine weite Auslegung dieser Norm unerlässlich. Lege man eine solche zugrunde, so sei sowohl eine analoge Anwendung des § 14 II Nr.3 MarkenG als auch der Rückgriff auf einen wettbewerbsrechtlichen Markenschutz obsolet.[449]

cc) Stellungnahme

Als „gedankliche Verbindung" kann nach dem eindeutigen, sehr weiten Wortsinn jedwede Art von Assoziation verstanden werden.
Andererseits ist auch die Bedeutung des Terminus „einschließlich" klar definiert als Unterordnung des einen Begriffs - im Falle der Nr.2 des gedanklichen Inverbindungbringens - unter einen anderen, weiteren Oberbegriff - hier die Verwechslung. Der Wortlaut des § 14 II Nr.2 MarkenG ist also tatsächlich in höchstem Maße widersprüchlich.

Der Hinweis einiger Vertreter des restriktiven Verständnisses, bei den Vorarbeiten zu MRL und GemeinschaftsmarkenVO sei zunächst eine Beschränkung des Markenschutzes auf solche Fälle beabsichtigt gewesen, in welchen eine „ernsthafte" Verwechslungsgefahr vorliegt, ist zur Klärung dieses Widerspruchs ungeeignet. Denn zum einen wurde dieser Vorschlag vermutlich gerade aufgrund der offensichtlichen Konturlosigkeit dieses Begriffs verworfen. Zum anderen hätte seine ergänzende Aufnahme zur Klärung der Weite des Begriffs des gedanklichen Inverbindungbringens ohnehin nichts beitragen können.
Aus der Unlösbarkeit des begrifflichen Widerspruchs folgt damit, dass keine der konträren Ansichten die Gesetzesfassung argumentativ nutzbar zu machen vermag.
Aber auch die weiteren Begründungsansätze der beiden Sichtweisen können nicht vollends überzeugen. So erscheint bspw. die Annahme der Befürworter des engen Verständnisses, der Begriff der Gefahr eines gedanklichen Inverbindungbringens sei nur als ge-

447 Sack in: GRUR 1996, 663, 673; Sack in: GRUR 1995, 81, 89.
448 Deutsch in: GRUR 1995, 319, 321; Kamperman Sanders in: EIPR 1996, 3, 5.
449 Sack in: GRUR 1996, 663, 671.

setzgeberische Klarstellung zu verstehen, eher willkürlich. Sie basiert wohl mehr auf der eigenen Prämisse, eine enge Auslegung sei vorzugswürdig, denn auf fassbaren tatsächlichen Anhaltspunkten - wie der Gesetzesbegründung -, stellt damit aber einen klassischen Zirkelschluss dar.

Auch die Feststellung, die Verwechslungsgefahr müsse in allen Fällen der Nr.2 vorliegen, um eine Abgrenzung zu den Nr.1 und 3 zu ermöglichen, stellt keine Begründung, sondern eine Schlussfolgerung dar. Denn eine solch stringente Abgrenzung der verschiedenen Verletzungstatbestände ist weder für eine stimmige dogmatische Gesetzesstruktur noch für eine effiziente Rechtsanwendung in der Praxis erforderlich. Im Gegenteil zeigen gerade die vorhandenen, systembedingten Überschneidungen - z.B. im Bereich Verwechslungsgefahr (Nr.2) <-> Doppelidentität (Nr.1) - dass auch der Gesetzgeber eine strenge Trennung nicht als wünschenswert oder gar notwendig erachtet hat. Die in diesem Zusammenhang weiterhin aufgestellte These, Markenschutz dürfe nur bei Doppelidentität, Bekanntheit oder eben Verwechslungsgefahr gewährt werden, entbehrt jeglicher Grundlage, steht in ihrer Pauschalität sogar im genauen Gegensatz zu den neueren Entwicklungen der markenrechtlichen Funktionenlehre.

Aber auch die für die weite Sichtweise vorgebrachten Argumente besitzen nicht die erforderliche Überzeugungskraft. Insbesondere trägt der Hinweis auf den Umfang des zu gewährleistenden Markenschutzes nicht. Denn ob allein die Erweiterung des Markenschutzes auf vormals lediglich ökonomisch anerkannte Funktionen einen allgemeinen Assoziationsschutz gebietet, darf durchaus bezweifelt werden. Ein solcher würde u.U. in Bezug auf eine Ausnutzung bekannter Marken Sinn machen, könnte außerhalb des Bekanntheitsbereichs aber möglicherweise eine ungerechtfertigte Beschränkung des freien Wettbewerbs darstellen. Eine auf bekannte Marken beschränkte Erweiterung des Schutzumfanges hinsichtlich der Provokation von Assoziationen ist aber untrennbar mit dem Bereich des Bekanntheitsschutzes nach Nr.3 selbst verbunden, so dass an dieser Stelle auf eine abschließende Stellungnahme zu vorliegendem Streitpunkt zunächst verzichtet werden soll. Es hat sich nämlich soeben gezeigt, dass die Beurteilung der Frage, ob - und wenn ja wie - die von den Vertretern der weiten Auffassung propagierte Etablierung eines expliziten markengesetzlichen Assoziationsschutzes umgesetzt werden sollte, nur unter Berücksichtigung der Besonderheiten des Bekanntheitsschutzes geklärt werden kann.

e) Bekanntheitsschutz nach § 14 II Nr.3 MarkenG

Eine Markenverletzung liegt auch dann vor, wenn zwar wegen der großen Verschiedenheit der jeweiligen Waren oder Dienstleistungen nicht die Gefahr einer Verwechslung besteht, die prioritätsältere Marke aber eine besondere Bekanntheit am Markt aufweist. Der Kollisionstatbestand des Bekanntheitsschutzes ist deshalb sehr bedeutsam, weil sich viele Markenpiraten nicht mehr die Mühe machen, auch die Produkte nachzuahmen, sondern versuchen, sich durch isolierte Markenfälschung - entsprechend den eigenen Diversifikations- und Merchandisingstrategien der Markeninhaber bzw. der Lizenznehmer - das Prestige und Potential bekannter Marken zunutze zu machen.[450]

(1) Grundlagen

Die Regelung des § 14 II Nr.3 MarkenG schützt ausschließlich den in der bekannten Marke verkörperten goodwill. Bekanntheitsschutz ist also Imageschutz.
Da unter dem WZG außerhalb des Ähnlichkeitsbereichs kein ausdrücklicher gesetzlicher Zeichenschutz gewährt wurde, bildet der Tatbestand des § 14 II Nr.3 MarkenG in dieser Hinsicht ein Novum. Inhaltlich knüpft die Norm an den durch die frühere Rechtsprechung entwickelten Schutz berühmter und bekannter Marken an,[451] geht über diesen jedoch noch hinaus.
Der Gesetzgeber bezweckte mit ihrer Schaffung die markengesetzliche Integration des Berühmtheitsschutzes, der bisher hinsichtlich der Markenverwässerung nur durch das allgemeine Zivilrecht und bezüglich sittenwidriger Rufausbeutung im Rahmen des § 1 UWG gewährleistet war.[452] Der BGH hat in der Entscheidung „MAC Dog"[453] denn auch ausdrücklich klargestellt, dass die Regelungen der §§ 9 I Nr.3, 14 II Nr.3, 15 III MarkenG als spezialgesetzliche Bestimmungen eine gleichzeitige Anwendung des § 1 UWG und der §§ 823, 1004 BGB ausschließen. Nur wenn die markengesetzlichen Instrumentarien im Einzelfall dem bestehenden Schutzbedürfnis des Markeninhabers nicht genügen, können über § 2 MarkenG ergänzend die allgemeinen Vorschriften herangezogen werden.
Durch die Norm soll die Werbekraft einer Marke auch über den Bereich der Warenähnlichkeit hinaus geschützt werden. Sie soll also gerade die Fälle erfassen, in denen die Entscheidung des Verbrauchers nicht auf einer Herkunftsverwechslung beruht. Hierin zeigt sich besonders deutlich die Abkehr von der bisherigen Vorrangstellung der Herkunftsfunktion, die nach dem WZG das wesentliche Kriterium für die Bestimmung des Schutzumfanges bildete.

(2) Tatbestandsvoraussetzungen

Voraussetzung des Imageschutzes nach § 14 II Nr.3 MarkenG ist, dass die Unterscheidungskraft oder Wertschätzung einer bekannten Marke durch die Benutzung einer identischen bzw. ähnlichen Kennzeichnung beeinträchtigt wird. Dies muss ohne rechtfertigenden Grund und in unlauterer Weise geschehen.

(a) Bekanntheit der Marke

Die Anforderungen, die hinsichtlich des Bekanntheitsgrades zu stellen sind, lassen sich

---

450 Vgl. hierzu bereits Punkt A) III.

451 Regierungsbegründung zum Markenrechtsreformgesetz, BT-Drucks. 12 / 6581 vom 14.01.1994, S.72.

452 Berlit, Rn.185.

453 BGH GRUR 1999, 161, 162 - „MAC Dog".

nicht pauschal, sondern nur unter Berücksichtigung der konkreten Einzelfallumstände - wie Marktanteil, Werbeintensität, geographische Ausdehnung, Benutzungsdauer, Umfang der anderweitigen Förderungsinvestitionen[454] o.ä. - festlegen.
In der Begründung zum Markengesetz wird dabei ausdrücklich darauf hingewiesen, dass der Begriff der bekannten Marke sowohl quantitative als auch qualitative Elemente beinhalte.[455]
Auch der EuGH lehnt es ab, den Bekanntheitsschutz einer Marke von einem bestimmten Prozentsatz abhängig zu machen.[456] Vielmehr sei der erforderliche Bekanntheitsgrad im Einzelfall dann erreicht, wenn die betroffene Marke einem bedeutendem Teil der beteiligten Verkehrskreise bekannt sei. Dafür sei wohl ein Bekanntheitsgrad von wenigstens 50 % erforderlich.[457]
Abweichend hiervon ließ der BGH in der - noch zu §§ 1, 3 UWG ergangenen - „grau/magenta"-Entscheidung[458] auch einen Bekanntheitsgrad genügen, der noch unter dem für die Annahme der Markeneigenschaft kraft Verkehrsgeltung nach § 4 Nr.2 MarkenG erforderlichen Zuordnungsgrad liegt. Danach soll für die Bekanntheit der Farbmarke der Deutschen Telekom genügen, dass nur 33,5 % der Befragten die Farbe magenta überhaupt kennen und nur 19,2 % diese Farbe auch mit der Deutschen Telekom in Verbindung bringen.

(b) Rechtsbeeinträchtigung

Der Tatbestand der Nr.3 wird durch Ausnutzung oder Beeinträchtigung der Unterscheidungskraft oder Wertschätzung einer prioritätsälteren, bekannten Marke verwirklicht. Es kommen demnach vier verschiedene Tatbestandsvarianten in Betracht:
(1) die Beeinträchtigung der Unterscheidungskraft,
(2) die Beeinträchtigung der Wertschätzung,
(3) die Ausnutzung der Unterscheidungskraft und
(4) die Ausnutzung der Wertschätzung.
Die Beeinträchtigung der Unterscheidungskraft entspricht dabei der von der Rechtsprechung im Wege der Rechtsfortbildung zum WZG entwickelten Fallgruppe der Markenverwässerung[459]. Durch die Benutzung eines ähnlichen oder gar identischen Zeichens nimmt die Kennzeichnungskraft der bekannten Marke ab.[460] Sie ist in ihrer Identifizie-

---

454 EuGH WRP 1999, 1130, 1132 - „Chevy".
455 Regierungsbegründung zum Markenrechtsreformgesetz, BT-Drucks.12 /6581 vom 14.01.1994, S.72.
456 EuGH WRP 1999, 1130, 1132 - „Chevy".
457 Bahr in: ÖBl 1996, 12, 16; Berlit, Rn.193.
458 BGH NJW 1997, 2379, 2380.
459 BGH GRUR 1987, 711, 713f. - „Camel Tours"; BGH GRUR 1988, 453, 455 - „Ein Champagner unter den Mineralwässern".
460 OLG Hamburg GRUR 1999, 339 - „Yves Rocher".

rungsfunktion gestört.[461] Die Ausnutzung der Unterscheidungskraft erfasst die früheren Fälle der Aufmerksamkeitsausbeutung.[462] Durch die Kommunikationswirkung der bekannten Originalmarke wird die Aufmerksamkeit des Verkehrs auf die eigene Ware gelenkt.

Die Beeinträchtigung der Wertschätzung basiert auf der älteren Fallgruppe der Rufschädigung.[463] Eine solche kann darin liegen, dass das Zeichen vom Verletzter für solche Waren verwendet wird, deren Image nicht dem der vom Markeninhaber vertriebenen Produkte entspricht oder die diesen gegenüber qualitativ minderwertig sind.[464] Auch kann schon die Kennzeichnung eines Massenprodukts mit einer Exklusiv-Marke ausreichen.[465] Negative Vorstellungen und Erfahrungen, welche der Verbraucher mit der Piraterieware verbindet, werden in diesen Fällen auf die Marke übertragen, wodurch dieser die Vermittlung zutreffender - positiver - Informationen erschwert und ihre Identifikationsfunktion gestört wird.[466]

Der Tatbestand der Ausnutzung der Wertschätzung schließlich leitet sich von der bisherigen Fallgruppe der Rufausbeutung[467] ab. Charakteristisch für diesen Tatbestand ist, dass der Zeichenverwender vom guten Ruf der Marke profitiert, indem er sich den in ihr verkörperten goodwill mittels Imagetransfers zunutze macht. Dabei muss der gute Ruf der Marke so stark sein, dass er auch auf nicht geschützte Warengruppen ausstrahlt. Der BGH hat in dem der „Pulloverbeschriftung-Entscheidung"[468] zugrundeliegenden Sachverhalt, wo Pullover ohne Einverständnis der Markeninhaber u.a. mit den Schriftzügen „Cartier", „Piaget", „Rolex" verziert worden waren, eine Rufausbeutung nach § 1 UWG angenommen.[469] Der Pulloverhersteller habe die Kleidungsstücke mit den Marken versehen, um das Käuferinteresse zu wecken. Somit habe der Hersteller bewusst den besonderen Werbewert der verwendeten Marken zu seinen Gunsten und zu Lasten des Markeninhabers ausgenutzt.

(c) Ohne rechtfertigenden Grund in unlauterer Weise

Ein Anspruch aus § 14 II Nr.3 MarkenG setzt außerdem voraus, dass die Unterschei-

---

461 Piper in: GRUR 1996, 429, 435; Selzer, S.26; Sack in: GRUR 1995, 81, 84.

462 Sack in: GRUR 1995, 81, 82; Piper in: GRUR 1996, 429, 434; Althammer/Ströbele/Klaka, § 14, Rn.54.

463 Althammer/Ströbele/Klaka, § 14, Rn.52.

464 Piper in: GRUR 1996, 429, 435; Sack in: GRUR 1995, 81, 83.

465 BGH GRUR 1994, 808 - „Markenverunglimpfung I"; BGH GRUR 1995, 57 - „Markenverunglimpfung II"; vgl. bereits unter Punkt A) III.

466 Selzer, S.26; Althammer/Ströbele/Klaka, § 14, Rn.52.

467 BGH GRUR 1983, 247, 248 - „Rolls-Royce"; BGH GRUR 1985, 550, 552 - „Dimple"; BGH GRUR 1994, 635, 636 - „Pulloverbeschriftung"; Piper in: GRUR 1996, 429, 434.

468 BGH GRUR 1994, 635, 636 - „Pulloverbeschriftung" - bzgl. des Erfordernisses einer markenmäßigen Benutzung i.R.d. § 14 II MarkenG siehe bereits unter Punkt b) (5).

469 I.R.d. Fallgruppe der unzulässigen Rufausbeutung bietet die bisherige höchstrichterliche Rechtsprechung zu der entsprechenden Fallgruppe des § 1 UWG eine Orientierungshilfe.

dungskraft oder Wertschätzung der Marke in unlauterer Weise und ohne rechtfertigenden Grund ausgenutzt oder beeinträchtigt wird.
In der Regel wird dabei die bewusste Annäherung an eine bekannte Marke die Unlauterkeit der Verletzungshandlung indizieren.[470] Rechtfertigungsgründe für die unlautere Rufausbeutung oder Markenverwässerung werden selten vorliegen. Insbesondere der verfassungsrechtliche Schutz der Meinungs- und Kunstfreiheit nach Art.5 GG greift regelmäßig nicht durch.[471]

(3) Schutz der bekannten Marke innerhalb des Ähnlichkeitsbereichs

Nach dem Gesetzeswortlaut des § 14 II Nr.3 MarkenG wird die bekannte Marke allein außerhalb des Warenähnlichkeitsbereichs geschützt. Fraglich ist aber, ob ein Schutz bekannter Marken gegen Rufausbeutung und Verwässerung bei Produktidentität und Produktähnlichkeit nicht *erst recht* geboten ist. Diese Frage stellt sich vor allem dann, wenn eine Verwechslungsgefahr gem. § 14 II Nr.2 MarkenG trotz Produktidentität oder -ähnlichkeit nicht vorliegt.[472] Denn ansonsten ist auch für die bekannte Marke bereits der Schutzbereich des § 14 II Nr.2 MarkenG eröffnet. Für den Bereich der Marken(artikel)piraterie ist die Problematik des Bekanntheitsschutzes innerhalb des Ähnlichkeitsbereichs relevant, da ein Markenpirat z.B. auf die Idee kommen könnte, die Marke „Rolex" für Standuhren oder Wecker zu benutzen. Anders als im Urteil „Pulloverbeschriftung" würde die bekannte Marke hierbei für ähnliche Waren verwendet, ohne das der Verbraucher Gefahr liefe, einem Herkunftsirrtum zu unterliegen. Denn es ist allgemein bekannt, dass die Firma Rolex ausschließlich Armbanduhren vertreibt.
Der BGH hat hinsichtlich des Bekanntheitsschutzes innerhalb des Ähnlichkeitsbereichs bislang noch keine abschließende Entscheidung getroffen.[473] In einem Verfahren hat er die Frage aber bereits dem EuGH zur Vorabentscheidung gemäß Art. 234 EGV vorgelegt.[474] In der Literatur wird das Problem des Schutzumfangs bekannter Marken sehr kontrovers diskutiert.

(a) Bekanntheitsschutz nur ohne Produktähnlichkeit

Teilweise wird ein markenrechtlicher Bekanntheitsschutz bei Produktähnlichkeit aber fehlender Verwechslungsgefahr strikt abgelehnt.[475]

---

470 Berlit, Rn.194; Sack in: GRUR 1995, 81, 82.
471 Piper in: GRUR 1996, 429, 435; Fezer, § 14, Rn.429.
472 Remmertz in: MarkenR 2000, 242.
473 BGH GRUR 1997, 311, 312 - „Yellow Phone"; BGH GRUR 1999, 155, 156 - „DRIBECK's LIGHT".
474 BGH GRUR 2000, 875, 878f. - „Davidoff".
475 OLG Hamburg GRUR 1996, 982, 983 - „Für Kinder"; OLG Hamburg 1999, 172, 176 – „CABINET"; LG Hamburg NJWE-WettbR 2000, 239 - „Wir machen Millionäre"; Piper in: GRUR 1996, 429, 437; Eichmann in: GRUR 1998, 201, 206ff.; Berlit, Rn.194; Starck in: GRUR 1996, 73, 76; Althammer/Ströbele/Klaka, § 14, Rn.22; Hubmann, S.309; v. Gamm in: FS für

Zunächst beinhalteten schon Art. 5 II MRL und der auf diesem beruhende § 14 II Nr.3 MarkenG das Fehlen von Waren- bzw. Dienstleistungsähnlichkeit explizit als negative Tatbestandsvoraussetzung.[476] Ein vom Wortlaut abweichender Wille der Gesetzgeber sei nicht erkennbar.[477]
Zudem sei die bekannte Marke insoweit auch nicht schutzlos gestellt, da die markenrechtliche Schutzlücke über § 2 MarkenG durch den wettbewerbsrechtlichen Leistungsschutz gemäß § 1 UWG geschlossen werde.[478] Im Hinblick darauf könne jedenfalls dem deutschen Gesetzgeber die Absicht zur Schaffung einer unnötigen Regelung nicht unterstellt werden.[479] Dies müsse um so mehr gelten, als eine von Art. 5 II MRL abweichende Auslegung des § 14 II Nr.3 MarkenG darüber hinaus auch den europäischen Harmonisierungszielen entgegenlaufen würde.[480]

(b) Bekanntheitsschutz auch bei Produktähnlichkeit

Überwiegend wird ein markengesetzlicher Bekanntheitsschutz aber auch im Produktähnlichkeitsbereich bejaht.[481]
Begründet wird diese Ansicht insbesondere mit einem argumentum a maiore ad minus. Denn ein Schutz, den der Gesetzgeber außerhalb des Warenähnlichkeitsbereichs einräume, müsse innerhalb dieses Bereichs *erst recht* gewährt werden.[482]
Die gegenteilige Auffassung widerspreche auch der Intention des Gesetzgebers, für bekannte Marken eine zeichenrechtliche Sonderregelung zu schaffen, die einen Rückgriff auf Regelungen außerhalb des Markengesetzes überflüssig mache.[483]
Außerdem gebe bei genauerer Betrachtung weder die MRL noch die Begründung des Gesetzentwurfs der Bundesregierung zum Markengesetz sicher Aufschluss darüber, ob der Wortlaut von Art.5 II MRR bzw. § 14 II Nr.3 MarkenG tatsächlich - wie dies teilweise angenommen wird - nur eine enge Auslegung zulasse.[484] Deshalb sei jedenfalls dies kein zwingendes Argument für eine restriktive Anwendung.
Für eine extensive Anwendung des § 14 II Nr.3 MarkenG spreche aber das Bestreben nach einer größtmöglichen Einheitlichkeit des Kennzeichenschutzes, etwa in Bezug auf Marken und geschäftliche Bezeichnungen.[485] Für letztere bestehe ein Bekanntheitsschutz

---

Piper (1996), 537, 539, der für eine insgesamt enge Auslegung des § 14 II Nr.3 MarkenG plädiert.

476 Althammer/Ströbele/Klaka, § 14, Rn.22; Hubmann, S.309.

477 British High Court GRUR Int. 1996, 735, 736 - „WAGAMAMA"; Hubmann, S.309.

478 Piper in: GRUR 1996, 429, 437.

479 Althammer/Ströbele/Klaka, § 14, Rn.22; Hubmann, S.309.

480 Piper in: GRUR 1996, 429, 437.

481 Meister in: MA 1993, 407, 413; Deutsch in: GRUR 1995, 319, 320f.; Krüger in: GRUR 1995, 527, 529; Schmieder in: NJW 1997, 2908, 2912; Sack in: WRP 1998, 1127, 1137; Will, S.132f.; Fezer, § 14, Rn.431; Ingerl/Rohnke, § 14, Rn.489.

482 Will, S.133; Schmieder in: NJW 1997, 2908, 2912.

483 Will, S.132f.

484 Remmertz in: MarkenR 2000, 242, 243f.

485 Fezer, § 14, Rn.431.

nach dem Wortlaut des § 15 III MarkenG sowohl innerhalb als auch außerhalb des Branchenähnlichkeitsbereichs. Darüber hinaus ermögliche der markenrechtliche Bekanntheitsschutz bei Produktähnlichkeit die Anwendung vereinheitlichter rechtlicher Beurteilungsgrundsätze in den Mitgliedstaaten.[486]

Herrscht insoweit hinsichtlich der Befürwortung einer Ausdehnung des Bekanntheitsschutzes auch grds. Einigkeit, divergieren doch die Meinungen darüber, wie diese rechtsdogmatisch vertretbar herzuleiten ist.

Zum Teil wird der Schutz auf das Tatbestandsmerkmal des gedanklichen Inverbindungbringens gemäß § 14 II Nr.2 MarkenG gestützt[487], dass selbständig neben dem eigentlichen Verwechslungsschutz stehe.[488]

Andere bilden eine Analogie zu § 14 II Nr.3 MarkenG.[489]

Eine Heranziehung des Merkmals des gedanklichen Inverbindungbringens aus der Nr.2 sei aufgrund der entgegenstehenden Rechtsprechung des EuGH ausgeschlossen.[490]

Es widerspreche jedoch dem Schutzzweck des § 14 II Nr.3 MarkenG, die Fälle, bei denen zwar Produktähnlichkeit aber keine Verwechslungsgefahr gegeben ist, aus dem speziell markenrechtlichen Kennzeichenschutz auszuklammern und einen Schutz damit von zusätzlichen wettbewerbsrechtlichen oder deliktischen Voraussetzungen abhängig zu machen.[491]

Wiederum andere befürworten für diese Sachverhalte eine bloß erweiternde Auslegung des § 14 II Nr.3 MarkenG.[492]

Die entsprechende Textstelle des § 14 II Nr.3 MarkenG („...die nicht denen ähnlich sind...") sei kein eigenständiges negatives Tatbestandsmerkmal, das Nichtvorliegen von Produktähnlichkeit stelle also umgekehrt keine positive Anwendungsvoraussetzung des Kollisionstatbestandes der Nr.3 dar. Eine sachgemäße Auslegung der Norm ergebe vielmehr, dass der Bekanntheitsschutz einer Marke das Vorliegen von Verwechslungsgefahr nicht voraussetze.[493]

Es sei deshalb für die Fälle der Produktähnlichkeit schon keine Lücke im markenrechtlichen Bekanntheitsschutz anzunehmen, welche eine Analogiebildung erforderlich machen würde.[494]

---

486 Fezer, § 14 , Rn.435.

487 Vgl. unter Punkt d) (4) (c) (bb).

488 Schmieder in: NJW 1997, 2908, 2912; Sack in: GRUR 1995, 81, 87; Sack in: WRP 1998, 1127, 1136.

489 Deutsch in: GRUR 1995, 319, 321; Krüger in: GRUR 1995, 527, 529; Sack in: WRP 1998, 1127, 1139; Ingerl, S.81, 86; Ingerl/Rohnke, § 14, Rn.489.

490 Remmertz in: MarkenR 2000, 242, 243.

491 Ingerl/Rohnke, § 14, Rn.489.

492 Harte-Bavendamm, § 5, Fn.76; Will, S.133; Fezer, § 14, Rn.431; Fezer in: NJW 1998, 713, 716.

493 Fezer, § 14, Rn.431.

494 Fezer in: NJW 1998, 713, 716; Fezer, § 14, Rn.431.

(c) Stellungnahme

Hinsichtlich der Problematik des Bekanntheitsschutzes im Produktähnlichkeitsbereich bei fehlender Verwechslungsgefahr ist entscheidend, dass sich auch hier letztlich alles um die grundsätzliche Frage nach dem Umfang des speziell markengesetzlichen Markenschutzes dreht.

Im einzelnen geht es darum, inwieweit der Schutzbereich des § 14 II MarkenG über dessen Wortlaut hinaus auch auf sonstige, insbesondere assoziative Verwertungsmodalitäten ausgedehnt werden sollte.

Dabei ist zu beachten, dass der Markenschutz in einer wesentlichen Beziehung unvollkommen wäre, könnten schöpferische und gewerbliche Leistungen außerhalb des herkömmlichen Identitäts-, Verwechslungs- und Bekanntheitsschutzes durch Dritte - etwa in Form gezielt assoziativer Werbung - unbeschränkt zu eigenem wirtschaftlichen Vorteil ausgenutzt werden.

In solchen Fällen ist das Interesse des Dritten an möglichst weitgehender Gewährleistung ihrer Wettbewerbsfreiheit weitaus weniger schutzwürdig als das Interesse der Markeninhaber am größtmöglichen Schutz ihrer wohlerworbenen wirtschaftlichen Positionen. Denn selbst diejenigen, die eine assoziative Wirkung nicht absichtlich hervorrufen, sondern nur faktisch von ihr profitieren, greifen in den absoluten Zuweisungsgehalt des subjektiven Markenrechts ein.

Für die Fälle assoziativer Fremdverwertung bekannter Marken leuchtet diese Erwägung ohne weiteres ein. Denn bekannten Marken kommt eine derart ausgeprägte und weitreichende Marktwirkung zu, dass schon das Hervorrufen vager Assoziationen zum Originalprodukt eine erhebliche Steigerung der Absatzchancen der Fremdprodukte nach sich ziehen kann.

Demgegenüber haben assoziative Verbindungen zu im Rechtssinne nicht bekannten Marken keine derart intensive Verkehrswirkung. Ihre „Ausbeutung" durch Dritte beschert daher weder dem Nutzer nennenswerte Vorteile, noch beeinträchtigt sie die eigenen wirtschaftlichen Interessen des Markeninhabers. In diesen Fällen treten also die ökonomischen Einzelinteressen des Markeninhabers gegenüber dem allgemeinen Interesse an einer Wahrung der Wettbewerbsfreiheit vollständig in den Hintergrund.

Als Zwischenergebnis bleibt daher zunächst festzuhalten, dass eine Ausweitung des Markenschutzes durch Neubildung eines „Assoziationsschutzes" nur für den Bereich der bekannten Marken in Betracht kommt.

Fraglich ist nunmehr auf welchem Wege diese ohne größere rechtsdogmatische Ungereimtheiten zu verwirklichen ist.

Es wird die Ansicht vertreten, diese Frage sei ohnehin eher von „akademischem Interesse".[495] Da im Ähnlichkeitsbereich regelmäßig zugleich auch eine Verwechslungsgefahr

---

[495] So Generalstaatsanwalt beim EuGH Jacobs, Stellungnahme v. 27.01.2000 zu EuGH C-425/98 (Marca Mode CV . /. Adidas AG und Adidas Benelux BV.), Rz.46; vgl. Remmertz in: MarkenR 2000, 242, 244.

i.S.v. § 14 II Nr.2 MarkenG vorliege, seien Fälle, in denen ein praktisches Bedürfnis nach einer Ausdehnung des § 14 II Nr.3 MarkenG auf Fälle der Produktähnlichkeit besteht, nur schwer vorstellbar.[496]
Dem muss jedoch widersprochen werden. Wie bereits eingangs erläutert[497] sind durchaus Fälle denkbar, in denen bekannte Marken nachgeahmt und auf ähnlichen Produkten angebracht werden, ohne dass zwingend eine Verwechslungsgefahr nach § 14 II Nr.2 MarkenG vorliegen müsste.
Sicher ist jedenfalls, dass die Heranziehung allgemeiner wettbewerbs- oder gar bürgerlich-rechtlicher Konstruktionen zur Schutzausweitung im Hinblick auf das Bestreben nach weitestmöglicher Integration und Vereinheitlichung nicht geeignet ist.
Nach der „MAC-Dog-Entscheidung“[498] ist eine „gleichzeitige“ Anwendung von § 1 UWG und MarkenG ohnehin ausgeschlossen. In den Fällen des Bekanntheitsschutzes im Rahmen der Produktähnlichkeit scheidet die Anwendung des § 1 UWG jedenfalls aus, da § 14 II Nr.2 bzw. Nr.3 - direkt oder analog - MarkenG eingreift.
Fraglich ist jedoch, ob § 14 II Nr.3 MarkenG „a maiore ad minus“ extensiv in dem Sinne verstanden werden kann, dass er über seinen an sich eindeutigen Wortlaut hinaus auch Fälle innerhalb des Ähnlichkeitsbereichs erfasst, ob die Nr.3 in diesen Fällen analog anzuwenden ist oder ob der gangbare Weg über eine extensive Interpretation des Begriffs des „gedanklichen Inverbindungbringens“ führt.
Alle drei Möglichkeiten begegnen erheblichen, wenn nicht gar unüberwindbaren Bedenken. Aufgrund der Eindeutigkeit des Wortlauts der Nr.3, sind weder eine planwidrige Regelungslücke noch Ansatzpunkte für eine erweiternde Auslegung gegeben.
Eine Extension der Nr.2 würde dazu führen, dass die Herbeiführung jeglicher Assoziationswirkungen untersagt werden könnte, was aufgrund der bereits oben dargestellten wettbewerbsrechtlichen Bedenken nicht hinnehmbar wäre.
Unter diesen Gegebenheiten erscheint zur Zielerreichung allein die Schaffung eines eigenständigen Schutztatbestandes - etwa des „assoziativen Bekanntheitsschutzes“ - auf der Grundlage einer Kombination der in § 14 II Nr.2 und 3 MarkenG zum Ausdruck kommenden Rechtsgedanken geeignet zu sein. Eine Erweiterung in dieser Form könnte durch die Rechtsprechung im Wege richterrechtlicher Rechtsfortbildung vorgenommen werden. Dies würde allerdings voraussetzen, dass hierfür ein unabweisbares dringendes Bedürfnis besteht, dessen Vorhandensein oder Auftreten der Gesetzgeber seinerzeit nicht bedacht hatte. Sollte die Judikatur trotz der - nicht zuletzt auch im Rahmen dieser Arbeit nachdrücklich konstatierten - Schutzdefizite auch in Zukunft eine solche Lage nicht annehmen, so verbliebe nur eine Intensivierung der Einwirkungsbemühungen in Bezug auf entsprechende gesetzgeberische Schritte.

---

496 Starck in: MarkenR 2000, 73, 76; Remmertz in: MarkenR 2000, 242, 244f.
497 Vgl. unter Punkt e).
498 BGH WRP 1998, 1181, 1182.

f) Konkurrenzen

Zwischen den Kollisionstatbeständen des § 14 II Nr.1 - 3 MarkenG besteht kein strenges gesetzliches Exklusivitätsverhältnis.[499]
Der Verwechslungsschutz etwa ist zwar - wegen dessen Spezialität - nicht neben dem Identitätsschutz wohl aber neben dem Bekanntheitsschutz einschlägig.
Liegt ein Fall der Doppelidentität vor, wird Markenschutz auch bei zusätzlich anzunehmender Verwechslungsgefahr nach Nr.1 gewährt. Bei gegebener Verwechslungsgefahr wiederum kann in zweifelhaften Fällen dahingestellt bleiben, ob Identität vorliegt. Die Frage nach einer Doppelidentität muss nur dann abschließend geklärt werden, wenn im Einzelfall keine Verwechslungsgefahr festzustellen ist.[500]
Die Grenzen zwischen dem Identitätsschutz und dem Verwechslungsschutz sind dabei fließend.

Das Konkurrenzverhältnis zwischen Bekanntheitsschutz und Verwechslungsschutz bestimmt sich ähnlich.[501] Die bekannte Marke ist sowohl nach § 14 II Nr.2 MarkenG als auch nach § 14 II Nr.3 MarkenG geschützt. Besteht Verwechslungsgefahr, so genießt auch die bekannte Marke unabhängig vom Vorliegen der Voraussetzungen des § 14 II Nr.3 MarkenG allgemeinen Verwechslungsschutz. Ist der Kollisionstatbestand des § 14 II Nr.3 MarkenG aufgrund der Marktstärke der gefälschten Marke erfüllt, kann dahingestellt bleiben, ob die Nachahmung die Gefahr einer Verwechslung mit sich bringt.

g) Benutzungshandlungen (§ 14 III MarkenG)

Das allgemeine Benutzungsverbot des § 14 II MarkenG wird schließlich exemplarisch durch den Katalog des § 14 III MarkenG ergänzt. Die folgende Darstellung soll hierbei diejenigen Benutzungsvarianten des § 14 III MarkenG ausklammern, die für die Marken(artikel)piraterie nicht relevant sind.

(1) Anbringung auf Ware / Verpackung (§ 14 III Nr.1 MarkenG)

Unbefugten Dritten ist es untersagt, die Marke auf Waren, deren Aufmachung oder Verpackung anzubringen. Anbringen bezeichnet dabei jede körperliche Verbindung des geschützten Zeichens mit den o.g. Gegenständen - beispielsweise durch Bedrucken, Aufkleben, Einprägen, Einweben, Einbrennen.[502] Die Verwendung der fast deckungsgleichen Begriffe „Aufmachung" und „Verpackung" dient dazu, möglichst alle Mittel zu erfassen, durch welche eine Ware oder Warenmenge räumlich umgeben oder zusammengefasst werden kann.[503] Gegenstände im Sinne des § 14 III Nr.1 MarkenG sind etwa mit der Ware

499 Kur in: MarkenR 1999, 2, 10; Fezer, § 14, Rn.431a.
500 Fezer, § 14, Rn.431a.
501 Kur in: MarkenR 1999, 2, 9f.
502 Ingerl/Rohnke, § 14, Rn.107; Althammer/Ströbele/Klaka, § 14, Rn.72.
503 Regierungsbegründung zum Markenrechtsreformgesetz, BT-Drucks 12/6581, vom 14.01.1994,

verbundene Hüllen, wobei eine nur vorübergehende Zugehörigkeit zur Ware genügt.[504] Beispielsweise könnte ein beliebiges Kleidungsstück in einer Metalldose, welche derjenigen der Marke „Paul and Shark" nachempfunden ist, vertrieben werden.
Wird die Originalware unter Beibehaltung ihrer ursprünglichen Kennzeichnung zu einer neuen umgestaltet oder werden die isolierte Originalaufmachung bzw. -verpackung anderweitig beim Warenabsatz verwendet, so liegt der Fall einer mittelbaren Benutzung gemäß § 14 III Nr.1 MarkenG vor.[505]

(2) Anbieten, Inverkehrbringen und Besitz (§ 14 III Nr.2 MarkenG)

Die Nr.2 verbietet das Anbieten und Inverkehrbringen sowie den hierauf gerichteten Besitz von Piraterieware. Aufgrund des markenrechtlichen Territorialprinzips betrifft das Verbot nur Benutzungshandlungen im Inland.
Anbieten ist dabei jede Handlung, die dazu animieren soll, die Ware zur Begründung eigener Verfügungsgewalt - Eigentum oder Besitz - oder auch nur zu besitzlosem Gebrauch zu erwerben.[506] Objektiv setzt das Anbieten ein äußerlich erkennbares Zugänglichmachen, subjektiv die Absicht einer Überlassung voraus.[507]
Ein unzulässiges Anbieten liegt auch bei „vorauseilenden" Vertriebsformen vor, wenn etwa große Kontingente gefälschter Markenware europaweit angeboten werden, obwohl die Herstellung der Produkte insgesamt noch gar nicht begonnen hat, die Ware im Inland noch nicht verfügbar ist oder die Kennzeichnung erst noch erfolgen muss.[508] Ebenfalls unzulässig ist das Ausstellen der betreffenden Erzeugnisse auf in Deutschland stattfindenden internationalen Messen und zwar auch dann, wenn dabei ausdrücklich darauf hingewiesen wird, dass die Ware nicht für den Vertrieb in Deutschland bestimmt ist. Bei einer Geschäftsanbahnung über das Internet verstößt das Angebot gegen § 14 MarkenG, wenn die Einzelfallumstände einen gewissen Inlandsbezug erkennen lassen. Eine solche Präsenz auf dem deutschen Markt ist gegeben, wenn im Ausland veranlasste Internet - Angebote in Deutschland in deutscher Sprache abrufbar oder mit dem Top-Level-Domain „...de" versehen sind.[509]
Unter „Inverkehrbringen" ist jede Tätigkeit zu verstehen, durch die der Eintritt der Ware in den Verkehr tatsächlich bewirkt und die tatsächliche Verfügungsmacht eines anderen begründet wird - z.B. Verkauf, Miete, Leasing, Schenkung, Import.[510]

S.75.
504 Althammer/Ströbele/Klaka, § 14, Rn.72.
505 Ingerl/Rohnke, § 14, Rn.109; Althammer/Ströbele/Klaka, § 14, Rn.74.
506 v. Schulz/Schweyer, § 14, Rn.195; Althammer/Ströbele/Klaka, § 14, Rn.80; Ingerl/Rohnke, § 14, Rn.110.
507 Althammer/Ströbele/Klaka, § 14, Rn.80.
508 Harte-Bavendamm, § 5, Rn.42.
509 Selzer, S.174.
510 Ingerl/Rohnke, § 14, Rn.114; Fezer, § 14, Rn.471; v. Schulz/Schweyer, § 14, Rn.197; Althammer/Ströbele/Klaka, § 14, Rn.81.

Der Besitz, also die tatsächliche Sachherrschaft über die Ware, stellt nur dann eine unzulässige Benutzung dar, wenn dieser zum Zwecke des Anbietens oder Inverkehrbringens ausgeübt wird.[511] Der Besitz muss also bereits als solcher die Gefahr einer Kollision in sich tragen.[512] Solchermaßen qualifizierte Besitzer können Personen aller Handelsstufen - wie Spediteure, Kommissionäre oder Lagerhalter - sein.[513] Die unmittelbaren Besitzer selbst können dabei auch gutgläubig sein, wenn nur der erwähnte Zweck in der Person des Dritten vorliegt, für den der unmittelbare Besitzer die tatsächliche Gewalt ausübt.[514] Deshalb besteht die - gerade für die Fälle der Marken(artikel)piraterie - bedeutsame Möglichkeit, Fälschungen im Wege der einstweiligen Verfügung bei einem arglosen unmittelbaren Besitzer zu beschlagnahmen.[515]
Ziel einer einstweiligen Verfügung kann darüber hinaus auch sein, den Beteiligten für die Zukunft die Verschaffung qualifizierten Besitzes zu verbieten.[516]

(3) Ein- und Ausfuhr und Transit (§ 14 III Nr.4 MarkenG)

Der Markeninhaber wird in seinen Rechten gemäß § 14 III Nr.4 MarkenG verletzt, wenn Produkte ein- oder ausgeführt werden, die unbefugt mit seiner oder einer verwechslungsfähigen Marke gekennzeichnet sind. Nicht erforderlich für die Erfüllung dieses Tatbestands ist ein gleichzeitiges oder späteres Anbieten oder Inverkehrbringen der Ware im Inland. Ein- und Ausfuhr werden also quasi schon selbst als inländisches Inverkehrbringen betrachtet.
Fraglich ist, ob § 14 III Nr.4 MarkenG überdies die Durchfuhr von Ware - also den nicht durch zeitweise Einlagerung unterbrochenen Transit[517] - erfasst. Diese Frage ist für die Sanktionierung der Marken(artikel)piraterie besonders relevant, weil es bei dieser sehr häufig zum bloßen „Schein-Transit"[518] kommt. Dabei werden manipulierte Begleitpapiere verwendet, die eine bloße Durchfuhr ausweisen, obwohl die Ware tatsächlich in Deutschland verbleibt oder aber auf Umwegen später wieder hierhin gelangt.
Zu Zeiten des WZG wurde der reine Transit von der Rechtsprechung noch nicht als ein inländisches Inverkehrbringen qualifiziert.[519] Ein Inverkehrbringen der Gesamtladung wurde nur in solchen Fällen angenommen, in denen während der eigentlichen Durchfuhr auch einzelne Umsatz- oder Veräußerungsgeschäfte getätigt wurden, damit also hinsicht-

---

511 Ingerl/Rohnke, § 14, Rn.117.
512 Starck in: GRUR 1996, 688, 692.
513 Fezer, § 14, Rn.475; Ingerl/Rohnke, § 14, Rn.117.
514 Ingerl/Rohnke, § 14, Rn.117.
515 Harte-Bavendamm, § 5, Rn.44.
516 Ingerl/Rohnke, § 14, Rn.118; Harte-Bavendamm, § 5, Rn.44; a.A. OLG Hamburg WRP 1997, 106, 112 - „GUCCI", nach dem als Sanktion im einstweiligen Verfahren nur die Sequestration nach § 938 II ZPO in Betracht kommen soll.
517 Althammer/Ströbele/Klaka, § 14, Rn.88.
518 Ingerl/Rohnke, § 14, Rn.124.
519 BGH GRUR 1957, 231, 233f. - „Pertussin I"; BGH GRUR 1957, 352, 353 - „Pertussin II"; BGH GRUR 1958, 189, 197 - „Zeiß"; Baumbach/Hefermehl, § 15 WZG, Rn.43.

lich sämtlicher Waren eine konkrete Wahrscheinlichkeit des Absatzes im Inland bestand.[520] Ein Teil des Schrifttums hat sich dieser Ansicht auch für das Markengesetz angeschlossen und lehnt die Qualifikation des Transits als Markenrechtsverletzung im Sinne des § 14 III Nr.4 MarkenG grundsätzlich ab.[521]
Diese Beurteilung des Transitverkehrs ist jedoch nicht mehr haltbar. Zwar ist der Transit in § 14 III Nr.4 MarkenG nicht ausdrücklich genannt. Die Amtliche Begründung[522] führt diesbezüglich jedoch aus: „Dies beruht nicht etwa darauf, dass in der Durchfuhr keine Markenverletzung gesehen werden kann. Eine solche Schlussfolgerung verbietet sich schon wegen der nur beispielhaften Aufführungen der Verletzungstatbestände in Absatz drei. Bei Durchfuhrtatbeständen kann vielfach auch der Einfuhr- oder Ausfuhrtatbestand erfüllt sein. Im übrigen soll es der Rechtsprechung überlassen bleiben, ob in bestimmten Durchfuhrfällen (wenn z.B. dem Inhaber der mit der Marke versehenen Waren sowohl im Ausfuhrland wie im Bestimmungsland Markenschutz zusteht) von dem Vorliegen eines Verletzungstatbestandes nicht gesprochen werden kann." Folglich muss der Markenschutz also uneingeschränkt auch auf den Transit angewendet werden.[523] Um jegliche Umgehungs- und Vertuschungsversuche seitens der Marken(artikel)piraten zu unterbinden, ist der Transit von Pirateriewaare generell und unabhängig davon zu verbieten, ob inländische Verkehrskreise überhaupt mit der Ware in Kontakt kommen oder im Bestimmungsland Markenschutz besteht.[524] Die mit jeder Durchfuhr verbundene abstrakte Möglichkeit eines Absatzes im Inland stellt also eine hinreichende Grundlage eines allgemeinen Verbotes dar. Letztlich erfordert schon das Ziel einer möglichst effektiven Bekämpfung der Marken(artikel)piraterie ein wirksames, d.h. nicht durch Beweisschwierigkeiten behindertes Vorgehen gegen die Scheindurchfuhr.

(4) Geschäftspapiere und Werbung (§ 14 III Nr.5 MarkenG)

Ein weiteres konkretes Beispiel für unzulässige Benutzungshandlungen gemäß § 14 III MarkenG ist die Verwendung einer identischen oder verwechslungsfähigen Marke in Geschäftspapieren oder im Rahmen der Werbung. Geschäftspapiere sind alle schriftlichen, in irgendeiner Weise für die externe Kommunikation bestimmten geschäftsbezogenen Unterlagen.[525] Wie bereits erläutert wurde, arbeiten die Marken(artikel)piraten in der Regel sehr professinonell, korrespondieren mit ihren potentiellen - oftmals gutgläubigen - Geschäfts-

---

520 Althammer/Ströbele/Klaka, § 14, Rn.88.

521 Starck in: GRUR 1996, 688, 693; Ahrens in: BB 1997, 902, 903.

522 Regierungsbegründung zum Markenrechtsreformgesetz, BT-Drucks. 12/6581, vom 14.01.1994, S.75.

523 Sack in: FS Piper (1996), 603, 614f.; Sack in: RIW 1995, 177, 183; Sack in: WRP 2000, 702, 703; Meister in: MA 1990, 525, 544; Meister in: WRP 1995, 371 und 1013; Harte-Bavendamm, § 5, Rn.45; Ingerl/Rohnke, § 14, Rn.124; Fezer, § 14, Rn.483; Althammer/Ströbele/Klaka, § 14, Rn.88.

524 Harte-Bavendamm, § 5, Rn.45.

525 v. Schulz/Schweyer, § 14, Rn.210; Fezer, § 14, Rn.483; Althammer/Ströbele/Klaka, § 14, Rn.90.

partnern und benutzen auch dabei die identischen oder verwechslungsfähigen Marken. Die modernen Plagiatoren bieten ihre Fälschungen sogar über das Internet an. Die Benutzung einer identischen oder verwechslungsfähigen Marke innerhalb des Internet-Auftritts, insbesondere als Internet-Domain-Name, ist deshalb markenrechtlich ebenfalls sanktionierbar.[526]

In den Anwendungsbereich des § 14 III Nr.5 MarkenG gehören außerdem alle Formen der Werbung. In diesem Bereich genügt jedes unmittelbar oder mittelbar absatzfördernde Verhalten - einschließlich imagepflegender oder aufmerksamkeitserzeugender Maßnahmen - das eine Produktzuordnung ermöglicht.[527] Öffentliche Werbung für Imitationen ist auch durchaus nicht so selten anzutreffen, wie es eigentlich zu vermuten ist.[528]

h) Vorbereitungshandlungen (§ 14 IV MarkenG)

§ 14 IV MarkenG untersagt die Vorbereitung von Schutzrechtsverletzungen, insbesondere durch die Anbringung gefälschter Marken auf Etiketten, Anhängern, Aufnähern oder sonstigen Kennzeichnungshilfsmitteln und Verpackungen, das Anbieten und Inverkehrbringen, den qualifizierten Besitz sowie die Ein- und Ausfuhr solchermaßen bearbeiteter Gegenstände.

Die Norm schützt unmittelbar nur die Marke als selbständig verkehrsfähigen Kennzeichnungsgegenstand. Die Waren, für welche die Marke vom Originalhersteller verwendet wird, werden hiervon nur mittelbar betroffen.[529]

Die Abgrenzung zwischen den Absätzen III und IV des § 14 MarkenG stellt sich damit wie folgt dar:

Absatz III stellt - i.V.m. Absatz II und rein deklaratorisch - die Unzulässigkeit solcher Benutzungsformen fest, die sich auf eine bereits vollständig vertriebsfähige Kombination Produkt-Verpackung-Marke beziehen.

Der - eigenständige - Unterlassungsanspruch des Markeninhabers nach Absatz IV hingegen erweitert den Schutz hinsichtlich solcher - keine Benutzung i.S.d. Absatzes II darstellende - Verhaltensweisen, die isoliert marken- bzw. verpackungsbezogen sind, also bereits im Vorfeld der Herstellung einer absatzfähigen Verbindung der drei Komponenten auftreten. Es reicht dabei das Bestehen der Gefahr, dass es in Zukunft durch eine solche Verknüpfung zu einer konkreten Schutzrechtsverletzung kommen könnte. Damit stellt sich die Regelung des Absatzes IV als präventiv wirkende Sanktionsmöglichkeit dar. Auch dieser vorbeugende Schutz ist im Kampf gegen das Plagiatorenunwesen von erheblicher Bedeutung. Denn um eine drohende Grenzbeschlagnahme zu verhindern, importieren die Nachahmer die Pirateriewaren oftmals ohne die - u.U. verdachtsbegründenden - gefälschten

---

526 Kur in: CR 1996, 325, 327; Kur in: CR 1996, 590, 591; Kur in: FS für Beier (1996), 265, 273.

527 Ingerl/Rohnke, § 14, Rn.128.

528 Vgl. hierzu Braun, S.27, Fn.100: Bspw. wurde im Handelsblatt offen für italienische Taschenmode aus Taiwan geworben.

529 Harte-Bavendamm, § 5, Rn.47.

Originaletttiketten, um die Ware erst anschließend im Zielland zu „veredeln".[530] Die Markenimitate selbst erreichen ihren Bestimmungsort häufig auf ganz anderen Wegen als die entsprechende „Blankoware". Um auch auf diese besonders perfide Vorgehensweise reagieren zu können, bietet § 14 IV MarkenG eine weitergehende zivilrechtliche Zugriffsmöglichkeit.

i) Anspruchsgegner

Kennzeichenverletzungen sind unerlaubte Handlungen i.S.d. § 823 BGB. Die Feststellung von Täterschaft und Teilnahme erfolgt anhand der §§ 830, 831, 832 BGB. Mehrere Beteiligte haften gemäß den §§ 840, 421 BGB als Gesamtschuldner.[531]
Der Unterlassungsanspruch richtet sich gegen jeden, der sich an unerlaubter Herstellung oder Vertrieb einer Ware unter fremder Kennzeichnung beteiligt.[532] Ausgenommen ist lediglich der private Letztabnehmer. Nach § 14 VII MarkenG haftet für das Verhalten von Arbeitnehmern und Beauftragten auch der Betriebsinhaber selbst, wenn die konkrete Verletzungshandlung im Zusammenhang mit dem betrieblichen Aufgabenbereich des Beschäftigten steht[533] und der Inhaber des Geschäftsbetriebs auch in eigener Person an der Betriebsleitung teilhat. Auf ein Verschulden des Betriebsinhabers kommt es hingegen nicht an.[534]

j) Durchsetzung

Entsprechend der Regelung des § 1004 BGB kann auch der markenrechtliche Unterlassungsanspruch schon im Falle der Gefahr einer erstmaligen zukünftigen Verletzungshandlung, also bei erst drohender Störung geltend gemacht werden.[535] Können allerdings bereits entsprechende Rechtsverletzungen von Seiten des Anspruchsgegners festgestellt werden, so wird vermutet, dass auch eine Fortsetzungs- bzw. Wiederholungsgefahr besteht.[536] Die Wiederholungsgefahr entfällt des weiteren nicht schon bei Beseitigung der Markenverletzung. Erforderlich ist hierfür ist vielmehr eine eindeutige und durch Strafbewehrung abgesicherte Unterlassungserklärung des Inanspruchgenommenen.[537]

---

530 Harte-Bavendamm, § 5 , Fn.99 berichtet in diesem Zusammenhang von einem Fall der britischen Zollbehörden, die im Dezember 1997 etwa eine Tonne falscher Kennzeichnungsmittel beschlagnahmten, wovon etwa 80% die Marke „Levi's" betrafen.

531 Althammer/Ströbele/Klaka, § 14, Rn.106.

532 Althammer/Ströbele/Klaka, § 14, Rn.106.

533 Gesetzesbegründung der BReg zur Reform des MarkenG vom 14.01.1994, BT-Drucks. 12/6581, S.70.

534 OLG München WRP 1989, 755, 756 - „Eigenmächtiges Handeln des Auftraggebers".

535 Walchner, S.180f.; Althammer/Ströbele/Klaka, § 14, Rn.108.

536 BGH GRUR 1996, 781, 783 - „Verbrauchsmaterialien"; OLG Hamburg WRP 1997, 106, 107 – „GUCCI".

537 BGH WRP 1988, 652, 654 - „qm-Preisangaben II"; BGH GRUR 1990, 367, 369 - „alpi / Alba Modelle"; BGH WRP 1990, 685, 687 - „Fernschreiben"; BGH GRUR 1993, 579, 581 - „Römer GmbH"; BGH GRUR 1994, 304, 306 - „Zigarettenwerbung".

Bei der Durchsetzung des Unterlassungsanspruchs in Fällen der Marken(artikel)piraterie nimmt der vorläufige Rechtsschutz durch einstweilige Verfügung gem. den §§ 935, 940 ZPO eine dominierende Stellung ein.[538] Der Markenrechtsinhaber kann im Eilverfahren beim Hauptsachegericht eine Unterlassungsverfügung erwirken, die dem Rechtsverletzer unter Androhung eines Ordnungsgeldes die weitere Benutzung des Zeichens vorläufig untersagt.

Eine Besonderheit besteht darin, dass markenrechtlicher Eilrechtsschutz ohne vorherige Abmahnung des Antragsgegners gewährt wird.[539] Eine solche würde die Effektivität des Rechtsschutzes gefährden und ist dem Markeninhaber deshalb ausnahmsweise nicht zuzumuten. Denn die Durchführung der Untersagungsverfügung erfolgt in der Regel durch eine vorläufige Sicherstellung der beanstandeten Produkte, welche aber nur dann Erfolg verspricht, wenn der Überraschungseffekt gewahrt bleibt.[540]

In der Praxis schließen sich dem Verfahren zur Gewährung vorläufigen Rechtsschutzes in zeichenrechtlichen Konflikten - insbesondere in den Fällen der Marken(artikel)piraterie - nur selten Hauptsacheverfahren an.[541] Da das Hauptsacheverfahren somit gleichsam durch das Eilverfahren ersetzt wird, wird in ersterem faktisch nicht nur vorläufig, sondern vielmehr endgültig entschieden.[542] Entgegen seiner allgemeinen gesetzlichen Zweckbestimmung stellt der einstweilige Rechtsschutz in der Praxis der markenrechtlichen Verletzungsprozesse deshalb ein endgültiges gerichtliches Regelungsinstrument dar.[543]

2. Schadensersatzanspruch gem. § 14 VI MarkenG

Der Markeninhaber wird durch Herstellung und Vertrieb von Plagiaten in mehrfacher Hinsicht geschädigt. Er erleidet einen Umsatzausfall, der nicht selten der Gesamtanzahl der in Verkehr gebrachten Falsifikate entspricht. Insbesondere muss er jedoch damit rechnen, dass der gute Ruf seiner Erzeugnisse gravierend und nachhaltig beeinträchtigt wird.

Für den Originalhersteller scheint deshalb neben dem Unterlassungsanspruch der Anspruch auf Schadensersatz gem. § 14 VI MarkenG besondere Bedeutung zu haben.

Da die Durchsetzung eines angemessenen Schadensersatzes in der Rechtspraxis jedoch häufig an der extrem hohen Dunkelziffer, erheblichen Beweisschwierigkeiten und u.U. auch an der Insolvenz der Anspruchsgegner scheitert, hat der Schadensersatzanspruch gegenüber den anderen markengesetzlichen Schutzansprüchen tatsächlich eine nur untergeordnete Bedeutung.[544]

---

538 Bastian/Götting/Knaak/Stauder-Götting, S.14.
539 Harte-Bavendamm, § 5, Rn.134.
540 Harte-Bavendamm, § 5, Rn.134.
541 Bastian/Götting/Knaak/Stauder-Götting, S.13.
542 Bastian/Götting/Knaak/Stauder-Götting, S.13f.
543 Bastian/Götting/Knaak/Stauder-Götting, S.13.
544 Dreier, S.118; Winter in: ICC-Symposium 1984 Markenpiraterie, 27.

a) Der Schuldvorwurf

Ein Anspruch nach § 14 VI MarkenG setzt eine schuldhafte Verletzungshandlung voraus. Nach allgemeinen Rechtsgrundsätzen handelt vorsätzlich, wer eine Tat in Kenntnis all ihrer Tatbestandsmerkmale begeht. Auf den Markenschutz übertragen bedeutet das, dass der Verletzer den bestehenden Zeichenschutz kennt und im Bewusstsein ohne Rechtfertigungsgrund zu handeln, in das fremde Schutzrecht eingreift.[545] Dabei genügt auch bedingter Vorsatz, der dann gegeben ist, wenn der Täter die Möglichkeit, fremde Zeichenrechte zu verletzen, billigend in Kauf nimmt.[546]

Fahrlässig handelt gem. § 276 II BGB, wer die im Verkehr erforderliche Sorgfalt außer acht lässt. Die Anforderungen an die Beachtung der markenrechtlichen Sorgfaltspflichten sind dabei verhältnismäßig hoch. Sie richten sich nach objektiven Grundsätzen, für deren Bestimmung der Lebens- und Tätigkeitsbereich maßgeblich ist, in dem sich die Verletzungshandlung ereignet hat.[547] Dieser Bereich wird allerdings konkret-individuell beurteilt, so dass an einen Produzenten im Hinblick auf die Kennzeichnung seiner Ware strengere Anforderungen gestellt werden als an den Einzelhändler beim Vertrieb.[548] Da es diverse Möglichkeiten zur Feststellung der Legitimität einer beabsichtigten Markennutzung gibt, wird jedoch grundsätzlich allen Beteiligten eine umfassende Prüfungspflicht auferlegt. Den Marktteilnehmern obliegt es daher, sämtliche in zumutbarer Weise erreichbaren Erkenntnisquellen zu nutzen, um eigene Rechtsverstöße zu vermeiden. Beispielsweise besteht die Möglichkeit, durch eine Anfrage bei der Registerbehörde oder durch die Beauftragung eines Rechercheinstituts - wie z.B. des Schutz-Marken-Dienstes, Ahrensburg - überprüfen zu lassen, ob die beabsichtigte Nutzung Markenrechte Dritter tangiert. In einem Schadensersatzprozess hat der Markenverletzer den Beweis zu führen, dass er den umfassenden Erkundigungspflichten ordnungsgemäß nachgekommen ist.[549]

Auch bei Vorliegen eines Tatbestands- oder Rechtsirrtums ist ein Verschulden regelmäßig zu bejahen.[550]

Wer selbst eine Marke - oder sogar einen kompletten Markenartikel - identisch oder nahezu identisch nachahmt, beabsichtigt in aller Regel, den guten Ruf der Originalmarke auszubeuten, handelt also meist vorsätzlich. Schwieriger gestaltet sich die Feststellung eines Tatvorsatzes hingegen bei den übrigen am Vertrieb gefälschter Markenware beteiligten Personen. Beschafft sich beispielsweise ein Händler Markenartikel am „grauen Markt“ und nicht unmittelbar beim Originalhersteller, so geht zwar auch er offensichtlich bewusst

---

545 Berlit, Rn.256.

546 Berlit, Rn.256.

547 Althammer/Ströbele/Klaka, § 14, Rn.152.

548 BGH GRUR 1957, 342, 346f. - „Underberg“.

549 Berlit, Rn.257.

550 BGH GRUR 1987, 564, 565 - „Taxi-Genossenschaft“; BGH GRUR 1992, 474, 476 – „Neugeborenentransporte“; BGH GRUR 1998, 569 - „Beatles-Doppel-CD“; BGH GRUR 1999, 49, 51 – „Bruce Springsteen and his Band“; Ingerl/Rohnke, vor §§ 14-19, Rn.62; v. Schulz/Schweyer, § 14, Rn.244.

ein erhöhtes Verletzungsrisiko ein.[551] Er kann dabei jedoch durchaus auch auf die Authentizität der Waren vertraut haben. Jedenfalls fahrlässiges Handeln kann in derartigen Fällen aber verhältnismäßig leicht angenommen werden. In den Entscheidungen „Chanel N° 5 I, II“ [552] etwa hat der BGH entschieden, dass gewerbliche Händler angesichts der verstärkt auftretenden Marken(artikel)piraterie beim Einkauf von Markenwaren deren Echtheit stets überprüfen müssen.
Besondere Sorgfalts- und Prüfungspflichten träfen den Handel, wenn sich im Einzelfall Anhaltspunkte ergeben, die ernsthafte Zweifel an der Herkunft der Waren begründen. Solche Anhaltspunkte liegen aber nicht schon dann vor, wenn bestimmte Produkte außerhalb der vom Hersteller organisierten Vertriebswege oder zu einem sehr günstigen Preis angeboten werden. Schließlich könne es sich auch in diesem Fall um echte Produkte handeln, die aus legalen Parallelimporten innerhalb des Europäischen Wirtschaftsraums stammen. Letztlich komme es zwar auf sämtliche Begleitumstände an. Ein besonders wichtiger Indikator sei jedoch eine zum Zeitpunkt des Einkaufs allgemein vorhandene - oder sich zumindest aufdrängende - Kenntnis, dass in der betreffenden Branche in erheblichem Umfang Plagiate im Umlauf sind. Gerade die am Absatz exklusiver Markenartikel beteiligten Händler müssten - wenn sie ihre Augen davor nicht absichtlich verschlössen - wissen, dass speziell in ihrer Branche der Markt mit Unmengen von Fälschungen überschwemmt wird. Das Kontingent der Originalerzeugnisse sei im Verhältnis dazu schon am regulären Markt - und deshalb erst recht außerhalb der Vertriebsorganisation des Originalherstellers - eher gering.[553]
In der Entscheidung „Vernichtungsanspruch“[554] hat der BGH hinsichtlich einer Verletzung der besonderen Prüfungspflicht des Handels sogar das Vorliegen bedingten Vorsatzes erwogen. Der in Anspruch genommene Händler habe nicht schon deshalb auf eigene Nachforschungen verzichten dürfen, weil sein Lieferant ihm die Echtheit der Markenware versichert hatte. Ihm hätten sich zudem auch einige konkrete Anhaltspunkte aufdrängen müssen. Denn zum einen sei im Handel allgemein bekannt gewesen, dass in Bezug auf den Vertrieb des Produkts in Deutschland Ausschließlichkeitsrechte bestehen. Ferner seien seine Lieferanten „nicht dafür bekannt gewesen“, dass sie von der Markeninhaberin selbst mit dem Vertrieb betraut worden seien. Es habe demnach nicht nur wegen des besonders günstigen Preises nahegelegen, den Vertriebsweg der anzukaufenden Ware im einzelnen nachzuvollziehen. Erschwerend komme schließlich noch hinzu, dass der Kaufmann sogar noch dann weitere Fälschungen erworben hatte, als gegen ihn wegen des ers-

551 Berlit, Rn.257 a.

552 BGH GRUR 87, 520, 522 - „Chanel N° 5 I“; BGH GRUR 1987, 524, 525 - „Chanel N° 5 II“.

553 Harte-Bavendamm (§ 5, Rn.87) berichtet in diesem Zusammenhang, dass zeitweise in einigen westeuropäischen Ländern die Fälschungen einer besonders renommierten Bekleidungsmarke so verbreitet gewesen seien, dass sie - übertroffen nur noch von den entsprechenden Originalprodukten - den zweiten Platz am Markt eingenommen hätten. Er weist außerdem darauf hin, dass in bestimmten Branchen - z.B. der Softwareindustrie - die Plagiate oftmals sogar einen weiteren Verbreitungsgrad hätten als die Originale.

554 BGH WRP 1997, 1189ff.

ten Kontingents bereits eine einstweilige Verfügung erlassen worden war. Unbedeutend sei hingegen, dass der Kaufmann sich vorab Warenmuster hatte vorführen lassen, von denen er annahm, diese stammten von der Markeninhaberin.
Darüber hinaus hat das OLG Frankfurt auch für Presseorgane eine gesteigerte Prüfungspflicht angenommen.[555] Grundsätzlich hafteten diese für den rechtswidrigen Inhalt von Anzeigen zwar nur bei eklatanten Rechtsverstößen. In dem konkreten Fall habe sich aber auch der Anzeigenredaktion der Zeitung, die sich typischerweise an Abnehmer geringwertiger Waren - sog. Bauchladenverkäufer - wendete, der Verdacht aufdrängen müssen, dass es sich entweder um nachgeahmte oder gestohlene Waren handelte. Denn in der Anzeige wurde äußerst hochwertige Ware offeriert.
Die vorgenannten Entscheidungen bildeten sozusagen den Startschuss für den Beginn einer nachdrücklicheren gerichtlichen Sanktionierung der Marken(artikel)piraterie auf allen Vertriebsebenen. Es ist davon auszugehen, dass die Sorgfalts- und Prüfungspflichten des Handels nunmehr sogar noch weitreichender sind als zur Zeit der „Chanel N° 5“ - Urteile.[556]
Innerhalb der nachgeordneten Handelsstufen wird schneller der Vorwurf der Fahrlässigkeit beziehungsweise des (bedingten) Vorsatzes erhoben, da es sich bei den betreffenden Personen zumeist um Geschäftsleute handelt, denen das Phänomen markenverletzender Ware bekannt sein muss. Diese müssen heute alle zur Verfügung stehenden Möglichkeiten ausschöpfen, um sich Gewissheit über die Rechtmäßigkeit des eigenen Handelns zu verschaffen. Um dem Vorwurf der Fahrlässigkeit zu entgehen, genügt es deshalb grundsätzlich nicht, sich allein auf Beteuerungen des Lieferanten oder - auch schriftliche - Versicherungen unbekannter Zwischenhändler zu verlassen.[557] Ebenso wenig bilden Transportpapiere die Grundlage eines gutgläubigen Erwerbs, da diese sich nicht auf die betriebliche Quelle, sondern ausschließlich auf die territoriale Herkunft beziehen und außerdem leicht zu fälschen sind.[558] Weiterhin entlastet der Hinweis auf ein vom Lieferanten echtes oder täuschend ähnliches Muster nicht, da dieses keinen Aussagewert bezüglich der Zusammensetzung der späteren Lieferung hat.[559] Die Pflicht, die gelieferte Partie sorgfältig zu untersuchen, besteht also auch in diesem Fall.
Als sicherste und zugleich einfachste Möglichkeit, die Herkunft bestimmter Produkte zu klären und sich damit dem Schuldvorwurf zu entziehen, bietet es sich insbesondere an, den Markeninhaber selbst zu kontaktieren.[560]

b) Ermittlung des allgemeinen Schadens

Als Inhaber eines ausschließlichen Immaterialgüterrechts ist der Markeninhaber in beson-

---

555 WRP 1987, 37, 39 - „Prüfungspflichten von Presseorganen“.
556 Harte-Bavendamm, § 5, Rn.90.
557 Harte-Bavendamm, § 5, Rn.90.
558 Harte-Bavendamm, § 5, Rn.90.
559 Harte-Bavendamm, § 5, Rn.90.
560 Harte-Bavendamm, § 5, Rn.90.

derem Maße schutzbedürftig. Im Gegensatz zum Sacheigentümer vermag er nicht so effektive Vorkehrungen gegen Rechtsverletzungen zu treffen. Schon die - haftungsbegründende -Verletzungshandlung ist weniger greifbar und deshalb schwieriger festzustellen. Noch schwerer lassen sich aber die durch sie verursachten - haftungsausfüllenden - Schäden nachweisen.[561] Denn diese werden entscheidend durch den - nur schätzweise zu ermittelnden - wirtschaftlichen Wert der Marke bestimmt.
Das Markengesetz selbst enthält keine die Art der Schadensberechnung betreffenden Bestimmungen. Die gerichtliche Praxis versucht deshalb, die Verluste durch freie Beweiswürdigung gemäß § 286 ZPO und Schadensschätzung gemäß § 287 ZPO schadensersatzrechtlich zu erfassen.[562] Nach ständiger Rechtsprechung wird das allgemeine Schadensersatzrecht bei Verletzung gewerblicher und anderer geistiger Schutzrechte durch die Einräumung eines Wahlrechts hinsichtlich dreier verschiedener Möglichkeiten der Schadensberechnung ergänzt.[563] Der Schaden kann konkret oder abstrakt nach der dem Inhaber entgangenen Lizenzgebühr bzw. nach dem Gewinn des Verletzers berechnet werden. Die verschiedenen Arten der Schadensberechnung stehen zueinander in einem Alternativverhältnis.[564] Die Wahlmöglichkeit besteht noch bis zum Schluss der letzten mündlichen Hauptverhandlung. Es erlischt erst durch Erfüllung oder rechtskräftige Zuerkennung des Anspruchs, nicht schon durch die Erhebung einer Zahlungsklage unter Anwendung einer bestimmten Berechnungsart.[565] Denn solange der Verletzer den Ersatzanspruch noch nicht nach einer der Berechnungsmethoden erfüllt hat, ist er durch eine anderweitige Ausübung des Wahlrechts durch den Anspruchsteller nicht unbillig beschwert.[566]
Im Folgenden sollen nicht die dogmatischen Probleme der verschiedenen Berechnungsarten, sondern deren Effizienz in der praktischen Anwendung im Vordergrund stehen.

(1) Konkrete Schadensberechnung

Im Zuge der konkreten Schadensberechnung wird der tatsächliche Schaden des Markeninhabers ermittelt. Er kann nach § 249 BGB die Differenz zwischen dem Stand, den sein Vermögen ohne die Verletzung erreicht hätte, und dem durch die Verletzung eingetretenen Vermögensstand geltend machen.[567] Hierzu zählt gem. § 252 BGB auch der entgangenen Gewinn. Voraussetzung für dessen Feststellung ist die Kausalität zwischen Verletzung und enttäuschter Gewinnerwartung.[568]
Naturgemäß gestaltet sich der exakte Nachweis konkreter Umsatz- und Gewinneinbußen

---

561 Dreier, S.116, 327; Däubler in: JuS 1969, 49, 51; Baumbach/Hefermehl, Einl UWG, Rn.381.
562 Althammer/Ströbele/Klaka, § 14, Rn.156.
563 BGH GRUR 1966, 375, 379 - „Meßmer-Tee II"; BGH GRUR 1977, 539, 542 - „Prozeßrechner"; BGH GRUR 1993, 55, 58 - „Tchibo / Rolex II"; Dreier, S.289.
564 BGH GRUR 1993, 55, 58 - „Tchibo / Rolex II"; Dreier, S.81, 288.
565 BGH GRUR 1993, 55, 57 - „Tchibo / Rolex II"; Heermann in: GRUR 1999, 625, 626.
566 BGH GRUR 1966, 375, 379 - „Meßmer-Tee II".
567 Baumbach/Hefermehl, Einl UWG, Rn.382.
568 Baumbach/Hefermehl, Einl UWG, Rn.382.

zwar äußerst schwierig, auch eine Schätzung gemäß § 287 ZPO wird aber oftmals zu angemessenen Ergebnissen führen.[569] Bei dieser werden Produktart, Qualität und Erkennbarkeit der Nachahmungen, Preisverhältnis und Vertriebsweg berücksichtigt. Häufig wird dabei ein „1:1"-Verhältnis zwischen der Anzahl der abgesetzten Fälschungen und der Umsatzeinbuße angenommen.[570]
Der konkrete Differenzschaden beinhaltet zudem nicht nur den Reingewinn sondern auch evtl. Kostendeckungsbeträge.[571] Der konkret verursachte Schaden besteht damit auch in solchen freiwilligen Aufwendungen, die im Rahmen der Aufklärung von Verletzungshandlungen oder bei der Einrichtung und Aufrechterhaltung besonderer Schutzsysteme anfallen. Insbesondere die Beteiligten gravierender Pirateriefälle werden darüber hinaus sogar zu einer anteiligen Erstattung zeitnah angefallener Ausgaben für allgemeinere Schutzmaßnahmen verpflichtet.[572]
Der Nachteil dieser Berechnungsmethode besteht darin, dass der Markeninhaber bei der Bestimmung des Differenzschadens genötigt ist, einen Großteil seiner Kalkulation offen zu legen, dem Konkurrenten also Einblick in geheimhaltungsbedürftige Geschäftsinterna - wie Einkauf, Unkosten, Gewinnspanne usw. - zu gewähren.[573] Nachteilig wirkt sich außerdem aus, dass es dem Verletzer grds. möglich ist, den Vortrag zum entgangenen Gewinn durch eine Erschütterung der richterlichen Überzeugung zu widerlegen.[574] Dies kann bspw. durch die substantiierte Darlegung geschehen, die Abnehmer hätten selbst ohne Verletzungshandlung nicht beim Anspruchsteller abgenommen, der Verletzerumsatz wäre in keinem Fall dem Verletzten sondern einem anderen Konkurrenten oder dem Verletzer selbst zugefallen.[575] Letzteres ist z.B. dann anzunehmen, wenn aufgrund besonderer persönlicher oder wirtschaftlicher Verbindungen zum konkreten Abnehmer, geringerer Abgabepreise oder charakteristischer Eigenschaften gerade der nachgeahmten Ware einzig der Verletzer als Lieferant in Betracht kam.[576] Dies wiederum ist insbesondere bei der Täuschung in Konsens der Fall.

(2) Herausgabe des Verletzergewinns

Resultieren aus den Verletzungshandlungen große Gewinne, so bietet es sich für den Markeninhaber an, die Herausgabe des Verletzergewinns zu verlangen.[577] Herauszugeben ist der gesamte Gewinn, der dem Verletzer aufgrund der rechtswidrigen Kennzeichnung

---

569 Dreier, S.244; Harte-Bavendamm, § 5, Rn.94.
570 Harte-Bavendamm, § 5, Rn.94.
571 Althammer/Ströbele/Klaka, § 14, Rn.160.
572 Harte-Bavendamm, § 5, Rn.95.
573 Heermann in: GRUR 1999, 525, 526; Althammer/Ströbele/Klaka, § 14, Rn.160; Harte-Bavendamm, § 5, Rn.97.
574 BGH GRUR 1962, 580, 583 - „Laux-Kuppelung II".
575 Körner in: FS für Steindorff (1990), 877, 882f.
576 Althammer/Ströbele/Klaka, § 14, Rn.160; Körner in: FS für Steindorff (1990), 877, 882f.
577 BGH GRUR 1961, 354 - „Vitasulfall"; BGH GRUR 1962, 509, 511 - „Dia-Rähmchen II"; BGH GRUR 1966, 375, 376 - „Meßmer-Tee II"; BGH GRUR 1987, 364, 365 - „Vier-Streifen-Schuh".

zugeflossen ist, unabhängig davon, ob der Verletzte selbst in der Lage gewesen wäre diesen Gewinn zu erzielen.[578] Dogmatisch begründet wird der Anspruch auf Herausgabe des Verletzergewinns mit dem Rechtsgedanken der unechten Geschäftsführung analog §§ 687 II 1,681 S.2, 667 BGB.[579] Allerdings ist die Besonderheit zu beachten, dass ein Herausgabeanspruch auch bei bloß fahrlässiger Markenverletzung besteht.[580]
Nach Auffassung des BGH ist grundsätzlich nur der Nettogewinn herauszugeben.[581] Der Verletzer kann also gem. den §§ 687 II 1, 683, 670 BGB alle notwendigen Aufwendungen gewinnmindernd geltend machen. Schließlich sei die Benutzung der identischen oder verwechslungsfähigen Marke nicht die einzige Ursache für die Gewinnerzielung. Auch andere Faktoren wie Qualität und Preis der Ware, besondere Vertriebsaktivitäten, Art und Umfang der Werbung, eine Verknüpfung mit bestimmten Serviceleistungen usw. trügen in nicht unerheblichem Umfang zum Absatz bei.
Zu recht plädiert demgegenüber jedoch ein Teil der Literatur[582] dafür, alle ökonomischen Vorteile, die der Verletzer im Zusammenhang mit der Verletzungshandlung erzielt hat, auf den Verletzten zu transferieren. Die Rechtsprechung belasse dem Anspruchsgegner diejenigen wirtschaftlichen Vorteile, die er nur als Nebenprodukt seiner rechtswidrigen Tätigkeit erwirbt. Ihm dürfe aber keinerlei ökonomische Besserstellung - d.h. nicht einmal ein bloßer Zuwachs an allgemeiner unternehmerischer Leistungsfähigkeit - verbleiben. Anderenfalls würden dem Rechtsverletzer nur die Verletzungsgegenstände als solche genommen. Der Geschädigte selbst hätte jedoch Aufbau und Unterhaltung der „Verletzungswerkstatt" mittelbar finanziell gefördert, gleichsam also die eigene Schädigung subventioniert.[583]
Bei Heranziehung dieser Schadensberechnungsmethode können zwar u.U. deutlich höhere Beträge als bei Rückgriff auf die alternativen Berechnungsarten erzielt werden. Auch kann eine Aufdeckung der eigenen internen Kostenstrukturen vermieden werden.
Gleichwohl ist diese Methode in der Praxis von nur untergeordneter Bedeutung.[584] Denn der Anspruchsteller ist auf wahrheitsgemäße und überprüfbare Angaben des Verletzers angewiesen. Entsprechende Auskünfte einschließlich der Vorlage von Belegen müssen im Wege des akzessorischen Auskunftsanspruchs durchgesetzt werden. Durch die Verweigerung der Auskunft kann der Anspruchsgegner das Verfahren gezielt verschleppen. Aber

578 BGH GRUR 1993, 55, 57 - „Tchibo / Rolex II"; Teplitzky, S.398; Althammer/Ströbele/Klaka, § 14, Rn.162; Baumbach/Hefermehl, Einl UWG, Rn.384.
579 BGH GRUR 1961, 354f. - „Vitasulfall"; OLG Köln GRUR 1991, 60, 64 - „Rolex-Imitation"; Baumbach/Hefermehl, Einl UWG, Rn.384.
580 BGH GRUR 1995, 50, 53 - „Indorektal / Indohexal".
581 BGH GRUR 1962, 509, 512 - „Dia-Rähmchen II"; BGH GRUR 1973, 375, 378 - „Miss Petite"; BGH GRUR 1974, 53, 54 - „Nebelscheinwerfer"; OLG Köln GRUR 1991, 60, 63 - „Rolex-Imitation".
582 Körner in: FS für Steindorff (1990), 877, 886; Lehmann in: BB 1988, 1680, 1686; Teplitzky, S.397; Harte-Bavendamm, § 5, Rn.101.
583 Lehmann in: BB 1988, 1680, 1686 f.
584 Körner in: FS für Steindorff (1990), 877, 886; Harte-Bavendamm, § 5, Rn.100.

selbst wenn der Anspruchsgegner die Auskünfte bereitwillig und unverzüglich erteilt, existieren keine zuverlässigen Kontrollinstrumente bezüglich ihrer Vollständigkeit und Richtigkeit.[585]

(3) Lizenzanalogie

Eine weitere Methode zur Ermittlung des Schadensumfangs besteht in der Berechnung einer angemessenen, fiktiven Lizenzgebühr. Die Lizenzanalogie basiert auf dem Gedanken, dass der Markenverletzer weder schlechter, noch besser als ein vertraglicher Lizenznehmer gestellt werden soll.[586]

Es wird deshalb - unter Zugrundelegung der seinerzeitigen Sachlage - ermittelt, welche Gegenleistung ein vernünftiger Markeninhaber im Rahmen eines Lizenzvertrags gefordert und ein vernünftiger Lizenznehmer akzeptiert hätte.[587] Dabei richtet sich die Höhe der hypothetischen Lizenzgebühr insbesondere nach dem Bekanntheitsgrad der Marke und der Nähe der Nachbildung.[588] Aufgrund der normativen Zielsetzung der Lizenzanalogie ist es unerheblich, ob bei rechtmäßigem Verhalten des Markenverletzers überhaupt ein Markenlizenzvertrag zustande gekommen, der Markeninhaber also zu dessen Abschluss bereit gewesen wäre.[589]

Von den drei verschiedenen Arten der Schadensberechnung wird die Lizenzanalogie am häufigsten gewählt.[590] Zwar wird bei dieser Form der Schadensberechnung der tatsächlich entstandene Schaden oftmals nicht vollends ausgeglichen. Jedoch lässt sich der Anspruch anhand objektiver, allgemein zugänglicher Kriterien bestimmen und ist damit schnell und verfahrensökonomisch durchsetzbar,[591] so dass die Nachteile, die die beiden anderen Berechnungsarten mit sich bringen, vermieden werden können.[592]

Die Berechnungsmethode der Lizenzanalogie ist allerdings vereinzelt auch auf Kritik gestoßen. So wird die Meinung vertreten, sie stelle eine Art Zwangslizenz dar, die dem Verletzer nur das aufbürde, wozu jeder rechtmäßige Lizenznehmer ohnehin verpflichtet sei.[593]

---

585 Hierzu unter Punkt 5. b) (3); ausführlich Oppermann, S.215ff., sowie die Deutsche Vereinigung für gewerblichen Rechtsschutz und Urheberrechte in: GRUR 1999, 479, 483 sowie 560, 564.

586 BGH GRUR 1962, 509, 513 - „Dia-Rähmchen II"; Dreier, S.82.

587 BGH GRUR 1962, 401, 404 - „Kreuzbodenventilsäcke III"; BGH GRUR 1966, 375, 378 – „Meßmer-Tee II"; BGH GRUR 1975, 323, 324 - „Geflügelte Melodien"; BGH GRUR 1990, 1008f. – „Lizenzanalogie"; BGH GRUR 1991, 914, 917 - „Kastanienmuster"; BGH GRUR 1995, 578, 579 -„Steuereinrichtung II", nach dem zunächst der Versuch unternommen werden muss, den marktüblichen Lizenzsatz festzustellen.

588 BGH GRUR 1966, 375, 378 - „Meßmer-Tee II"; BGH GRUR 1971, 221, 222 - „Pudelzeichen II"; BGH GRUR 1975, 85, 87 - „Clarissa"; Fezer, § 14, Rn.522.

589 BGH GRUR 1993, 55, 58 - „Tchibo/Rolex II"; Fezer, § 14, Rn.522; Baumbach/Hefermehl, Einl UWG, Rn.383; Dreier, S.85.

590 Heermann in: GRUR 1999, 625, 628; Körner in: GRUR 1983, 611; Dreier, S.84; Berlit, Rn.260.

591 Harte-Bavendamm, § 5, Rn.97.

592 Körner in: GRUR 1983, 611.

593 Körner in: GRUR 1983, 611.

Deshalb solle ein pauschaler Verletzerzuschlag eingeführt werden.[594] Da eine Pönalisierung dem Bürgerlichen Recht grundsätzlich fremd ist,[595] hat sich dieser Pauschalzuschlag in der Praxis bislang nicht durchgesetzt.
Allerdings muss der Verletzer im Rahmen der Lizenzanalogie „aufgelaufene Zinsen" entrichten.[596] Darunter werden solche Zinsen verstanden, die der rechtmäßige Lizenznehmer wegen nicht rechtzeitiger Zahlung zu den vereinbarten Zahlungsterminen zu zahlen gehabt hätte.[597]
Üblichlicherweise wird bei Lizenzverträgen eine Stücklizenz vereinbart. Dies ist ein - ab einer bestimmten Umsatz- bzw. Lizenz-Größe häufig auch degressiver - Vomhundertsatz des Verkaufserlöses jedes einzelnen Produkts.[598]
Da in der Praxis zumeist außergerichtliche Einigungen über die Schadenshöhe stattfinden,[599] gibt es nur wenige höchstrichterliche Entscheidungen, die sich zur Höhe einer fiktiven Lizenzgebühr verhalten. In der „Meßmer-Tee II" - Entscheidung[600] hat der BGH seinerzeit eine Lizenzgebühr in Höhe von 1 % des Fabrikabgabepreises für angemessen erachtet. Dies beruhte darauf, dass die angemessene Lizenzgebühr bei einer Kennzeichenverletzung niedriger eingestuft wurde als bei einem Eingriff in ein Patent- oder Urheberrecht. Diese Ungleichbehandlung widerspricht aber sowohl der Gleichwertigkeit der Immaterialgüterrechte in ihrer Rolle als Verfassungseigentum als auch den Belangen der Verstärkung des Markenschutzes durch das Markengesetz.[601] In Anbetracht auch der zunehmenden wirtschaftlichen Bedeutung der Marke wird dieser Prozentsatz mittlerweile deshalb erheblich aufzustocken sein.[602] Angemessene vertragliche Lizenzsätze für die Benutzung fremder Marken belaufen sich derzeit auf etwa 1-10 % des Warennettowertes. Bei besonders renommierten Marken liegen die Lizenzsätze - oftmals sogar weit - auch darüber.[603]
Gerade in Fällen der Marken(artikel)piraterie darf die angemessene Lizenzhöhe nicht zu niedrig bemessen werden. Denn schließlich stellt eine - nahezu - identische Markenfälschung eine besonders „krasse" [604] Markenverletzung dar. Die angemessene Lizenzgebühr

594 Vgl. Teplitzky, S.394; Rogge in: FS für Nirk (1992), 929, 937ff.; Benkard/Rogge, § 139 PatG, Rn.66; BGH GRUR 1980, 841, 844 – „Tolbutamid".

595 Schäfer, S.397f. Nach Schäfer findet sich das „pönale Prinzip" allerdings in den §§ 241a, 288, 611a BGB.

596 BGH GRUR 1982, 286, 288 - „Fernsehstützvorrichtung"; BGH GRUR 1982, 301, 304 - „Kunststoffhohlprofil II"; Körner in: FS für Steindorff (1990), 877, 888.

597 BGH GRUR 1982, 286, 288f. - „Fernsehabstützvorrichtung".

598 Althammer/Ströbele/Klaka, § 14, Rn.164.

599 Althammer/Ströbele/Klaka, § 14, Rn.168.

600 BGH GRUR 1966, 375, 378.

601 Fezer, § 14, Rn.522.

602 Für viele international tätige Unternehmen stellen ihre Marken die wichtigsten Vermögensbestandteile dar. Der Wert der bekanntesten Marken wird auf einen zweistelligen Milliardenbetrag geschätzt. vgl. auch im 3.Teil unter Punkt E) I.

603 Harte-Bavendamm, § 6, Rn.98.

604 Harte-Bavendamm, § 6, Rn.98.

sollte deshalb jedenfalls in solchen schwerwiegenden Pirateriefällen - schon ohne die „aufgelaufenen Zinsen" - stets den Satz übersteigen, der bei „einfachen", vertragsgemäßen Markennutzungen üblich ist.[605] Ein solches Vorgehen ist aufgrund seiner Einzelfallbezogenheit der Anordnung eines pauschalen Verletzerzuschlags vorzuziehen.
Wichtige Hinweise zur praktischen Handhabung der Lizenzanalogie in Marken(artikel)pirateriefällen lassen sich der „Tchibo/Rolex II" - Entscheidung[606] des BGH entnehmen. Dem dortigen Sachverhalt lag zwar keine Markenrechtsverletzung, sondern lediglich eine „sklavische Produktnachahmung" vor, welche ausschließlich nach dem UWG zu beurteilen war. Da es sich jedoch auch hierbei um einen Fall der unlauteren Imagenutzung handelt, können die entscheidenden Aussagen dieser Entscheidung auf die vorliegend zu untersuchenden Fälle der Marken(artikel)piraterie übertragen werden.
Im betreffenden Fall bezifferte der BGH die Höhe des Schadensersatzes wegen sklavischer Nachahmung bestimmter Rolex-Armbanduhren - ohne gleichzeitige Markenverletzung - auf eine fiktive Lizenzgebühr in Höhe von 12,5% des Verkaufspreises der Plagiate. Im Bereich der Hochpreisuhren gebe es schon keine üblichen vertraglichen Lizenzgebühren. Denn aus Gründen der Imagepflege werde die Erlaubnis, Uhren derartiger Prestigemarken nachzubauen, regelmäßig versagt. Bereits das Berufungsgericht war von einem Richtwert zwischen 12,5 und 20% ausgegangen, der auf einem Sachverständigengutachten basierte. Schließlich verursache der Vertrieb eines offensichtliches Billigprodukts (Preisverhältnis 1:100) für ein hochwertiges Erzeugnis mit gutem Ruf die erhebliche Gefahr einer Minderung seines Prestigewertes. Diesem besonderen Risiko müsse durch Erhöhung der angemessenen Lizenz Rechnung getragen werden. Der entstandene Schaden sei mithin höher anzusetzen als bei einer „einfachen" Produktverletzung. Nach Auffassung des BGH sprachen im vorliegenden Fall jedoch einige Tatsachen dafür, bei der hier betroffenen weltberühmten Marke Rolex, die Lizenzanalogie dennoch nur auf 12, 5 % - und damit an der untersten Grenze der gutachtlichen Wertskala - festzusetzen. Schadensmindernd habe sich nämlich ausgewirkt, dass die Tchibo-Uhren in einer hohen Auflage - 495 228 Stück - angeboten wurden und dass die Verkaufsaktion einmalig und zeitlich - auf etwa 10 Tage - begrenzt war.
Der Ersatzanspruch der Klägerin müsse darüber hinaus auch deshalb gemindert werden, weil sie vergleichbare Nachahmungen durch andere Hersteller in der Vergangenheit klaglos hingenommen habe. Durch die von ihr tolerierten Nachahmungen seien Eigenart und Ansehen und damit auch der Wert des Originalprodukts in den Augen des Verkehrs bereits zuvor geschmälert gewesen.
In vielen Punkten verdient die „Tchibo-Rolex II"-Entscheidung Zustimmung.
So hat der BGH in nachvollziehbarer Weise die Tatsache, dass die Tchibo-Uhren in einer Sonderaktion nur kurze Zeit zum Kauf angeboten worden waren, als schadensmindernd eingestuft. Es wird zutreffend darauf hingewiesen, dass „Rolex" die etwaige Imageeinbu-

605 Harte-Bavendamm, § 6, Rn.98.
606 BGH GRUR 1993, 55ff. Zu den notorisch bekannten Marken i.S.d. Art.6bis der Pariser Verbandsübereinkunft gehört u.a. die Marke „Rolex".

ßen jedenfalls in überschaubarer Zeit habe „aufarbeiten" können. Des weiteren überzeugt auch die Annahme, es wirke sich zum Nachteil der Klägerin aus, dass diese vorherige Nachahmungen toleriert hatte.

Diesen Aussagen können zwei über den entschiedenen Fall hinaus auch für das Markenrecht bedeutsame, grundsätzliche Thesen entnommen werden.

Die erste besagt, dass der Schadensumfang mit der Zeitdauer der Verletzungshandlung zunimmt. Nach der zweiten führt die häufige Nachahmung nicht schon als solche zwingend zu einem Wertverlust des Schutzgegenstands und demzufolge zu einer Schadensminderung. Entscheidend ist allein die Konsequenz mit der der Betroffene seine Abwehrrechte verfolgt hat. Hat er sich also stets zur Wehr gesetzt, so darf sein Anspruch nicht gemindert werden. Andernfalls würde bei Ersatzansprüchen wegen Beeinträchtigung besonders prestigeträchtiger und vielkopierter Marken eine Art pauschaler Abschlag vorgenommen.[607]

Wenig überzeugend ist hingegen, dass der BGH argumentiert, auch die relativ große Stückzahl (495 228) der Tchibo-Uhren wirke sich mindernd auf den fiktiven Lizenzsatz aus. Dieser Gedanke wird in der Urteilsbegründung nicht weiter ausgeführt. Tatsächlich spricht im Gegenteil viel dafür, bei einer höheren Anzahl in Verkehr gebrachter Imitationen eine gravierendere Rechtsverletzung anzunehmen. Jedes einzelne Verkaufsgeschäft hinsichtlich einer Imitation hat der Klägerin geschadet und zu einer Vertiefung des Imageverlusts geführt.

Eine sachgerechte Einschätzung führt also zu der - dritten - These, dass der Rechtsverletzer, hat er eine größere Anzahl von Nachahmungen auf den Markt gebracht, eine dementsprechend höhere Lizenzgebühr zu entrichten hat. Ansonsten würde derjenige, der besonders viele Fälschungen absetzt, gegenüber dem Zurückhaltung übenden Schädiger privilegiert.

Insgesamt bietet das „Tchibo-Rolex II"-Urteil wichtige Anhaltspunkte für die Handhabung der Lizenzanalogie im Fall der - einfachen - sklavischen Nachahmung.

Auch bei der Durchführung der Lizenzanalogie in Marken(artikel)piraterie-Fällen kann aufgrund der vergleichbaren Verletzungssituation grundsätzlich auf die soeben herausgearbeiteten Thesen zurückgegriffen werden.

Im Vergleich zur einfachen Produktnachahmung ist die angemessene Lizenzgebühr bei der Totalfälschung aber eher noch höher zu bewerten. Schließlich hat der Plagiator im Falle der Identfälschung mit Produkt und Marke zwei verschiedene schöpferische Leistungen ausgebeutet. Es ist deshalb stets ein entsprechender Zuschlag vorzunehmen.

c) Marktverwirrungsschaden

Neben dem ihm allgemein entstandenen Schaden kann der Markeninhaber auch den sogenannten Marktverwirrungsschaden geltend machen.[608] Hierunter wird der Schaden ver-

---

607 BGH GRUR 1993, 55, 60 - „Tchibo / Rolex II" mit Anmerkung Rohnke.

608 BGH GRUR 1966, 375, 378 - „Meßmer-Tee II"; BGH GRUR 1973, 375, 378 - „Miss Petite"; BGH GRUR 1974, 735, 736 - „Pharmamedan"; BGH GRUR 1975, 434, 438 - „BOUCHET";

standen, der dem Verletzten aufgrund einer Verunsicherung der angesprochenen Verkehrskreise entstanden ist, die darauf beruht, dass der Markenverletzer Waren, Verpackungen oder sonstige Kennzeichnungsmittel versehen mit der geschützten oder einer verwechselbar ähnlichen Marke in den Verkehr gebracht hat.[609] Für das Vorliegen einer solchen Verunsicherung besteht grundsätzlich bei jeder Markenverletzung eine tatsächliche Vermutung.[610]

Der Marktverwirrungsschaden umfasst dabei bspw. notwendige Aufwendungen für zusätzliche Werbe- und Aufklärungskampagnen.[611]

3. Bereicherungsanspruch gem. § 812 BGB

Statt des Schadensersatzanspruchs kann - insbesondere nach Verjährungseintritt oder bei schuldlosen Verstößen - auch ein Anspruch nach Bereicherungsgrundsätzen in Betracht kommen.[612] Dabei handelt es sich um einen Fall der Eingriffskondiktion gemäß § 812 I 1, 2. Alt. BGB. Erlangt ist durch eine Markenverletzung der Vorteil aus dem Gebrauch der Marke.[613] Da der Verletzer diesen nicht herauszugeben vermag, besteht ein Wertersatzanspruch gemäß § 818 II BGB. Der Wertersatz bestimmt sich nach dem objektiven Wert des Erlangten und ist nach Auffassung des BGH durch die Entrichtung einer angemessenen und üblichen Lizenzgebühr, nicht jedoch durch die Herausgabe des gesamten Verletzergewinns zu leisten.[614] Die markenrechtliche Bereicherungshaftung führt danach zu den gleichen Ergebnissen wie die Schadensberechnung nach Lizenzanalogie-Methode.

Der markenrechtliche Bereicherungsanspruch sollte aufgrund der neuen Wertigkeit und Funktion der Marke zur Herausgabe des Verletzergewinns verpflichten.[615] Wie die §§ 27 ff. MarkenG zeigen, ist das subjektive Markenrecht als selbständiger Vermögensgegenstand eines Unternehmens anerkannt. Die Eigenständigkeit auch des Verwertungsrechts wird durch die freie Übertragbarkeit der Marke und die dingliche Wirkung der Markenlizenz verstärkt und rechtlich abgesichert. Der Markenschutz darf nicht länger hinter dem Schutz der übrigen Immaterialgüterrechte zurückbleiben.

Die Bedeutung des markenrechtlichen Bereicherungsanspruchs ist aufgrund der geringen Anforderungen an den Nachweis fahrlässigen Handelns eher gering.[616] Wie bereits darge-

---

BGH GRUR 1975, 85, 86 - „Clarissa"; BGH GRUR 1987, 364, 365 - „Vier-Streifen-Schuh"; BGH GRUR 1988, 776, 779 - „PPC"; Dreier, S.231, 249ff.

609 Berlit, Rn.261.

610 BGH GRUR 1954, 457, 459 - „Irus / Urus"; BGH GRUR 1957, 222, 223 - „Sultan"; BGH GRUR 1974, 84, 88 - „Trumpf".

611 BGH GRUR 1987, 364, 365 - „Vier-Streifen-Schuh".

612 BGH GRUR 1987, 520, 523 - „Chanel N°5 I"; BGH GRUR 1996, 271, 275 - „Gefärbte Jeans"; Dreier, S.356ff.

613 Ingerl/Rohnke, vor §§ 14-19, Rn.73; Fezer, § 14, Rn.530; Wölfel, S.101.

614 BGH GRUR 1987, 520, 523 - „Chanel N°5 I".

615 So auch Baumbach/Hefermehl, Einl. UWG, Rn.419; Fezer, § 14, Rn.530; Althammer/Ströbele/Klaka, § 14, Rn.170; Harte-Bavendamm, § 5, Rn.103.

616 Harte-Bavendamm, § 5, Rn.103.

stellt wurde, liegt bei der Marken(artikel)piraterie regelmäßig bei allen Tatbeteiligten Verschulden vor, so dass auch ein - meist weitergehender - Schadensersatzanspruch nach § 14 VI MarkenG erfolgreich geltend gemacht werden kann.[617]

4. Vernichtungsanspruch gem. § 18 MarkenG

Bei Vorliegen einer Rechtsverletzung i.S.d. § 14 MarkenG besteht für den Markenberechtigten gem. § 18 MarkenG ein verschuldensunabhängiger Vernichtungsanspruch.[618] Dieser Anspruch besteht nach Absatz 1 der Vorschrift im Hinblick auf alle widerrechtlich gekennzeichneten Gegenstände, erstreckt sich nach ihrem Absatz 2 aber auch auf Vorrichtungen, die zur widerrechtlichen Kennzeichnung genutzt worden oder bestimmt sind. Hinsichtlich der vorbezeichneten Gegenstände reicht Besitz des Verletzers aus, während die Vorrichtungen in dessen Eigentum stehen müssen. Der markenrechtliche Vernichtungsanspruch steht unter dem Vorbehalt des Grundsatzes der Verhältnismäßigkeit. Nach § 18 III MarkenG bleiben nach anderen Vorschriften bestehende, weitergehende Beseitigungsansprüche unberührt.

a) Einführung

Vernichtung ist die Zerstörung einer Sache in ihrer Substanz.[619] Art und Weise der Vernichtung - wie Verbrennen, Einschmelzen, Verschrotten, Einstampfen oder Zerreißen - richten sich nach der konkreten Beschaffenheit der widerrechtlich markierten Gegenstände oder Kennzeichnungsvorrichtungen.[620]
Das WZG enthielt noch keinen eigenständigen Vernichtungsanspruch. In der Regel wurden nach § 30 WZG a.F. und § 1004 BGB lediglich die widerrechtlich angebrachten Kennzeichen beseitigt.[621] Die vollständige Vernichtung der Waren bildete hingegen die Ausnahme. Dieses Regel-Ausnahme-Verhältnis wurde bereits durch § 25 a I WZG n.F. - eingefügt durch das PrPG von 1990 - und nachfolgend durch § 18 MarkenG umgekehrt.[622]
Schon der Wortlaut des § 18 MarkenG zeigt, dass die komplette Vernichtung der nachgeahmten Ware nunmehr die Regel, die bloße Beseitigung der Kennzeichnungselemente - Etiketten, Aufdrucke, Aufnäher etc.- die Ausnahme bildet.[623] Der Gesetzgeber hat sich „bewusst für eine einschneidende Maßnahme (entschieden), die in vielen Fällen mehr als

617 Vgl. bereits unter Punkt 2. a).

618 Ausführlich hierzu Thun, „Der immaterialgüterrechtliche Vernichtungsanspruch", 1998; Diekmann, „Der Vernichtungsanspruch", 1993; Walchner, „Der Beseitigungsanspruch im gewerblichen Rechtsschutz und Urheberrecht", S.141ff., 1998.

619 Thun, S.46; Walchner, S.177; v. Schulz, § 18, Rn.8; Fezer, § 18, Rn.30.

620 Fezer, § 18, Rn.30; Walchner, S.177; Thun, S.46.

621 Walchner, S.164; Thun, S.26; Fezer, § 18, Rn.2.

622 Ebenso die §§ 98ff. UrhG, § 14 a GeschmMG, § 140 a PatG, § 24 a GebrMG, § 9 II HalblSchG und § 37 a SortSchG.

623 Jung in: JuS 1990, 856, 857; Fezer, § 18, Rn.3.

das lediglich zur unmittelbaren Folgenbeseitigung Nötige" zulässt.[624] Er wollte durch die Schaffung noch effizienterer Instrumentarien ein deutliches Zeichen gegen die Marken(artikel)piraterie setzen. Dem Verletzer soll sowohl der unmittelbare wirtschaftliche Vorteil als auch die Produktionsgrundlage selbst entzogen werden.[625]
Durch die Neuausrichtung der Vernichtung als Regelfall wird dieser neben der sanktionierenden auch weitaus stärkere präventive Wirkung verliehen.
In generalpräventiver Hinsicht wird das wirtschaftliche Risiko der Unternehmung „Marken(artikel)piraterie" beträchtlich erhöht.[626] Der potentielle Täter muss nämlich befürchten, bei Entdeckung auch seine gesamte - u.U. auch in legaler Weise einsetzbare - Betriebsausstattung einzubüßen.
Die Vernichtung stellt weiterhin - insoweit spezialpräventiv - sicher, dass die entdeckten Plagiate nicht erneut in den Verkehr gebracht werden können. Primäres Ziel ist es nämlich, die widerrechtlich gekennzeichnete Ware in nachhaltiger Weise aus dem Verkehr zu ziehen. Es soll verhindert werden, dass eine einmal aufgespürte Fälschungspartie an den Lieferanten zurückfließt[627] und damit wieder im Untergrund verschwindet. Ein Zurückreichen „heißer Ware" führt nämlich fast zwangsläufig dazu, dass diese später erneut in den „Marktkreislauf" gelangt.[628] Die frühere Rechtspraxis hat gezeigt, dass die freigegebenen Falsifikate nach der Entfernung der widerrechtlichen Warenzeichen häufig bereits nach kurzer Zeit wieder mit gefälschten Marken versehen und vermarktet werden.[629] Nunmehr soll nur noch dann ausnahmsweise die bloße Kennzeichnungsbeseitigung genügen, wenn die Gesamtbewertung aller Umstände des konkreten Falles ergibt, dass die Vernichtung für den Betroffenen eine ganz ungewöhnliche Härte bedeuten würde und der durch die Rechtsverletzung verursachte Zustand auch auf andere Weise effektiv und langfristig beseitigt werden kann. Letzteres setzt jedoch voraus, dass allein die Beseitigung des Kennzeichens zur vollständigen Verhinderung eines zukünftigen Image-Transfers ausreicht.
Dem Vernichtungsanspruch gemäß § 18 MarkenG kommt bei der Bekämpfung der Marken(artikel)piraterie eine immense Bedeutung zu, da der rechtliche Bestand und die Möglichkeiten erfolgreicher Durchsetzung bei den übrigen Rechtsbehelfen sehr stark differieren. Die Einhaltung abgegebener Unterlassungserklärungen und gerichtlicher Verbote lässt sich nur schwer überprüfen. Rechtsverletzer sind bzw. werden häufig insolvent, verschieben ihr Vermögen oder „verflüchtigen" sich, so dass die Vollstreckung der erstritte-

---

624 Begründung zum PrPG, BT-Drucks. 11/4792 vom 15.06.1989, S.27.
625 Althammer/Ströbele/Klaka, § 18, Rn.11.
626 Begründung zum PrPG, BT-Drucks.11/4792 vom 15.06.1989, S.28; Jung in: JuS 1990, 856, 857; Asendorf in: NJW 1990, 1283, 1284; Walchner, S.168; Ingerl/Rohnke, § 18, Rn.5.
627 Nicht selten wird im Handel sogar die irrige Auffassung vertreten, aufgrund eines Vorranges der kaufrechtlichen Gewährleistungsansprüche dürfe die widerrechtlich gekennzeichnete Ware ungeachtet der marken- und wettbewerbsrechtlichen Ansprüche des Schutzrechtsinhabers an den Lieferanten zurückgegeben werden. Harte-Bavendamm, § 5, Rn.130.
628 Gloy/Harte-Bavendamm, § 43, Rn.144.
629 Harte-Bavendamm, § 5, Rn.106.

nen Schadensersatzurteile oftmals nicht zum Erfolg führt.[630] Zudem sind die von den Inanspruchgenommenen erteilten Auskünfte oftmals unzutreffend und/oder unvollständig. Diesbezüglich hat der Markeninhaber keine wirksame Kontrollmöglichkeit.[631]
Demgegenüber stellt die Vernichtung der markenrechtsverletzenden Ware, Kennzeichnungsmittel und Produktionsvorrichtungen als unmittelbare und handfeste Sanktion die geeignetste und effektivste zivilrechtliche Möglichkeit der Abschöpfung bei der Tat verwendeter und aus ihr hervorgegangener Vermögensbestandteile dar.[632]

b) Voraussetzungen

Der immaterialgüterrechtliche Vernichtungsanspruch ist ein Anspruch sui generis.[633] Grundlegende Voraussetzung des kennzeichenrechtlichen Vernichtungsanspruchs ist das Vorliegen einer Rechtsverletzung im Sinne der §§ 14, 15 und 17 MarkenG.

(1) Vorbemerkungen

§ 18 MarkenG verweist hinsichtlich der Voraussetzungen des Vernichtungsanspruchs u.a. pauschal auf § 14 MarkenG. Diese Verweisung ist jedoch zu weitgehend und deshalb ungenau. Denn § 18 MarkenG knüpft nur an die objektiven Verletzungstatbestände des § 14 II - IV MarkenG an.[634] Für den Vernichtungsanspruch müssen also weder die besonderen Voraussetzungen des Unterlassungsanspruchs nach § 14 V MarkenG noch das für den Schadensersatzanspruch gemäß § 14 VI MarkenG notwendige Verschulden gegeben sein. Der markenrechtliche Vernichtungsanspruch ist demnach eigenständig und vom gleichzeitigen Vorliegen eines Unterlassungs- oder Schadensersatzanspruchs unabhängig.
Der Vernichtungsanspruch kann gegenüber jedem geltend gemacht werden, der eine Schutzrechtsverletzung begangen hat oder durch dessen Verhalten die Begehung einer Schutzrechtsverletzung droht. Die Schutzrechtsverletzung i.d.S. begangen hat nicht nur der Täter, sondern auch jeder Teilnehmer.[635]
Der Anspruch richtet sich überdies nicht nur gegen den Hersteller selbst, sondern auch gegen Händler sowie Im- und Exporteure.[636] Folglich ist ein Zugriff auf allen Handelsstufen möglich.[637] An der Verletzungshandlung völlig unbeteiligte Personen, welche - auch Vorbehalts- oder Sicherungs-[638] - Eigentümer eines im Besitz des Verletzers befindlichen bzw. Besitzer eines dem Verletzer gehörenden Gegenstandes sind, können zwar nicht auf

---

630 Harte-Bavendamm, § 5, Rn.104.
631 Zum Auskunftsanspruch ausführlich unter 5.
632 Meister in: WRP 1995, 366, 374.
633 Walchner, S.177; Thun, S.146, 203 und ausführlich zu den verschiedenen Auffassungen bzgl. der Rechtsnatur des immaterialgüterrechtlichen Vernichtungsanspruchs, S.109ff.
634 v. Schulz, § 18, Rn.2; Ingerl/Rohnke, § 18, Rn.7; Fezer, § 18, Rn.11f.; Walchner, S.162.
635 Fezer, § 18, Rn.26; Thun, S.194; Walchner, S.201.
636 Thun, S.191, Fn.1.
637 Thun, S.191, Fn.1.
638 Ingerl/Rohnke, § 18, Rn.15.

Vernichtung, wohl aber auf deren Duldung in Anspruch genommen werden.[639] Die Rechte bzw. Positionen eines Unbeteiligten können allerdings im Rahmen der Verhältnismäßigkeitsprüfung berücksichtigt werden, wenn dieser gutgläubig und auf eine nicht verletzende Verwertung des Gegenstands dringend angewiesen ist.[640] Im Falle des § 18 II MarkenG gilt Entsprechendes gegenüber demjenigen, der die tatsächliche Gewalt über Fälschungsvorrichtungen des Verletzers ausübt. In allen vorgenannten Fällen genügt auch mittelbarer Besitz im Sinne des § 868 BGB, welcher beispielsweise während einer Zollbeschlagnahme vorliegt.[641]
Der Vernichtungsanspruch richtet sich aber niemals gegen private Letztverbraucher, da von diesen eine Perpetuierung der Kennzeichenverletzung nicht zu befürchten ist.[642]

(2) Vernichtung widerrechtlich gekennzeichneter Gegenstände (§ 18 MarkenG)

§ 18 I MarkenG erfasst alle Gegenstände, deren Verbindung mit der geschützten Marke als rechtswidrig im Sinne des § 14 MarkenG anzusehen ist. Solche widerrechtlich gekennzeichneten Gegenstände sind das Produkt selbst, seine Verpackung und andere Kennzeichnungsmittel sowie Geschäftspapiere und Werbemittel.[643] Grundsätzlich muss der gesamte illegal markierte Artikel - also die Ware samt Etikett und Verpackung - vernichtet werden.[644] Die Zerstörung des Labels ist allein dann ausreichend, wenn dieses noch nicht mit der Ware verbunden wurde.[645]

Bei § 18 I MarkenG bilden Eigentum und Besitz alternative Tatbestandsmerkmale. Dadurch kann der Vernichtungsanspruch auf allen Handelsstufen und unabhängig von den konkreten Besitz- und Eigentumsverhältnissen effektiv durchgesetzt werden.[646] Würde die Norm nur an das Eigentum anknüpfen, könnte sie leicht durch geschickte Miet- oder Franchisekonstruktionen umgangen werden.[647] Außerdem erübrigt sich durch die Einbeziehung des Besitzes die u.U. höchst komplizierte Rechtsprüfung hinsichtlich der Eigentumslage.[648]

---

639 Ingerl/Rohnke, § 18, Rn.9.

640 Ingerl/Rohnke, § 18, Rn.15.

641 Begründung zum PrPG, BT-Drucks. 11/4792, vom 15.06.1989, S.39.

642 LG Düsseldorf Mitt 1996, 22, 23 - „Windsurfing Chiemsee"; Fezer, § 18, Rn.24.

643 Walchner, S.165; Thun, S.78; Fezer, § 18, Rn.13; a.A. Diekmann, S.192ff., nach dem - entsprechend der Rechtslage gem. § 30 I WZG a.F. - nur die Ware selbst dem Vernichtungsanspruch unterfällt.

644 Ensthaler in: GRUR 1992, 273, 276; Thun, S.78ff.; Althammer/Ströbele/Klaka, § 18, Rn.10; Fezer, § 18, Rn.14.

645 Fezer, § 18, Rn.14; Althammer/Ströbele/Klaka, § 18, Rn.10.

646 Walchner, S.166; Thun, S.192; Fezer, § 18, Rn.24.

647 Ensthaler in: GRUR 1992, 273, 276; Ensthaler, S.166; Walchner, S.166.

648 Harte-Bavendamm, § 5, Rn.109.

(3) Vernichtung der Kennzeichnungsvorrichtungen (§ 18 II MarkenG)

Der Begriff der „Vorrichtung" im Sinne des § 18 II MarkenG wird weit verstanden. Er umfasst Anlagen, Einrichtungen und Geräte jeglicher Art, mit denen eine dauerhafte oder auch nur vorübergehende Verbindung zwischen Kennzeichen der betroffenen Art und Gegenständen im Sinne des § 18 I MarkenG hergestellt werden kann.[649] Widerrechtlich genutzte Vorrichtungen sind u.a. Formen, Matrizen, Stempel, Siegel, Platten, Steine, Druckstöcke und Drucksiebe.[650]
Vorrichtungen, die bereits zur widerrechtlichen Kennzeichnung verwendet worden sind, werden von § 18 II 1.Alt. MarkenG erfasst. Die Absicht zukünftiger Verwendung ist für die Erfüllung dieser Alternative irrelevant, kann aber im Rahmen der Verhältnismäßigkeitsprüfung Berücksichtigung finden.[651] Die Kennzeichnung muss darüber hinaus den ausschließlichen oder nahezu ausschließlichen Verwendungszweck dargestellt haben, was auch bei neutral verwendbaren Vorrichtungen, wie z.B. Kopiergeräten oder Etikettiermaschinen der Fall sein kann. Allerdings sind dabei an die - ohnehin bereits äußerst schwierige - Beweisführung hinsichtlich der Ausschließlichkeit noch weit höhere Anforderungen zu stellen.[652] Eine Bestimmung kann stets nur im Einzelfall anhand entweder der tatsächlichen Verwendung oder der generellen Zweckwidmung erfolgen.[653]
Die 2.Alternative des § 18 II MarkenG betrifft Vorrichtungen, die ausschließlich oder nahezu ausschließlich zur Vornahme zukünftiger widerrechtlicher Kennzeichnungen bestimmt sind. In Abweichung zu § 14 IV MarkenG genügt hierfür die bloße Gefahr einer zukünftigen widerrechtlichen Verwendung jedoch nicht. Vielmehr muss eine entsprechende Bestimmung positiv festgestellt werden. Somit kann der Verletzer eine Verurteilung nach der 2. Alternative auch durch eine Umwidmung, die grundsätzlich bis zur letzten mündlichen Tatsachenverhandlung möglich ist, verhindern.[654] Eine solche Umwidmung schließt den Anspruch nach § 18 II 2.Alt. MarkenG aber nur dann aus, wenn eine rechtmäßige Verwendung möglich und die Bestimmungsänderung glaubhaft ist.[655] Dagegen ist die rein theoretische Möglichkeit legaler Verwendung ohne konkreten Bezug nicht zu berücksichtigen.[656]
Im Gegensatz zu § 18 I MarkenG, der auch den bloßen Besitz des Verletzers ausreichen lässt, kommt die in § 18 II MarkenG normierte Vernichtung der sogenannten instrumenta sceleris[657] nur in Betracht, wenn der Verletzer deren Eigentümer ist. Durch diese Tatbe-

---

649 Ingerl/Rohnke, § 18, Rn.11.
650 LG Köln MA 1993, 15, 16 - „Vullkollan"; Thun, S.94; Walchner, S.172; Fezer, § 18, Rn.16; v. Schulz, § 18, Rn.7.
651 Ingerl/Rohnke, § 18, Rn.12.
652 Fezer, § 18, Rn.18; Ingerl/Rohnke, § 18, Rn.12; Thun, S.96ff.; Walchner, S.172.
653 Thun, S.100.
654 Ingerl/Rohnke, § 18, Rn.13.
655 Ingerl/Rohnke, § 18, Rn.13.
656 zu § 140 a II PatG u. § 24 a II GebrMG vgl. BGH GRUR 1995, 338, 340 - „Kleiderbügel".
657 Fezer, § 18, Rn.16.

standsbeschränkung sollen die unbeteiligte Eigentümer der Vorrichtungen geschützt werden, die zur widerrechtlichen Kennzeichnung benutzt worden oder bestimmt sind.[658] Allerdings ist § 18 II MarkenG auch dann erfüllt, wenn der die Vorrichtung zur Verfügung stellende Eigentümer bösgläubig ist. Denn in diesem Fall ist er als Gehilfe und damit selbst als Verletzungsbeteiligter zu qualifizieren.[659]
Die generelle Beschränkung des § 18 II MarkenG auf dem Verletzer gehörende Vorrichtungen birgt jedoch auch erhebliche Gefahren, da sie auf Seiten des Verletzten Beweisschwierigkeiten verursacht und den Plagiatoren zahlreiche Umgehungsmöglichkeiten an die Hand gibt.[660] So benutzen diese für ihre Produktion beispielsweise häufig keine eigenen, sondern *angeblich* gemietete oder geleaste Anlagen.[661] Deshalb wird die unterschiedliche Behandlung der instrumenta sceleris gegenüber den widerrechtlich markierten Gegenständen zurecht als unsachgemäß beurteilt.[662] Eine im Einzelfall auftretende unzumutbare Härte - z.B. gegenüber einem schuldlos in die Plagiatproduktion verwickelten Vorrichtungseigentümers - sollte besser mittels Rückgriffs auf die Verhältnismäßigkeitsklausel kompensiert werden.[663]
Eine weitere gravierende Schutzlücke im Rahmen des § 18 II MarkenG besteht hinsichtlich der Beschränkung auf Vorrichtungen, die „ausschließlich oder nahezu ausschließlich zur widerrechtlichen Kennzeichnung" benutzt werden oder bestimmt sind. Diese Begrenzung basiert auf der Eigentumsgarantie des Art. 14 GG, die eine extensive Ausdehnung des Vernichtungsanspruchs auf Produktionsmittel verbietet.[664] Sie führt jedoch zu einem erheblichen Effizienzverlust des Vernichtungsanspruchs. Denn der Nachweis eines fast ausschließlich rechtswidrigen Gebrauchs ist bei den meisten Herstellungsmitteln nahezu unmöglich zu führen.[665] Der Begriff der nahezu ausschließlichen Benutzung sollte deshalb entsprechend Art. 46 des TRIPS-Abkommens restriktiv im Sinne eines *überwiegenden Gebrauchs* verstanden werden.[666]

(4) Maßgeblicher Zeitpunkt

Für die Beurteilung der Besitz- und Eigentumslage an den Gegenständen im Sinne des § 18 I MarkenG oder des Eigentums an den Vorrichtungen im Sinne des § 18 II MarkenG soll nach einer Ansicht der Zeitpunkt der letzten mündlichen Verhandlung maßgeblich

658 Regierungsbegründung zum PrPG, BT-Drucks. 11/4792, vom 15.06.1989; S.39; Fezer, § 18, Rn.21; Ingerl/Rohnke, § 18, Rn.15; Thun, S.194.
659 Ingerl/Rohnke, § 18, Rn.15.
660 Walchner, S.174; Thun, S.195; Harte-Bavendamm, § 5, Rn.119.
661 Meister in: WRP 1991, 137, 141; Ensthaler in: GRUR 1992, 273, 277; Walchner S.174.
662 Wölfel, S.168; Thun, S.194f.; Meister in: WRP 1991, 137, 141; Ensthaler in: GRUR 1992, 273, 277.
663 Harte-Bavendamm, § 5, Rn.119; Thun, S.195.
664 Fezer, § 18, Rn.17.
665 Ensthaler in: GRUR 1992, 273, 277; Harte-Bavendamm, § 5, Rn.121; Walchner, S.174.
666 Fezer, § 18, Rn.18.

sein.[667] Eine andere Ansicht[668] stellt demgegenüber - entsprechend der Rechtslage unter dem WZG - auf den Zeitpunkt des Beginns der Zwangsvollstreckung ab. Nur diese Betrachtungsweise werde dem Normzweck des § 18 MarkenG gerecht.
Zustimmung verdient die letztgenannte Ansicht, da nur sie die Möglichkeit von Manipulationen im Zeitraum zwischen der letzten mündlichen Verhandlung und dem Vollstreckungsbeginn ausschließt.

(5) Ausnahmeklausel des § 18 I 2.Hs MarkenG

Durch die Einführung des Vernichtungsanspruchs wollte der Gesetzgeber die Rechtsposition des Markeninhabers stärken. Grundsätzlich soll die widerrechtliche Kennzeichnung endgültig beseitigt werden. Weniger einschneidende Beseitigungsmaßnahmen - z.B. die Entfernung bzw. dauerhafte Unkenntlichmachung der Kennzeichnung[669] - haben aber gem. § 18 I 2.HS MarkenG ausnahmsweise dann Vorrang, wenn sie einen ausreichenden Schutz für die Zukunft gewährleisten und im konkreten Einzelfall eine Vernichtung *unverhältnismäßig* wäre. Diese beiden Voraussetzungen müssen stets kumulativ vorliegen. Der Ausnahmetatbestand ist gemäß § 18 II MarkenG auch im Rahmen der Vernichtung der Kennzeichnungsvorrichtungen zu beachten.
Aufgrund der Verschiedenartigkeit der denkbaren Fallkonstellationen hat der Gesetzgeber bewusst darauf verzichtet, Beispiele für eine Unverhältnismäßigkeit der Vernichtung zu benennen.[670] Deshalb sind im Rahmen einer allgemeinen Unverhältnismäßigkeitsprüfung das Vernichtungsinteresse des Verletzten und das Erhaltungsinteresse des Verletzers gegeneinander abzuwägen.[671] Allerdings enthält die Gesetzesbegründung einige Vorgaben.[672] So müssen bei der vorzunehmenden Abwägung namentlich folgende Punkte berücksichtigt werden:

- der Verschuldensgrad - Fehlendes oder geringes Verschulden allein stehen einer Vernichtung dabei jedoch nicht entgegen.

- die Schwere des Eingriffs - Handelt es sich um eine unmittelbare Leistungsübernahme oder um eine Verletzung im Außenbereich?

---

667 LG München I CR 1993, 698, 702 - „MS DOS 5.0"; Diekmann, S.121f.
668 Thun, S.194; Fezer, § 18, Rn.25; Harte-Bavendamm, § 5, Rn.110.
669 Althammer/Ströbele/Klaka, § 18, Rn.13; Walchner, S.171; Thun, S.166.
670 Trube in: MarkenR 2001, 225, 226; Harte-Bavendamm, § 5, Rn.115.
671 A.A. Thun, S.165, nach deren Ansicht der Gesetzgeber schon durch die Normierung des Vernichtungsanspruchs selbst eine bewusste Entscheidung zugunsten der geschützten Immaterialgüterrechte als verfassungsrechtlich geschütztem Eigentum i.S.d. Art.14 I 1 GG gegenüber dem ebenfalls nach Art.14 I 1 GG geschützten Sacheigentum des Verletzers getroffen hat. Dadurch sei das Abwägungsergebnis bereits vorgegeben.
672 Gesetzesbegründung zum PrPG, BT-Drucks. 11/4792 vom 15.06.1989, S.28.

- die Höhe der eingetreten bzw. durch die Vernichtung eintretenden Schädigungen –
In welchem Verhältnis steht der Verletzungsschaden des Markeninhabers zu dem potentiellen Vernichtungsschaden des Verletzers?[673]

Des weiteren sind parallele Verletzungen anderer gewerblicher Schutzrechte bzw. des Urheberrechts des die Vernichtung Betreibenden oder dritter Personen in die Abwägung einzustellen.[674]
Schließlich ist bei der Prüfung der Unverhältnismäßigkeit auch die allgemeine Bedeutung der zu vernichtenden Gegenstände zu berücksichtigen. Dies betrifft sowohl den ihnen möglicherweise zukommenden gesamtökonomischen, sozialen oder gesellschaftlichen Wert[675] als auch evtl. durch sie drohende Gemeinschäden für Volksgesundheit sowie Umwelt- und Verbraucherschutz.[676]
Obsolet ist eine Verhältnismäßigkeitsprüfung in solchen Fallkonstellationen, in denen die widerrechtliche Kennzeichnung notwendigerweise nur durch Vernichtung beseitigt werden kann, wie z.B. bei bedruckter Bekleidung, in die Warenform integrierten, dreidimensionalen Marken[677] und der Identfälschung[678]. Da die Marken(artikel)piraterie durch die besondere Verwerflichkeit der systematischen Rechtsverletzung charakterisiert ist, wird aber auch in den übrigen Konstellationen - vor allem unter generalpräventiven Aspekten - regelmäßig anzunehmen sein, dass die Beseitigung des Kennzeichens allein nicht ausreicht.[679]
Darüber hinaus wird die Vernichtung bei Vorliegen vorsätzlicher, gewerbsmäßiger Schutzrechtsverletzungen nur in den seltensten Fällen unverhältnismäßig sein.[680]
Auch der BGH hat die Vernichtung von Identfälschungen als - jedenfalls gegenüber dem Hersteller - grundsätzlich verhältnismäßig beurteilt.[681] Der Anspruch gemäß § 18 MarkenG verstoße nicht gegen die Eigentumsgarantie des Herstellers nach Art.14 GG. Denn es handele sich bei dem Vernichtungsanspruch um eine verfassungsgemäße Inhaltsbestimmung, die dem Schutz des ebenfalls durch Art.14 GG geschützten geistigen Eigentums des Verletzten Rechnung trage. Im Gegensatz zur Berufungsinstanz war der BGH allerdings der Ansicht, es sei nicht generell auch von einer Verhältnismäßigkeit der Vernichtung gegenüber Händlern auszugehen. Bei Vertriebsunternehmern und Händlern müsse im Rahmen der Abwägung unter Berücksichtigung aller Einzelfallumstände deren jeweiliger konkreter Verschuldensgrad ermittelt werden. Für die Ansicht des Berufungsge-

673 Harte-Bavendamm, § 5, Rn.114; Fezer, § 18, Rn.40.
674 Fezer, § 18, Rn.39; Tilmann in: BB 1990, 1565, 1566.
675 Tilmann in: BB 1990, 1565, 1566; Cremer in: Mitt 1992, 153, 163.
676 Fezer, § 18, Rn.39.
677 Ingerl/Rohnke, § 18, Rn.17.
678 Thun, S.169, Fn.38.
679 Ensthaler in: GRUR 1992, 273, 277; Meister in: WRP 1991, 137, 141; Gloy/Harte-Bavendamm, § 43, Rn.146; Harte-Bavendamm, § 5, Rn.115.
680 Walchner, S.169; Thun, S.172.
681 BGH GRUR 1997, 1189, 1191 - „Vernichtungsanspruch“.

richts, die Vernichtung von Plagiaten sei stets - also unabhängig von der Stellung des Vernichtungsgegners im Rahmen der Vertriebskette - verhältnismäßig, spricht allerdings die Tatsache, dass der Handel oftmals sehr leichtfertig mit Piraterieprodukten umgeht. Das Bestehen von Ausschließlichkeitsrechten ist im Handel weithin bekannt, so dass der - die Vernichtungsgefahr schon in sich tragende - Erwerb durch eine Rückfrage beim Markeninhaber ohne weiteres vermieden werden kann.[682] Überdies spricht für die Annahme einer generellen Verhältnismäßigkeit der Vernichtungsfolge gegenüber Händlern, dass diese im Falle eigener Gutgläubigkeit nicht auf ihrem Schaden „sitzenbleiben". Sie können diesen vielmehr im Wege des Regresses an ihre - bösgläubigen - Vorlieferanten „durchreichen".[683] War der Händler jedoch bösgläubig oder hat er keine Vorkehrungen zur Sicherung der Durchsetzung seiner Ansprüche getroffen, so ist er nicht schutzwürdig.
Der Vernichtungsanspruch entfällt mit Wirkung ex nunc, wenn die Rechtswidrigkeit für die Zukunft beseitigt wird, wie etwa bei Zustimmung des Berechtigten zum Abverkauf oder bei vertraglicher oder gerichtlicher Gewährung einer Aufbrauchsfrist gemäß § 242 BGB.[684] Allerdings sind solche Ausnahmen - aufgrund der Interessenlage des Markeninhabers und der für das Gericht bindenden Intention des § 18 MarkenG - in der Praxis sehr selten.[685]
Die Beweislast hinsichtlich der Voraussetzungen der Verhältnismäßigkeitsklausel, die im übrigen eng auszulegen ist, trägt der Verletzer als durch die Norm Begünstigter.[686]

c) Anspruchsinhalt

Zu konkretem Inhalt und Durchführungsmodalitäten der Vernichtung enthält das MarkenG keine Bestimmungen. Es ist insbesondere nicht geregelt, wer die Vernichtung vorzunehmen hat, wie die Durchsetzung in der Zwangsvollstreckung erfolgt und wer die Kosten der Vernichtung trägt.[687] Der Gesetzgeber hat somit nur das „ob" und nicht auch das „wie" des Vernichtungsanspruchs normiert.[688] Es besteht also eine offene Regelungslücke, hinsichtlich deren Füllung verschiedene Wege in Betracht kommen.

Eine Möglichkeit besteht darin, dem Verletzten einen Anspruch auf Vernichtung durch den Verletzer selbst zuzubilligen. Dabei handelt es sich um einen Leistungsanspruch auf Beseitigung.
Denkbar ist ferner ein Anspruch auf Herausgabe der zu vernichtenden Objekte an den

---

682 Fezer, § 18, Rn.40; vgl. ferner bereits die Erörterungen unter Punkt 2. a).
683 Cremer in: Mitt 1992, 153, 163; Harte-Bavendamm, § 5, Rn.115.
684 Ingerl/Rohnke, § 18, Rn.20; Walchner, S.198; ausführlich zur Aufbrauchfrist Berlit „Aufbrauchfrist im Gewerblichen Rechtsschutz und Urheberrecht", 1997; ferner Thun, S.179ff.
685 A.A. Berlit, Rn.267. Dieser vertritt die Auffassung, dass gerade bei einem Weiterverkauf „in großem Umfang" die Gewährung einer Aufbrauchsfrist möglich sein soll.
686 Cremer in: Mitt 1992, 153, 163; Walchner, S.167.
687 Thun, S.5; Walchner, S.177.
688 BGH WRP 1997, 1189, 1192 - „Vernichtungsanspruch".

Gerichtsvollzieher zum Zwecke der Vernichtung durch diesen. Die Vernichtung würde hierbei zu einem Teil der Zwangsvollstreckung. Schließlich ist ein Anspruch des Verletzten auf Herausgabe an sich selbst zu erwägen, nach dessen Erfüllung dieser die Vernichtung selbst durchführen bzw. veranlassen kann.
In den beiden zuletzt genannten Fällen steht dem Verletzten neben dem eigentlichen Vernichtungsanspruch ein eigenständiger Anspruch gegen den Verletzer auf Duldung der Vernichtung zu.
Entscheidend für die Durchführung der Vernichtung ist die vorgelagerte Frage, ob dem Vernichtungsanspruch stets ein entsprechender Herausgabeanspruch immanent ist.

(1) Herausgabeanspruch nicht immanent

Zum Teil hat der BGH einem solchen Herausgabeanspruch die Anerkennung versagt.[689] Dabei hat er betont, dass die Beseitigung dem Zwangsvollstreckungsverfahren überlassen bleiben müsse.[690]
In der Literatur wird teilweise noch heute vertreten, dass der markenrechtliche Vernichtungsanspruch keinen Anspruch auf Herausgabe an den Gerichtsvollzieher oder den Kläger gewähre.[691] Dies ergebe sich schon aus dem Gesetzeswortlaut des § 18 MarkenG, der keinen Hinweis auf einen solchen Anspruch enthalte.[692] Der Gesetzgeber habe explizit und ausschließlich einen Vernichtungsanspruch normiert, den der Verletzer als Anspruchsgegner in eigener Person erfüllen müsse und dürfe.[693] In der Regel sei die Vernichtung dabei durch eine vertretbare Handlung zu bewirken, so dass das Urteil gemäß § 887 ZPO zu vollstrecken sei. Handele es sich bei der Vernichtung ausnahmsweise um eine unvertretbare Handlung, sei § 888 ZPO anzuwenden.[694]
Der Herausgabeanspruch betreffe die Art und Weise der Vernichtung und stelle damit einen vollstreckungsrechtlichen Hilfsanspruch dar. Deshalb verstoße die gegenteilige Auffassung auch zu einer unzulässigen Vermengung von Erkenntnis- und Zwangsvollstreckungsverfahren.[695]
Es könne zwar nicht ausgeschlossen werden, dass der Verletzer dazu „neige", sich nach dem Ergehen eines lediglich auf Vernichtung lautenden Urteils dieser Verpflichtung durch „Manipulationen" zu entziehen.[696] Daraus folge jedoch nicht zwingend, dass eine Vernichtung durch den Verletzer stets von vornherein ausscheide. Denn die Vernichtung

---

689 BGH GRUR 1956, 553, 558 - „Coswig"; BGH GRUR 1995, 338, 340f. -„Kleiderbügel"; vgl. auch BGH WRP 1997, 1189, 1192 - „Vernichtungsanspruch".
690 BGH GRUR 1956, 553, 558 - „Coswig".
691 Diekmann, S.140ff.; Walchner, S.178f.; Retzer in: FS für Piper (1996), 421, 431ff., 436; Ingerl/Rohnke, § 18, Rn.25; Benkard/Rogge, § 140 a PatG, Rn.8.
692 Ingerl/Rohnke, § 18, Rn.25; Retzer in: FS für Piper (1996), 421, 436; Diekmann, S.143; Walchner, S.178.
693 Walchner, S.179; Benkard/Rogge, § 140 a PatG, Rn.8.
694 Benkard/Rogge, § 140 a PatG, Rn.8.
695 Retzer in: FS für Piper (1996), 421, 436.
696 Retzer in: FS für Piper (1996), 421, 436f.

durch diesen könne in Gegenwart des Verletzten bzw. einer von ihm beauftragten Person oder in den Räumen des Gerichtsvollziehers vorgenommen werden.[697]
Gegen die Annahme eines Herausgabeanspruchs des Schutzrechtsinhabers spreche im übrigen auch das berechtigte Interesse des Verletzers, die Vernichtung selbst durchführen zu können. Ihm dürfe die Möglichkeit einer eigenen, u.U. kostengünstigeren Ausführung grundsätzlich nicht verwehrt werden.[698]
Schließlich berge die Vernichtung durch den Markeninhaber sogar die Gefahr, dass dieser die Ware selbst verwerte.[699]

(2) Herausgabeanspruch immanent

In zahlreichen anderen Entscheidungen hat die Rechtsprechung - darunter auch der BGH - jedoch einen Herausgabeanspruch zum Zwecke der Vernichtung bejaht.
Der BGH hat insbesondere entschieden, dass der Verletzte die Herausgabe der widerrechtlich gekennzeichneten Gegenstände zum Zwecke der Vernichtung jedenfalls dann verlangen kann, wenn sich diese im Gewahrsam eines Dritten befinden und eine Wiedererlangung durch den Verletzer für den Verletzten unzumutbar ist.[700] Es wurde als zu riskant eingestuft, dem Beklagten die Ware - die zuvor beschlagnahmt und bei einem Dritten eingelagert worden war - herauszugeben, da sie dann möglicherweise - statt vernichtet zu werden - erneut in den Marktkreislauf gelangen könnte. Schließlich hatte der Beklagte tatsächlich bereits wenige Tage nachdem gegen ihn in anderer Sache bereits eine einstweilige Sicherstellungsverfügung ergangen war, weitere Pirateriewaren erworben. Der BGH hat in dieser Entscheidung zwar offen gelassen, ob dem Vernichtungsanspruch generell ein Herausgabeanspruch immanent ist. Jedenfalls stehe aber das Fehlen einer ausdrücklichen gesetzlichen Erwähnung des Herausgabeanspruchs der Annahme eines solchen nicht zwingend entgegen. Denn der Gesetzgeber habe nur hinsichtlich der Voraussetzungen nicht hingegen auch hinsichtlich der Rechtsfolgen des Anspruchs eine abschließende Regelung geschaffen.
Überwiegend ist von der Rechtsprechung sogar ein genereller Herausgabeanspruch bejaht worden.[701] Begründet wird dies vor allem mit dem Hinweis auf die Intention des Gesetzgebers, der durch die Einführung des Vernichtungsanspruchs den Rechtsschutz des Verletzten stärken wollte. Da der Kostenerstattungsanspruch des Verletzten ohnehin nur die zur Vernichtung erforderlichen Kosten erfasse, bestünden keine schutzwürdigen Interes-

697 Retzer in: FS für Piper (1996), 421, 438; Ingerl/Rohnke, § 18, Rn.25, 28.
698 Köhler in: NJW 1992, 137, 140; Retzer in: FS für Piper (1996); 421, 437f.; Diekmann, S.146.
699 Fezer, § 18, Rn.29; vgl. auch Trube in: MarkenR 2001, 225, 232.
700 BGH GRUR 1997, 899, 902 - „Vernichtungsanspruch".
701 BGH GRUR 1954, 163, 164 - „Bierbezugsverträge"; BGH GRUR 1956, 284, 287 - „Rheinmetall-Borsig II"; BGH GRUR 1958, 402, 405 - „Lili Marlen"; BGH GRUR 1963, 539, 542 - „echt skai"; BGH GRUR 1974, 666, 669 - „Reparaturversicherung"; LG Köln MA 1993, 15, 16f. – „ Vulkollan"; BGH WRP 1997, 1189, 1192 - „Vernichtungsanspruch"; LG München I CR 1993, 698, 701 - „MS DOS 5.0"; OLG München ZUM 1994, 515, 516 - „Silberdistel".

sen des Verletzers diese selbst vorzunehmen. Außerdem sei ein Herausgabeanspruch im Interesse eines effektiven Rechtsschutzes angemessen, da dem Verletzten auf diese Weise unnötige Mühen, Zeitverluste und Komplikationen bei der Vollstreckung seines Titels erspart blieben.[702]

Dieser Argumentation haben sich auch viele Vertreter der Literatur angeschlossen.[703] Der Gesetzeswortlaut schließe keineswegs aus, dass der Markeninhaber selbst die Vernichtung vornehme oder vornehmen lasse.[704]

Der Herausgabeanspruch zwecks Vernichtung sei überdies bereits als „Minus" im eigentlichen Vernichtungsanspruch enthalten.[705] Dies folge schon aus der Tatsache, dass ohne die Zuerkennung eines solchen Anspruchs die Gefahr einer Wiederverwertung der rechtsverletzenden Waren drohe.[706] Normzweck des § 18 MarkenG sei die endgültige Eliminierung der Gegenstände und Vorrichtungen. Jede Verfügungsgewalt des Verletzers - auch die auf Beseitigung ausgerichtete -, laufe diesem Zweck zuwider.[707] Zur Gewährleistung eines effektiven Markenschutzes sei die vorhandene Regelungslücke im Zweifel zugunsten des Verletzten auszufüllen.[708]

Uneinigkeit besteht allerdings wiederum hinsichtlich der Frage, auf welche Weise die propagierte Zerstörung außerhalb des Machtbereichs des Verletzers erfolgen soll.

Zum Teil wird angenommen, der beiderseitigen Interessenlage werde am ehesten die Zerstörung durch einen unabhängigen Dritten - wie den Gerichtsvollzieher - gerecht.[709] Dadurch könne insbesondere eine dem Allgemeinwohl entsprechende Form der Zerstörung - etwa in Bezug auf Umweltauflagen - sichergestellt werden.[710]

Andere sind der Ansicht, es sei letztlich für beide Seiten am einfachsten, wenn die Zerstörung vom Verletzten ausgeführt und vom Verletzer kontrolliert werde.[711]

Wieder andere wollen dem Verletzten hinsichtlich der verschiedenen Durchsetzungsmöglichkeiten sogar ein freies Wahlrecht einräumen.[712]

---

702 LG Köln MA 1993, 15, 16f. - „Vulkollan".

703 Thun, S.159; Meister in: WRP 1991, 137, 142; Meister in: WRP 1995, 366, 375; Meister, Leistungsschutz und Produktpiraterie, S.105, 107; Cremer in: Mitt 1992, 153, 163; Trube in: MarkenR 2001, 225, 231; Althammer/Ströbele/Klaka, § 18, Rn.16; v. Schulz, § 18, Rn.13; Berlit, Rn.267; Harte-Bavendamm, § 5, Rn.123; einschränkend Fezer, § 18, Rn.29.

704 Cremer in: Mitt 1992, 153, 163; Thun, S.152.

705 Meister, Leistungsschutz und Produktpiraterie, S.107; Meister in: WRP 1991, 137, 142; a.A. Retzer in: FS für Piper (1996), 421, 436; Thun, S.153, die ein Selbstvornahme-Recht des Verletzten als Mehr gegenüber der Vernichtungspflicht des Verletzers qualifiziert. Dem Verletzten werde hierdurch schließlich der Eingriff in ein fremdes Eigentumsrecht gestattet.

706 Regierungsbegründung zum PrPG, BT-Drucks. 11/ 4792, vom 15.06.1989, S.27.

707 Meister in: WRP 1991, 137, 142; Trube in: MarkenR 2001, 225, 230.

708 Fezer, § 18, Rn.28.

709 Trube in: MarkenR 2001, 225, 230; Thun, S.155; Fezer, § 18, Rn.29.

710 Fezer, § 18, Rn.29.

711 Harte-Bavendamm, § 5, Rn.123; Cremer in: Mitt 1992, 153, 163.

712 Thun, S.160.

(3) Stellungnahme

Den Ausgangspunkt der Überlegungen bildet die Feststellung, dass das Gesetz darüber schweigt, wer die betreffenden Gegenstände vernichten muss bzw. *darf* und damit unterschiedliche Interpretationen zulässt.
§ 18 MarkenG besagt lediglich, dass der Markeninhaber die Vernichtung vom Verletzer *verlangen* kann.
Die Regelung ist dabei streng ergebnisorientiert ausgerichtet. Im Interesse des Markeninhabers zu erreichendes *Ziel* ist die Zerstörung der rechtsverletztenden Gegenstände und der hierfür benötigten Hilfsmittel. Der Blick ins Gesetz legt also die Vermutung nahe, der *Weg* dorthin sei für die Beteiligten - namentlich den Verletzten - nebensächlich. In Anbetracht der Tatsache, dass der Verletzer möglicherweise bestrebt sein könnte, die Vernichtung der Plagiate - auch durch unrechtmäßige Maßnahmen - zu vereiteln, und auch keine gesetzlichen Vorgaben im Hinblick auf diesbezügliche Nachweispflichten existieren, hat der Markeninhaber aber ein dringendes und unabweisbares Interesse daran, die Zerstörung entweder selbst zu vollziehen oder jedenfalls von einer neutralen Person durchführen zu lassen. Um mit der Vernichtung beginnen zu können, muss jedoch entweder er oder die beauftragte Person zunächst die tatsächliche Sachherrschaft über die zu beseitigenden Gegenstände erlangen.
Ein sachgerecht gewürdigter Vernichtungsanspruch setzt damit ein Vernichtungsrecht und dieses wiederum einen zweckgebundenen Herausgabeanspruch voraus. Der Herausgabeanspruch ist als notwendiger Zwischenschritt im Vernichtungsanspruch enthalten. Nur seine Anerkennung ermöglicht dem Verletzten eine zuverlässige Verifizierung des gesetzlich geforderten Vernichtungserfolgs. Hiergegen könnte zwar eingewendet werden, dass eine hinreichende Kontrolle auch gewährleistet sei, wenn der Verletzer die „heiße Ware" unter Aufsicht des Verletzten oder eines Gerichtsvollziehers selbst beseitigt. Letztlich werden jedoch keine überzeugenden Gründe für diese Lösung und damit gegen den Herausgabeanspruch vorgebracht. Insbesondere das Argument, der Verletzer habe aus Kostengründen ein berechtigtes Interesse daran, die Vernichtung selbst durchzuführen, verfängt nicht. Denn er ist auch dem Verletzer gegenüber nur zur Übernahme der für die Vernichtung tatsächlich erforderlichen Kosten verpflichtet.
Auch der Einwand, der Verletzte könne die betreffenden Waren selbst verwerten, ist im Bereich der Marken(artikel)piraterie realitätsfern. Jedem Markeninhaber ist bewusst, dass solch ein eigener Plagiatabsatz für ihn aufgrund der im Vergleich zu den Originalprodukten durchweg schlechteren Qualität der Imitationen erhebliche nachteilige Auswirkungen hätte.
Das weitere Argument, es drohe eine Vermengung von Erkenntnis- und Zwangsvollstreckungsverfahren ist ebenfalls nicht stichhaltig. Es verkennt, dass der Herausgabeanspruch als notwendiger Bestandteil innerhalb der materiellrechtlichen Anspruchsnorm verankert ist. Die Geltendmachung des Vernichtungs- wie auch des Herausgabeanspruchs erfolgt im Rahmen des Erkenntnisverfahrens.
Letztlich ist dem Markeninhaber ein Wahlrecht hinsichtlich der Vernichtungsmodalitäten

einzuräumen. Denn schließlich ist allein er als Opfer schutzwürdig, wohingegen der Schädiger sich durch sein Verhalten über die Rechtsordnung hinweggesetzt und den ihm zustehenden Eigentumsschutz in weitreichender Weise verwirkt hat.
Überdies verschafft eine selbst durchgeführte Vernichtung dem Verletzten auch eine wesentlich größere Genugtuung. Dieser Nebeneffekt ist angesichts der Tatsache, dass die praktische Durchsetzung der markenrechtlichen Unterlassungs-, Schadensersatz- und Auskunftsansprüche für den Verletzten oftmals zu unbefriedigenden Ergebnissen führt, auch im Hinblick auf die Erhaltung des Rechtsfriedens nicht zu vernachlässigen.

d) Gemeinnützige Verwendung

Es wird vereinzelt angeregt, Plagiate nicht „sinnlos“ zu vernichten, sondern für karitative oder humanitäre Zwecke zu verwenden.[713] Dadurch könne ein in Randbereichen der Gesellschaft bestehender Bedarf gedeckt und die Produkte sozialschädlichen Verhaltens einer gemeinnützigen Nutzung zugeführt werden.[714] Auch dabei würden dem Verletzer die schutzrechtsverletzenden Waren und die Produktionsmittel entzogen und weitere Schutzrechtsverletzungen verhindert.[715] Ein solches Vorgehen soll jedenfalls auf der Grundlage einer Parteivereinbarung möglich sein.[716] Teilweise wird auch eine - vom Willen der Parteien unabhängige - gerichtliche Anordnungsbefugnis befürwortet.[717]
Die gemeinnützige Verwendung müsse allerdings ohne unverhältnismäßigen Aufwand durchzuführen sein und dürfe die Absatzinteressen des Verletzten nicht wesentlich beeinträchtigen.[718]
Grundsätzlich kann eine gemeinnützige Verwendung deliktischer Gegenstände durchaus sinnvoll sein. Für die vorliegend zu untersuchenden Fälle der Marken(artikel)piraterie ist sie allerdings abzulehnen. Einzig die Vernichtung bietet hinreichenden Schutz vor einem Zurückgelangen der Imitate in den regulären Marktkreislauf und der damit verbundenen Perpetuierung bzw. dem Wiederaufleben ihrer schädigenden Wirkung. Eine gemeinnützige Verwendung beseitigt den schutzrechtsverletzenden Zustand nicht, tangiert vielmehr selbst die vermögensrechtlichen Interessen des Schutzrechtsinhabers und ist ihm deshalb nicht zuzumuten.[719] So wäre es keinesfalls überraschend, wenn die Begünstigten die Sachzuwendungen „versilberten“.

---

[713] Frage 27 des Grünbuchs der Kommission zur Bekämpfung von Nachahmungen und Produkt- und Dienstleistungspiraterie im Binnenmarkt KOM (98) 559 endg. vom 15.10.1998; Deutsche Vereinigung für gewerblichen Rechtsschutz und Urheberrecht in: GRUR 1985, 867, 869; Knaak in: GRUR Int. 1988, 1, 9; Mühlens in: CR 1990, 433, 436; Fezer, § 18, Rn.44; a.A. Ingerl/ Rohnke, § 18, Rn.23; Gloy/Loschelder als Vertreter der Deutschen Vereinigung für gewerblichen Rechtsschutz und Urheberrecht e.V. in: GRUR 1999, 479, 483; Scherbauer, S.266.

[714] Thun, S.186.

[715] Thun, S.187.

[716] Fezer, § 18, Rn.44; Thun, S.188.

[717] Fezer, § 18; Rn.44; a.A. Ingerl/Rohnke, § 18, Rn.23; Thun, S.189, 205.

[718] Scherbauer, S.266; Fezer, § 18, Rn.44.

[719] Wie hier auch Ingerl/Rohnke, § 18, Rn.23; Thun, S.189.

e) Kosten der Vernichtung

Zu den Vernichtungskosten gehören alle mit der Vernichtung unmittelbar zusammenhängenden Aufwendungen, also neben den Vernichtungskosten im engeren Sinne auch die anfallenden Transport-, Lager- und Entsorgungskosten.[720] Den für die Durchführung der Vernichtung erforderlichen Aufwand trägt - unabhängig davon, wie diese im einzelnen erfolgt - der Verletzer.[721] Schließlich hat dieser eine gravierende Markenrechtsverletzung begangen bzw. die Ursache für die Gefahr ihres Eintritts gesetzt.
Weil die Frage der Kostentragung gesetzlich nicht ausdrücklich normiert ist, wird als Rechtsgrundlage für dieses evident sachgerechte Ergebnis § 18 MarkenG herangezogen.[722]

f) Weitergehende Beseitigungsansprüche (§ 18 III MarkenG)

Nach § 18 III MarkenG werden durch die markengesetzlichen Vernichtungsvorschriften weitergehende Ansprüche auf Beseitigung nicht ausgeschlossen. „Weitergehend" i.d.S. sind allerdings nicht nur Ansprüche mit stärkerer Eingriffsintensität, sondern alle weiteren, d.h. nicht speziell markenrechtlichen Beseitigungsansprüche.[723] Dazu zählen insbesondere die allgemeinen bürgerlich-rechtlichen - §§ 823, 907, 1004 I BGB - und die wettbewerbsrechtlichen - §§ 1, 3 UWG -[724] Ansprüche. Der Begriff der Beseitigung ist aber nicht etwa in einer streng dinglich-gegenständlichen Weise zu verstehen. Auch die - nach § 1004 oder § 249 BGB beanspruchbare - Urteilsveröffentlichung stellt eine Form der Beseitigung einer Markenrechtsverletzung dar.[725]
Da § 2 MarkenG schon eine allgemeine Öffnungsklausel im Hinblick auf die Anwendung anderer Vorschriften mit faktisch markenrechtlicher Schutzwirkung enthält, kommt § 18 III MarkenG letztlich nur klarstellende Bedeutung zu.[726]

5. Auskunftsanspruch gem. § 19 MarkenG

Liegt eine Rechtsverletzung im Sinne des § 14 II-IV MarkenG vor, steht dem Markeninhaber nach § 19 MarkenG ein Auskunftsanspruch in Bezug auf Herkunft und weiteren Vertriebsweg der widerrechtlich gekennzeichneten Gegenstände zu.[727] Die Besonderheit

---

720 Thun, S.195.

721 BGH, GRUR 1997, 899, 902 - „Vernichtungsanspruch"; Diekmann, S.146; Meister, Leistungsschutz und Produktpiraterie, S.107; Meister in: WRP 1991, 137, 142; Thun, S.196f., 204; Fezer, § 18, Rn.32; v. Schulz, § 18, Rn.13.

722 Fezer, § 18, Rn.33; diesem ausdrücklich folgend BGH, GRUR 1997, 899, 902 - „Vernichtungsanspruch"; Thun, S.197.

723 Ingerl/Rohnke, § 18, Rn.31.

724 Walchner, S.180; diesbezüglich vgl. ausführlich Thun, S.36ff.

725 Dreier, S.442; vgl. hierzu auch Thun, S.32ff.

726 Fezer, § 18, Rn.45.

727 Ausführlicher zu diesem Thema Oppermann, „Der Auskunftsanspruch im gewerblichen Rechtsschutz und Urheberrecht", 1997; Wiume „Der Auskunftsanspruch im Markenrecht", 2001.

dieses Auskunftsanspruchs besteht darin, dass er sich ausschließlich auf Verbindungen des Auskunftspflichtigen zu dritten Personen bezieht. Man spricht deshalb auch von einem sog. Anspruch auf Drittauskunft.
§ 19 I MarkenG enthält die allgemeine Anordnung der Verpflichtung zu unverzüglicher Auskunftserteilung. Der genaue Umfang des Auskunftsanspruchs wird durch § 19 II MarkenG näher bestimmt. Gem. § 19 III MarkenG kann der Auskunftsanspruch bei Vorliegen einer offensichtlichen Rechtsverletzung auch im Wege der einstweiligen Verfügung durchgesetzt werden. § 19 IV MarkenG enthält eine Regelung betreffend die Verwertbarkeit der erteilten Auskunft in einem Strafverfahren gegen den Auskunftsverpflichteten. Gemäß § 19 V MarkenG bleiben weitergehende Auskunftsansprüche unberührt.

a) Vorbemerkung

Der Anspruch auf „Drittauskunft“ wurde durch das PrPG parallel in sämtliche immaterialgüterrechtlichen Regelungswerke[728] eingeführt. Mit seiner Hilfe soll dem Verletzten die Aufdeckung sowohl der Quellen als auch der Vertriebswege schutzrechtsverletzender Produkte ermöglicht werden.[729] Grundlegendes Problem bei der Bekämpfung der Marken(artikel)piraterie ist nämlich schon das Aufspüren gefälschter Ware.[730]
Dies beruht vor allem auf den straff durchorganisierten, mafiaähnlichen Strukturen der Tätergruppen, welche für Außenstehende nur schwerlich zu überblicken sind. Offenbart das einer Markenverletzung überführte Einzelglied der Vertriebskette die Identität der Hintermänner und Komplizen, so wird dadurch ein Einfallstor für weitergehende - auch fallübergreifende - Ermittlungen geschaffen. Es genügt für eine effektive Bekämpfung der Marken(artikel)piraterie schließlich nicht, nur einzelne Glieder in der Vertriebskette auszuschalten. Diese sind durch die Gesamtorganisation schnell und ohne größere Anstrengungen zu ersetzen.

Abgesehen von der soeben beschriebenen, in erster Linie strukturell-präventiven Funktion erleichtert die Auskunft dem Verletzten aber auch die Durchsetzung konkreter Ansprüche gegenüber Lieferanten und gewerblichen Abnehmern.[731] Durch sie wird ihm letztlich überhaupt erst die Prüfung ermöglicht, ob auch diesen sanktionierbare Verletzungshandlungen anzulasten sind.[732]
Der Auskunftsanspruch nach § 19 MarkenG ist von den übrigen markengesetzlichen Ansprüchen unabhängig und setzt ein Verschulden nicht voraus. Neben diesem besteht der allgemeine akzessorische Auskunftsanspruch gemäß § 19 V MarkenG i.V.m. § 242 BGB,

---

728 § 24 b GebrMG, § 14 a III GeschmMG i.V.m. § 101 a UrhG, § 9 II HalbleiterschutzG i.V.m. § 24 b GebrMG, § 140 b PatG, § 37 b SortenschutzG, § 101 a UrhG sowie § 25 WZG, dessen Regelungsinhalt sich heute in § 19 MarkenG findet.

729 Begründung zum PrPG, BT-Drucks 11/4792 vom 15.06.1989, S.30.

730 Winter in: ICC-Symposium 1984 Markenpiraterie, 27.

731 Begründung zum PrPG, BT-Drucks 11/4792 vom 15.06.1989, S.30.

732 BGH GRUR 1995, 338, 341 - „Kleiderbügel“.

der ausschließlich der Durchsetzung eines Hauptanspruchs - namentlich der Vorbereitung eines Schadensersatz-, Bereicherungs- oder Vernichtungsprozesses - dient.[733]

b) Voraussetzungen (§ 19 I MarkenG)

Neben dem Vorliegen einer Schutzrechtsverletzung ist für ein Entstehen der Auskunftspflicht nur erforderlich, dass diese nicht im Einzelfall unverhältnismäßig ist.

(1) Verletzungstatbestand

Grundlegende Voraussetzung des selbständigen Auskunftsanspruchs nach § 19 MarkenG ist eine Kennzeichenrechtsverletzung. Die umfassende Verweisung auf die §§ 14, 15, und 17 MarkenG entspricht dem in § 18 MarkenG und ist wie dieser zu unpräzise. Denn auch für die Annahme eines Auskunftsanspruchs genügt nach allgemeiner Ansicht eine objektive Rechtsverletzung. In subjektiver Hinsicht muss weder Kenntnis noch ein sonstiges Verschulden des Anspruchsgegners vorliegen.[734]

Auskunftsberechtigt nach § 19 MarkenG ist der Kennzeicheninhaber.

Allerdings können gemäß § 30 III MarkenG auch Lizenznehmer und nach den allgemeinen zivilprozessualen Grundsätzen auch andere Prozessstandschafter[735] Auskunft an sich selbst verlangen. Auskunftsschuldner ist der Verletzer, also jeder, der eine Verletzungshandlung i.S.d. §§ 14, 15, 17 MarkenG begangen bzw. daran mitgewirkt hat. Der Anspruch kann sich aber auch gegen gutgläubige (Zwischen-)Händler richten.

Lediglich private Letztverbraucher, die einschlägige Gegenstände zu nichtgeschäftlichen Zwecken erwerben, einführen oder besitzen, sollen von der Anwendung ausgenommen sein.[736] Von privaten Abnehmern seien weitere Verbreitungshandlungen regelmäßig nicht zu erwarten.[737]

Diese Einschränkung überzeugt jedoch nicht. Mag noch hinzunehmen sein, dass - auch bösgläubige - Verbraucher nicht der Unterlassungs-, Schadensersatz- und Vernichtungspflicht unterliegen und deshalb auch der allgemeine Auskunftsanspruch gem. § 242 BGB ausscheidet, so leuchtet dies in Bezug auf den Auskunftsanspruch nicht ein. Auch dem Verbraucher ist nämlich die Auskunftserteilung hinsichtlich der Herkunft der Ware, also hinsichtlich der Identität seines Verkäufers, ohne weiteres möglich. Es geschieht ihm hierdurch auch kein Unrecht. Denn durch eine bloße Auskunftspflicht sind weder der Grundsatz der Selbstbelastungsfreiheit noch sonstige schutzwürdige Interessen tangiert.

---

733 BGH GRUR 1972, 558, 560 - „Teerspritzmaschinen"; BGH NJW 1996, 197, 198 - „Computerprogramme"; Gottwald in: BB 1979, 1780, 1784; v. Schulz, § 19, Rn.1; Asendorf in: FS für Traub (1994), 21, 22.

734 Begründung zum PrPG, BT-Drucks. 11/4792 vom 15.06.1989, S.31; Ingerl/Rohnke, § 19, Rn.7; Fezer, § 19, Rn.7; Eichmann in: GRUR 1990, 675, 676.

735 BGH GRUR 1995, 216, 219f. - „Oxygenol II".

736 Begründung zum PrPG, BT-Drucks 11/4792 vom 15.06.1989, S.32; LG Düsseldorf Mitt 1996, 22, 23 - „Chiemsee"; Ingerl/Rohnke, § 19, Rn.9.

737 Begründung zum PrPG, BT-Drucks 11/4792 vom 15.06.1989, S.32; Fezer, § 19, Rn.9.

Außerdem hat sich jedenfalls derjenige Verbraucher, der bewusst oder fahrlässig Piratenware erwirbt, vorwerfbar auf die Seite des Unrechts gestellt. Auch die Verweisung auf die Tatbestände der §§ 14, 15 und 17 MarkenG, die sämtlich geschäftliches Handeln voraussetzen, zwingt nicht zu einer solchen Einschränkung. Denn diese Verweisung ist derart pauschal, dass ihr keine echte tatbestandsbegrenzende Wirkung zukommen kann. Schließlich wird entgegen dem Wortlaut der Verweisung auch auf das Erfordernis eines Verschuldens verzichtet.

Da die Auskunftspflicht nicht höchstpersönlich ist, kann sie durch Mitarbeiter, Anwälte oder sonstige besonders beauftragte Personen erfüllt werden.[738] Eine solche Stellvertretung setzt jedoch voraus, dass der Auskunftscharakter der Äußerung und die Zurechenbarkeit eindeutig sind.[739]

(2) Bezugsobjekte

Der Auskunft unterliegende Gegenstände im Sinne des § 19 I MarkenG sind die markierten Waren selbst, die in § 14 III MarkenG aufgeführten Werbemittel und Geschäftspapiere sowie Aufmachungen, Verpackungen und Kennzeichnungsmittel im Sinne des § 14 IV MarkenG.[740] Kennzeichnungsvorrichtungen im Sinne des § 18 II MarkenG, welche die Kennzeichnung selbst nicht aufweisen, werden demgegenüber nicht erfasst.[741]

(3) Allgemeiner Anspruchsinhalt

In § 19 I MarkenG findet sich die allgemeine Anordnung, es sei „unverzüglich Auskunft über Herkunft und Vertriebsweg von widerrechtlich gekennzeichneten Gegenständen" zu erteilen.

Die erforderliche weitere Präzisierung erfolgt durch § 19 II MarkenG.

Die Erteilung der Auskunft hat den Charakter einer Wissenserklärung.[742] Da sie auch als Beweismittel fungiert,[743] ist die Auskunft grundsätzlich schriftlich zu erteilen[744]. Sie erfolgt durch die Mitteilung von Tatsachen, betreffend den unmittelbaren Tätigkeitsbereich des Verpflichteten und die in den Vertrieb der Imitationen involvierten Personen.

Die Auskunftspflicht ist nicht auf präsentes Wissen des Verletzers oder seines gesetzlichen Vertreters beschränkt, sondern schließt die Verpflichtung zur Heranziehung aller zur

---

738 Eichmann in: GRUR 1990, 575, 576.

739 BGH GRUR 1961, 288, 291 - „Zahnbürsten"; Eichmann in: GRUR 1990, 575, 576; Fezer, § 19, Rn.6.

740 Wiume, S.164; Fezer, § 19, Rn.8; Ingerl/Rohnke, § 19, Rn.10.

741 Ingerl/Rohnke, § 19, Rn.10.

742 BGH GRUR 1961, 288, 291 - „Zahnbürsten"; BGH GRUR 1994, 630, 632 - „Cartier-Armreif"; Eichmann in: GRUR 1990, 575, 580; Ensthaler in: GRUR 1992, 273, 278.; Wölfel, S.122; Oppermann, S.150; Wiume, S.154; Ingerl/Rohnke, § 19, Rn.16; Fezer, § 19, Rn.10; MüKo/Krüger, § 260, Rn.40; Palandt/Heinrichs, § 261, Rn.20.

743 Ingerl/Rohnke, § 19, Rn.21.

744 MüKo/Krüger, § 260, Rn.42; Palandt/Heinrichs, § 261, Rn.20; Eichmann in: GRUR 1990, 575, 576; Ensthaler in: GRUR 1992, 273, 278; Ensthaler, S.168; Oppermann, S.150.

Verfügung stehenden Quellen - z.B. EDV, Geschäftsbücher, Kenntnisse von Mitarbeitern und Beauftragten - ein.[745]
Nach § 19 I MarkenG ist die Auskunft unverzüglich, d.h. gemäß § 121 BGB „ohne schuldhaftes Zögern", nach Aufforderung durch den Auskunftsberechtigten zu erteilen. Überschreitet der Auskunftsberechtigte den dadurch gesteckten Zeitrahmen, so kann der Berechtigte unter den weiteren Voraussetzungen der §§ 280 II, 286 BGB Ersatz der notwendigen Kosten eigener Nachforschungsmaßnahmen verlangen.[746]
Um die Erfüllungswirkung auszulösen, müssen die gemachten Angaben für den Verletzten zweifelsfrei als Auskunft im Rechtssinne erkennbar sein. Der Verletzer muss also kenntlich machen, dass er mit ihnen der Auskunftsaufforderung in verbindlicher und vollständiger Weise nachkommen will.[747] Nicht ernst gemeinte, von vornherein unglaubwürdige oder unvollständige Erklärungen bewirken keine Erfüllung.[748]
Zu Möglichkeiten der Überprüfung erteilter Auskünfte enthält das Gesetz allerdings ebensowenig eine Regelung wie zum Verfahren bei der Erzwingung einer ordnungsgemäßen Informationenserteilung. Ursprünglich war im Regierungsentwurf zum PrPG die generelle Pflicht zur Abgabe einer eidesstattlichen Versicherung über die Richtigkeit und Vollständigkeit der Auskunft vorgesehen. Dieser Vorschlag wurde aber schlussendlich als zu weitgehend beurteilt und deshalb fallengelassen.[749] Der Gesetzgeber hat also offen gelassen, ob und wenn ja auf welche Weise der Verletzte Gewissheit über Vollständigkeit und Richtigkeit der erteilten Auskunft erlangen können soll.
Dies wird gerade im Hinblick auf die Effektivität der Bekämpfung von Schutzrechtsverletzungen allenthalben beklagt. Unbestritten ist nämlich, dass die Inanspruchgenommenen tatsächlich häufig falsche oder unvollständige Auskünfte bezüglich Lieferanten, Abnehmern, Umsätzen und Restbeständen erteilen.[750] *Cremer*[751] etwa berichtet, dass die Verletzer gerne behaupteten, von einem „großen Unbekannten" beliefert worden zu sein. Beliebt sei auch die Variante der „sizilianischen Partie". Bei dieser gebe der Großhändler vor, er müsse um Leib und Leben fürchten, falls er die Identität seines mafiosen Lieferanten preisgebe. Weit verbreitet sei auch die „De mortius"-Verteidigung, die auf der Behauptung beruht, der Lieferant sei mittlerweile verstorben. Diesbezüglich ironisiert *Cremer*, dass die Mortalitätsrate der Lieferanten von Plagiaten in den letzten Jahren sprunghaft angestiegen sein müsse. Überaus häufig werde zudem geltend gemacht, die Imitate stammten von einem privaten Lieferanten, der nicht benannt werden müsse. Besonders

---

745 OLG Hamburg MD 1997, 867, 870 - „Bree: Beschaffung bei Vertragspartnern"; Ingerl/Rohnke, § 19, Rn.16; Wiume, S.149.
746 Althammer/Ströbele/Klaka, § 19. Rn.15; Ingerl/Rohnke, § 19, Rn.22; Fezer, § 19, Rn.13.
747 BGH GRUR 1961, 288, 291 - „Zahnbürsten".
748 BGH GRUR 1994, 630, 631 - „Cartier-Armreif"; BGH GRUR 2001, 841, 844 - „ Entfernung der Herstellungsnummer II".
749 Oppermann, S.104f.
750 Knieper in: WRP 1999, 1116; Harte-Bavendamm, § 5, Rn.61; Gloy/Harte-Bavendamm, § 43, Rn.150.
751 Cremer in: Mitt 1992, 153, 158.

frustrierend sei für den Markeninhaber schließlich die „Zwickmühle“, die sich aus einander widersprechenden Behauptungen des Auskunftsverpflichteten und des von ihm benannten Lieferanten ergebe, wenn die Auskunft nicht durch verlässliche Papiere zu be- oder widerlegen sei. All zu oft müsse sich der Verletzte in diesen Fällen auf ein Verfahren mit unkalkulierbarem Ausgang einlassen. U.U. könne er mangels hinreichender Beweise weder gegen den durch die Auskunft belasteten Hintermann, noch gegen den Auskunftspflichtigen aufgrund seiner falschen Angaben vorgehen. Zudem würden diese Verteidigungsstrategien meist durch den Einwand ergänzt, Rechnungen oder dergleichen lägen nicht vor, da es sich um ein „belegfrei-steuerneutrales“ Bargeschäft gehandelt habe.
Die Einlassungsmöglichkeiten der Marken(artikel)piraten zeigen, dass der Markeninhaber auf wirksame Kontrollmechanismen hinsichtlich der Vollständigkeit und Richtigkeit der Auskunft zwingend angewiesen ist. Andernfalls kann der Auskunftsanspruch allzu leicht umgangen werden, so dass das vom Gesetzgeber intendierte Ziel - die Aufdeckung der Quellen und Vertriebswege - letztlich leerläuft.
Um eine Überprüfung der Vollständigkeit und des Wahrheitsgehalts der Auskunft zu ermöglichen, könnte dem Verletzten ein Recht auf Einsichtnahme in die Geschäftsunterlagen des Verletzers eingeräumt werden.[752] Allerdings hätte dies weitreichende Wirkung. Das Einsichtsrecht kann nämlich unter Umständen auch für kontrollfremde Ausforschungszwecke missbraucht werden. Um auch das Geheimhaltungsinteresse des Verletzers gebührend zu berücksichtigen, erscheint deshalb die weniger eingriffsintensive Pflicht zur Vorlage von Belegen - wie Lieferscheinen, Bestellungen, Rechnungen etc. - vorzugswürdig. Fraglich ist jedoch, ob sich ein solcher Anspruch auf Belegvorlage in dogmatisch überzeugender Weise aus dem Gesetz herleiten lässt, insbesondere ob schon der markengesetzliche Auskunftsanspruch eine Belegvorlegungspflicht beinhaltet. In der Literatur ist diese Frage umstritten.

(a) Keine Belegvorlagepflicht

Es wird die Ansicht vertreten, dass der markengesetzliche Auskunftsanspruch die Vorlage von Belegen nicht beinhalte.[753] Um den Gläubiger vor falschen Auskünften zu bewahren, sei eine Pflicht zur Vorlage von Belegen zwar durchaus wünschenswert. Sie lasse sich aber jedenfalls nicht in § 19 MarkenG verorten. Dem stehe schon dessen eindeutiger Wortlaut entgegen.[754]
Besonders überzeugende Argumente liefere überdies ein Blick auf die Normensystematik der §§ 259, 260 BGB.[755] Der Anspruch auf Auskunftserteilung hinsichtlich einer Sachgesamtheit gem. § 260 I 2.Alt. BGB sei mit dem markenrechtlichen Auskunftsanspruch vergleichbar. Einige Informationen, die durch die Drittauskunft zu erteilen sind - wie Vorbe-

---

752 Oppermann, S.215ff.
753 Ensthaler in: GRUR 1992, 273, 278; Ensthaler, S.168; Eichmann in: GRUR 1990, 575, 576; Wiume, S.147f.; Althammer/Ströbele/Klaka, § 19, Rn.13; Ingerl/Rohnke, § 19, Rn.16.
754 Wiume, S.148; Ingerl/Rohnke, § 19, Rn.16; Eichmann in: GRUR 1990, 575, 576.
755 Eichmann in: GRUR 1990, 575, 576; Wiume, S.147f.

sitzer und Abnehmer -, könnten auch Auskunftsinhalt im Rahmen des § 260 BGB sein. Andere - etwa Auftraggeber, Hersteller oder Warenmenge - seien diesem jedenfalls ähnlich.[756] Die Gemeinsamkeit bestehe zudem darin, dass Gegenstand der Auskunft hier wie dort ein status quo sei.[757] Innerhalb des § 260 BGB könne aber lediglich die Vorlage eines Bestandsverzeichnisses, nicht jedoch auch einzelner Belege verlangt werden.[758]
Wenn die Durchführungsvorschrift des § 259 BGB demgegenüber die Pflicht zur Vorlegung verkehrsüblicher Belege enthalte, so liege dies darin begründet, dass die Rechnungslegung bezüglich einer Verwaltung der Geltendmachung von Ansprüchen diene, deren Höhe sich nur aufgrund einer Saldierung von Einnahmen und Ausgaben ermitteln lasse. Diese Saldierung könne nur bewerkstelligt werden, indem man den genauen Verwaltungsablauf als kontinuierlichen Entwicklungsprozess nachvollziehe. Sie erfordere deshalb die Dokumentation jedes einzelnen Geschäftsvorfalls.[759] Der Drittauskunftsanspruch ziele demgegenüber aber auf eine Identitätsfeststellung und nicht etwa - wie dies § 259 BGB voraussetze - auf die Vorbereitung von Vergütungsansprüchen ab.[760]

(b) Belegvorlagepflicht gem. § 19 MarkenG

Die Rechtsprechung hat bereits mehrfach im Rahmen des Auskunftsanspruches eine Belegvorlagepflicht angenommen.[761]
Auch die Literatur plädiert weit überwiegend für diese Auffassung.[762] Ohne aussagekräftige Belege erhalte der Auskunftsberechtigte „Steine statt Brot". Ohne solche Hilfsmittel sei es für ihn äußerst schwierig, auch gegenüber den übrigen Beteiligten vorzugehen und damit der Zielsetzung des PrPG entsprechend auch die Quellen zum Versiegen zu bringen.[763]
Kritisiert wird darüber hinaus das Wortlautargument der Gegenansicht. Eine „derart rigide Wortlautauslegung der Regelung des § 19 MarkenG" lasse Sinn und Zweck der Norm völlig unberücksichtigt.[764] Vielmehr ergebe die funktionsgerechte Auslegung des § 19

756 Eichmann in: GRUR 1990, 575, 576, 583; Wiume, S.147.
757 Knieper in: WRP, 1999, 1116.
758 MüKo/Krüger, § 260, Rn.42.
759 Eichmann in: GRUR 1990, 575, 576, 583.
760 Eichmann in: GRUR 1990, 575, 583.
761 Vgl. etwa: BGH GRUR 2001, 841, 845 - „Entfernung der Herstellungsnummer II"; BGH GRUR 2002, 709, 712 - „Entfernung der Herstellungsnummer III".
762 Knieper in: WRP 99, 1116ff.; Cremer in: Mitt 1992, 153, 156ff.; Gloy/Harte-Bavendamm, § 43, Rn.150; Harte-Bavendamm, § 5, Rn.63 ff.; Oppermann, S.155; Deutsche Vereinigung für gewerblichen Rechtsschutz und Urheberrecht e.V. in: GRUR 1999, 560, 563f.; einschränkend: Fezer, § 19, Rn.9: Die Belege dürfen nicht zur Ausforschung von Unternehmensdaten missbraucht werden. Ensthaler in: GRUR 1992, 273, 278: Eine Vorlagepflicht ist nur in Ausnahmefällen anzunehmen.
763 Gloy/Harte-Bavendamm, § 43, Rn.150; Harte-Bavendamm, § 5, Rn.64.
764 Knieper in: WRP 1999, 1116.

MarkenG, dass der Verletzer sehr wohl zur Vorlage geeigneter Belege verpflichtet sei.[765] Auch der Unterstellung, § 19 MarkenG - bzw. der frühere § 25 b II WZG - weise wesentliche systematische Ähnlichkeiten zu § 260 I 2.Alt. BGB auf, wird widersprochen.[766] Zwar könne der Drittauskunftsanspruch auch eine Art Bestandsverzeichnis im Sinne des § 260 BGB umfassen, gehe über den „puren" Auskunftsanspruch nach § 260 BGB jedoch weit hinaus.[767] Da der Auskunftsschuldner sich im Hinblick auf die Menge der hergestellten, erhaltenen oder ausgelieferten Waren sowie die Identität der Lieferanten und gewerblichen Abnehmer erklären müsse, werde der Verletzte nicht nur über den status quo, sondern auch über den Weg, der dorthin geführt habe, mithin die Entwicklung hin zum derzeitigen Ist-Zustand, informiert.[768] Demnach ähnele der Auskunftsanspruch gemäß § 19 MarkenG eher dem Rechnungslegungsanspruch nach § 259 BGB.[769] Auch aus der Gesetzesbegründung ergebe sich, dass die Drittauskunft in Anlehnung an diese Regelung durchgeführt werden solle, was sich auch auf die Belegvorlagepflicht beziehe.[770] Im Regierungsentwurf zum PrPG sei dabei „zur Steigerung des praktischen Nutzens" ursprünglich die Möglichkeit vorgesehen gewesen, den Auskunftsschuldner zur Abgabe einer eidesstattlichen Versicherung über die Richtigkeit und Vollständigkeit der Auskunft zu verpflichten. Der Gesetzgeber habe dies jedoch - ebenso wie die Schaffung von Einsichtsrechten des Verletzten - als zu weitreichend betrachtet. Beide Maßnahmen hätten zur Folge, dass über Gebühr in die Schuldnerinteressen eingegriffen werde. Diese Erwägungen seien dahingehend zu interpretieren, dass der Gesetzgeber sich der hilflosen Lage des Auskunftsberechtigten sehr wohl bewusst war und deshalb eine weitergehende Unterstützung bei der Verteidigung seiner Rechte für grundsätzlich. geboten hielt. Er habe erkannt, dass hierfür Druckmittel gegenüber dem Verletzer notwendig sind. Zwar sei der Gesetzgeber seinerzeit nicht ausdrücklich auf die Möglichkeit einer Belegvorlagepflicht eingegangen. Da sie aber als weniger einschneidendes Mittel offensichtlich naheliege, sei zu vermuten, dass eine diesbezügliche gesetzgeberische Äußerung nur deshalb nicht erfolgt ist, weil sie bereits als selbstverständlich vorausgesetzt worden sei.

Weiter wird angeführt, die Belegvorlage belaste den Verletzer nicht stärker als die Erteilung einer wahrheitsgemäßen Auskunft.[771] Denn die Belege könnten unleserlich gemacht werden, soweit sie nicht von der Auskunftspflicht umfasste Informationen enthalten.[772]

Für eine Belegvorlagepflicht spreche ferner, dass der BGH auch im Fall des Anspruchs auf Herausgabe des Verletzergewinns wegen (nahezu) identischer Produktnachahmung

---

765 Oppermann, S.155; Harte-Bavendamm, § 5, Rn.64; Gloy/Harte-Bavendamm, § 43, Rn.150; Cremer in: Mitt 1992, 153, 157.

766 Cremer in: Mitt 1992, 153, 156f.; Gloy/Harte-Bavendamm, § 43, Rn.150; Harte-Bavendamm, § 5, Rn.64; Knieper in: WRP 1999, 1116, 1117.

767 Cremer in: Mitt 1992, 153, 157.

768 Oppermann, S.153.

769 Cremer in: Mitt 1992, 153, 157; Oppermann, S.153.

770 Knieper in: WRP 1999, 1116, 1117f.

771 Cremer in: Mitt 1992, 153, 157; Oppermann, S.155; Gloy/Harte-Bavendamm, § 43, Rn.150.

772 Gloy/Harte-Bavendamm, § 43, Rn.150; Cremer in: Mitt 1992, 153, 157.

einen Anspruch auf Rechnungslegung - anders als bei „einfachen" Schutzrechtsverletzungen - relativ häufig gewähre.[773]
Außerdem fördere die Belegvorlage die Prozessökonomie. Sie führe zur Vereinfachung und Abkürzung des Verfahrens, da sowohl im Hauptsacheverfahren zeitaufwändige Zeugenvernehmungen vermieden als auch die schnelle Glaubhaftmachung der für den Erlass einer einstweiligen Verfügung relevanten Tatsachen ermöglicht werde.[774]

(c) Stellungnahme

Zunächst ist festzustellen, dass sich der Drittauskunftsanspruch letztlich weder § 259 BGB noch § 260 BGB eindeutig zuordnen lässt.
Da § 19 MarkenG eine eigenständige spezifisch markengesetzliche Anspruchsgrundlage darstellt, führt die Frage nach einer rechtsdogmatischen Strukturähnlichkeit mit einer der beiden allgemein bürgerlich-rechtlichen Normen nicht weiter. Die strukturelle Argumentation scheint denn auch den Vertretern beider Ansichten nur zur Bekräftigung und Absicherung des intendierten Ergebnisses zu dienen.
Zudem ist bei der Auslegung einer Norm nicht allein deren Wortlaut ausschlaggebend. Vielmehr muss auch der mit ihr verfolgte Zweck entscheidend Berücksichtigung finden.
Der markenrechtliche Auskunftsanspruch bedarf aus Gründen des Gläubigerschutzes einer Absicherung durch wirksame Kontrollmöglichkeiten. Andernfalls wäre der Drittauskunftsanspruch zur Stärkung der Rechtsposition des verletzten Schutzrechtsinhabers ungeeignet, für diesen also quasi wertlos. Mit der Schaffung des PrPG hat der Gesetzgeber dem Schutz des geistigen Eigentums grundsätzlichen Vorrang gegenüber den wirtschaftlichen (Geheimhaltungs-)Interessen des Verletzers eingeräumt. Diese Gewichtung zeigt sich namentlich in der Formulierung der Verhältnismäßigkeitsklausel des § 19 I MarkenG - „...es sei denn...". Daher kann der Einwand eines das Informationsinteresse des Markeninhabers überwiegenden Geheimhaltungsinteresses des Auskunftsschuldners nicht überzeugen. Durch die Drittauskunft wird dem Verletzten eine effektive Bekämpfung der „Hydra" Marken(artikel)piraterie überhaupt erst ermöglicht. Angesichts des Ausmaßes der durch Pirateriewaare verursachten Personen-, Sach- und Vertrauensschäden und der erheblichen negativen Folgewirkungen, welche ihr Vertrieb für die gesamte Volkswirtschaft hat, besteht auch ein Interesse der Allgemeinheit an einer wahrheitsgemäßen und vollständigen Auskunftserteilung.
Für die Belegvorlagepflicht spricht zudem ein „Erst-Recht-Schluss": Das Gesetz gewährt den Beteiligten gesetzlicher - z.B. gemäß § 97 UrhG - wie vertraglicher Schuldverhältnisse - z.B. gemäß § 87c HGB oder § 556 BGB - Überprüfungsmöglichkeiten durch die Auferlegung einer Pflicht zur Belegvorlage oder sogar durch die Gewährung eines Einsichtsrechts in Geschäftsunterlagen. Gesteht das Gesetz somit selbst im Rahmen von Verhältnissen, bei denen ein Mindestmaß an gegenseitigem Vertrauen und Redlichkeit vorausge-

[773] Harte-Bavendamm, § 5, Rn.65.
[774] Knieper in: WRP 1999, 1116, 117; Cremer in: Mitt 1992, 153, 157; Oppermann, S.155.

setzt wird, entsprechende Kontrollmöglichkeiten zu, so muss dies unbedingt auch für den Markeninhaber gegenüber dem Markenverletzer gelten. Zu begrüßen ist deshalb der Vorschlag der deutschen Vereinigung für gewerblichen Rechtsschutz und Urheberrecht e.V., das Markengesetz zu novellieren und die Belegvorlegungspflicht gesetzlich zu verankern.[775]
Ein Blick über den Tellerrand zeigt, dass die Rechtsordnungen unserer europäischen Nachbarn zum Teil wesentlich strengere Kontrollinstrumentarien zur Verfügung stellen. Die „Anton-Piller-Order"[776] des englischen Rechts beispielsweise gewährt dem Verletzten schon vorprozessual das Recht zu einer unangekündigten Einsichtnahme in die Geschäftsunterlagen des Verletzers. In Anlehnung an diese Regelung schlägt *Oppermann* vor, für offensichtliche Fälle auch hierzulande ein - gegebenenfalls mittels einstweiliger Verfügung durchzusetzendes - jederzeitiges Einsichtsrecht eines Sachverständigen bezüglich der Unterlagen des Verletzers zu gewähren.[777] Dabei macht er konkrete Formulierungsvorschläge für eine entsprechende Neufassung des § 19 MarkenG.[778] Dies ist jedoch als zu weitgehend abzulehnen. Ein solch umfangreiches Einsichtsrecht würde die Geschäfts- und Geheimhaltungsinteressen, des Auskunftsschuldners in unzumutbarer Weise beeinträchtigen. Da die Vorlage von Belegen für den Auskunftsschuldner im Vergleich zur Einsichtnahme des Gegners in Geschäftsunterlagen und auch zur eidesstattlichen Versicherung die am wenigsten einschneidende Maßnahme darstellt, ist sie vorzugswürdig.
Da unbestritten gerade im Bereich der Marken(artikel)piraterie zunehmend unrichtige und unvollständige Auskünfte gegeben werden, verwundert es schließlich nicht, dass selbst die Gegner einer Belegvorlagepflicht eine solche aus Gründen des Gläubigerschutzes für wünschenswert halten.

(4) Verhältnismäßigkeit

Der Auskunftsanspruch unterliegt gemäß § 19 I MarkenG der Schranke der Verhältnismäßigkeit. Dadurch soll einem Missbrauch für eine „vom Gesetzeszweck her nicht mehr zu rechtfertigenden Ausforschung von Konkurrenten" vorgebeugt werden.[779]
Die Verhältnismäßigkeit wird aufgrund einer Interessenabwägung im Einzelfall festgestellt. Allerdings ist nur ein besonders schutzwürdiges Geheimhaltungsinteresse des Ver-

---

775 Stellungnahme der Deutschen Vereinigung für gewerblichen Rechtsschutz und Urheberrecht e.V. (zum Grünbuch der Europäischen Kommission zur Bekämpfung von Nachahmungen und Produkt- und Dienstleistungspiraterie im Binnenmarkt) in: GRUR 1999, 560, 563.

776 Spricht eine hohe Wahrscheinlichkeit für das Vorliegen einer Schutzrechtsverletzung und liegen eindeutige Anzeichen dafür vor, dass der Verletzer im Besitz belastenden Beweismaterials ist, deren Beseitigung droht, so kann der verletzte Schutzrechtsinhaber im vorprozessualen „ex parte-Verfahren" Auskunft über die Identität der Lieferanten schutzrechtsverletzender Ware oder Einsicht in die betreffenden Geschäftsunterlagen des Verletzers erzwingen. hierzu auch Götting in: GRUR 1988, 729 ff.

777 Oppermann, S.227ff.

778 Oppermann, S.246f.

779 Begründung zum PrPG, BT-Drucks.11/4792 vom 15.06.1989, S.31.

letzers geeignet eine Auskunftsverweigerung zu rechtfertigen.[780] Der Verletzte hingegen braucht ein eigenes besonderes Interesse an der Auskunftserteilung nicht im einzelnen darzulegen. Die von ihm allgemein bezweckte Aufdeckung der Herkunfts- und Absatzwege reicht hierfür aus.[781] Bereits die Gesetzesformulierung - „...es sei denn..." - zeigt, dass der Gesetzgeber dem wirtschaftlichen Interesse des Auskunftsberechtigten grundsätzlich Vorrang gegenüber den gewerblichen Geheimhaltungsinteressen des Verletzers eingeräumt hat.[782] Die Auskunftspflicht ist nur in dem höchst seltenen Ausnahmefall einzuschränken, dass deren Notwendigkeit für eine Geltendmachung von Ansprüchen gegen Lieferanten oder Abnehmer mit Sicherheit ausgeschlossen werden kann.[783] Letzteres ist aber nur dann anzunehmen, wenn weitere Kennzeichenverletzungen durch diese - bzw. deren Vorlieferanten bzw. weitere Abnehmer - zweifelsfrei ausscheiden und Schadensersatz- oder Bereicherungsansprüche entweder nicht bestehen oder bereits erfüllt sind.[784] Eine hinreichend sichere negative Wiederholungsprognose ist in der Praxis allerdings nur schwerlich möglich.[785]
Das Informationsinteresse des Berechtigten ist auch nicht etwa deshalb zu verneinen, weil sich dieser die von ihm benötigten Daten unter Zuhilfenahme allgemein zugänglicher Erkenntnisquellen beschaffen kann[786] oder in zumutbarer Weise hätte beschaffen können[787].[788] Es erscheint nämlich nahezu unmöglich, dass der Verletzte aus allgemein zugänglichen Quellen Kenntnis hinsichtlich Vertriebsweg und Herstellern bestimmter Waren erlangen kann.[789] Schließlich werden Kundenstamm und Lieferanten in der Schattenwirtschaft naturgemäß streng geheimgehalten. Nicht zumutbar ist dem Verletzten aber eine Informationsbeschaffung durch den eigenfinanzierten Einsatz von Detektiven oder sonstige kostenpflichtige Recherchemöglichkeiten.[790] Daneben muss aber auch das Zeitmoment bedacht werden. Denn letzten Endes geht es stets um eine schnellstmögliche Informationsgewinnung. Muss der Verletzte erst langwierige Untersuchungen anstellen, verliert er kostbare Zeit, welche innerhalb einer Piraterieorganisation zu weiteren Vertuschungsmaßnahmen genutzt werden kann.
Letztlich ist die Grenze der Zumutbarkeit für den rechtstreuen Verletzten enger zu stecken

---

780 Ingerl/Rohnke, § 19, Rn.13; Althammer/Ströbele/Klaka, § 19, Rn.10; Oppermann, S.127; Wiume, S.113.

781 Wiume, S.113; Althammer/Ströbele/Klaka, § 19, Rn.10.

782 Begründung zum PrPG, BT-Drucks.11/4792 vom 15.06.1989, S.31f.; BGH GRUR 1994, 630, 633 - „Cartier-Armreif"; Oppermann, S.145, 148.

783 Ingerl/Rohnke, § 19, Rn.13.

784 Begründung zum PrPG, BT-Drucks 11/4792 vom 15.06.1989, S.31f.; BGH GRUR 1995, 338, 341/342 - „Kleiderbügel".

785 Ingerl/Rohnke, § 19, Rn.13.

786 BGH NJW 1978, 1002, 1003 - „Auskunftsanspruch gegen Ehegatten des Gemeinschuldners"; Gottwald in: BB 1979, 1780, 1784.

787 Palandt/Heinrichs, § 261, Rn.12.

788 Ingerl/Rohnke, § 19, Rn.17; Braun, S.254; Oppermann, S.131.

789 Oppermann, S.131.

790 Oppermann, S.131.

als für den Verletzer, der die Auskunftspflicht durch sein vorangegangenes rechtswidriges Verhalten selbst begründet hat.[791]

c) Anspruchsumfang (§ 19 II MarkenG)

§ 19 II MarkenG bestimmt den genauen Inhalt des Auskunftsanspruchs.
Die geschuldete Auskunft muss sich danach zu drei Informationsthemen verhalten:
- dem vollständigen Namen des Dritten
- der Anschrift mit allen verkehrsüblichen Bestandteilen
- der Menge der von dem Dritten oder dem Verletzer selbst hergestellten, ausgelieferten, erhaltenen oder bestellten Gegenstände in verkehrsüblicher Maßeinheit[792]

Die detaillierte Aufzählung der auskunftspflichtigen Tatsachen und Daten dient in erster Linie dem Schutz des Auskunftspflichtigen vor einer ungerechtfertigten Ausforschung schutzbedürftiger Geschäfts- bzw. Betriebsgeheimnisse.[793] Keine Auskunft kann der Verletzte daher über die Einkaufs- oder Abgabepreise verlangen.[794]
Die Personenbezeichnungen sind in einem tatsächlich-wirtschaftlichen Sinne zu verstehen. Die rechtliche Wirksamkeit vertraglicher Beziehungen der Beteiligten ist somit irrelevant.[795] Der Begriff des „Auftraggebers" ist demgemäß nicht streng juristisch im Sinne des § 662 BGB aufzufassen. Auch der bloße Initiator einer Verletzungshandlung und derjenige, der - wie dies regelmäßig der Fall sein wird - einen entgeltlichen Auftrag erteilt, erfüllen dieses persönliche Tatbestandsmerkmal.[796] Da private Abnehmer nicht als Schutzrechtsverletzer in Betracht kommen, soll auch die Auskunftserteilung auf „gewerbliche Abnehmer" beschränkt sein.[797] Das Bestehen eines Gewerbebetriebs ist hierfür jedoch nicht erforderlich, so dass sich der Drittauskunftsanspruch auch gegen Angehörige der freien Berufe, Unternehmen der Urproduktion oder Institutionen der Daseinsfürsorge bezieht.[798]
Die Mengenangaben bezüglich der hergestellten, ausgelieferten, erhaltenen oder bestellten Gegenstände müssen den einzelnen Herstellern, Lieferanten, Vorbesitzern, Abnehmern und Auftraggebern zugeordnet werden.[799] Der Mengenangabe kommt damit eine sehr wichtige Funktion zu. Sie ermöglicht dem Verletzten die Feststellung des konkreten Beteiligungsumfangs der einzelnen Verletzer, was wiederum für die Ausrichtung seiner weiteren Vorgehensweise bedeutsam ist.[800]

---

791 Oppermann, S.131.
792 Ingerl/Rohnke, § 19, Rn.29.
793 Fezer, § 19, Rn.9.
794 Althammer/Ströbele/Klaka, § 19, Rn.14.
795 Ingerl/Rohnke, § 19, Rn.26.
796 Eichmann in: GRUR 1990, 575, 577; Fezer, § 19, Rn.9.
797 Begründung zum PrPG, BT-Drucks 11/4792 vom 15.06.1989, S.32; Fezer, § 19, Rn.9.
798 Fezer, § 19, Rn.9.
799 Fezer, § 19, Rn.9.
800 Oppermann, S.163.

Keine Angaben enthält das Gesetz allerdings hinsichtlich des Zeitraums, für den die Auskunft zu erteilen ist. Um eine effektive Rechtsverfolgung zu ermöglichen und den Anspruch auf Drittauskunft nicht zu entwerten, verbietet sich aber jegliche zeitliche Beschränkung - z.B. auf den Zeitabschnitt rund um die festgestellte Kennzeichenverletzung.[801]
Von der Frage der Begrenzung des der Auskunftspflicht zugrundeliegenden Zeitintervalls ist das Problem der gegenständlichen Einschränkung, also die Frage, hinsichtlich welcher konkreten Waren Auskunft zu erteilen ist, streng zu trennen.

d) Durchsetzung im einstweiligen Rechtsschutzverfahren (§ 19 III MarkenG)

Da die Auskunftserteilung bereits die endgültige Anspruchserfüllung darstellt, ist sie - aufgrund des Verbots einer Vorwegnahme der Hauptsache - grundsätzlich nicht im Wege des einstweiligen Rechtsschutzes durchzusetzen.[802] Nach § 19 III MarkenG kann der Auskunftsanspruch jedoch ausnahmsweise dann nach den Vorschriften der §§ 935 ff. ZPO durchgesetzt werden, wenn das Vorliegen einer Rechtsverletzung offensichtlich ist. Dies ist aber nur in solchen Fällen anzunehmen, „in denen die Rechtsverletzung so eindeutig ist, dass eine Fehlentscheidung und damit eine ungerechtfertigte Belastung des Antragsgegners kaum möglich ist".[803] Die Offensichtlichkeit einer Markenverletzung setzt dabei nicht voraus, dass das Gericht diese bereits im Eilverfahren sicher festzustellen vermag. Erforderlich ist lediglich eine weit überwiegende Wahrscheinlichkeit.[804] Es muss auszuschließen sein, dass eine übergeordnete Instanz später zu einem anderen Ergebnis gelangt.[805] Der Verletzte muss die offensichtliche Rechtsverletzung und die Dringlichkeit der Entscheidung glaubhaft machen.[806]
In Fällen der Marken(artikel)piraterie, welche regelmäßig durch die besondere Schwere der Rechtsverletzung gekennzeichnet sind, wird die Offensichtlichkeit typischerweise zu bejahen sein.[807] Um einer massenhaften Ausbreitung der Plagiate überhaupt begegnen zu können, ist die Gewährung einstweiligen Rechtsschutzes gerade in diesem Bereich dringend geboten,.[808]

e) Verbot der Auskunftsverwertung (§ 19 IV MarkenG)

Nach § 19 IV MarkenG darf die erzwungene Auskunft in einem Straf- oder Ordnungswidrigkeitenverfahren gegen den Auskunftspflichtigen nur in begrenztem Umfang ver-

---

801 Ingerl/Rohnke, § 19, Rn.28; Fezer, § 19, Rn.11.
802 Fezer, § 19, Rn.17.
803 Begründung zum PrPG, BT-Drucks 11/4792 vom 15.06.1989, S.32.
804 Fezer, § 19, Rn.19.
805 OLG Hamburg WRP 1997, 103, 106 - „Cotto".
806 Althammer/Ströbele/Klaka, § 19, Rn.19.
807 Eichmann in: GRUR 1990, 575, 586; Tilmann in: BB 1990; 1565, 1566; Fezer, § 19, Rn.19; Harte-Bavendamm, § 5, Rn.67.
808 Harte-Bavendamm, § 5, Rn.67; Fezer, § 19, Rn.19.

wertet werden. Gegenüber dem die Auskunft Erteilenden und seinen Angehörigen i.S.d. § 52 I StPO ist ihre Verwertung im Rahmen der staatlichen Verfolgung einer Tat, die vor der Auskunftserteilung begangen wurde, nur mit Zustimmung des Auskunftgebers zulässig. Das straf-rechtliche Verwertungsverbot beruht auf dem Verfassungsgrundsatz, dass niemand zu einer Selbst- bzw. Angehörigenbelastung gezwungen werden darf.[809] Im Interesse einer effektiven Bekämpfung der Marken(artikel)piraterie hat der Gesetzgeber sich bei der Verwirklichung dieser Vorgabe für die Schaffung eines nachträglichen Verwertungsverbots und nicht schon für eine entsprechende vorgelagerte Beschränkung der Auskunftspflicht entschieden.[810] Das Verwertungsverbot wirkt auch mittelbar, erfasst also sogar solche Taten und Beweismittel, die zwar nicht selbst Gegenstand der Auskunft sind, zu deren Ermittlung diese aber unmittelbar beiträgt.[811]

f) Weitergehende Ansprüche (§ 19 V MarkenG)

Gemäß § 19 V MarkenG lässt der markenrechtlichen Anspruch auf Drittauskunft weitergehende Auskunftsansprüche unberührt. Diese Rechtsfolge ergibt sich bereits aus § 2 MarkenG, so dass § 19 V MarkenG - ebenso wie § 18 III MarkenG - lediglich klarstellende Bedeutung zukommt.[812] Als weitergehende Ansprüche i.d.S. sind sämtliche vertraglichen und besonderen gesetzlichen sowie der unselbständige allgemeine Auskunftsanspruch gemäß § 242 BGB zu qualifizieren.[813] Letzterer dient ausschließlich der Durchsetzung eines Leistungs(haupt)anspruchs des Berechtigten gegenüber dem Auskunftspflichtigen. Er hat seinen Ursprung in der reichsgerichtlichen Rechtsprechung[814] zu § 242 BGB und ist heute gewohnheitsrechtlich anerkannt.[815] Voraussetzung ist zum einen, dass zwischen dem Berechtigten und dem Verpflichteten eine rechtliche Sonderbeziehung besteht, wofür auch ein gesetzliches Schuldverhältnis, gegründet beispielsweise auf die Begehung einer unerlaubten Handlung, genügt.[816] Zum anderen muss der Berechtigte über das Bestehen oder Nichtbestehen von Rechten im unklaren sein und die notwendigen Informationen nicht mit zumutbarem Aufwand selbst erlangen können.[817]

g) Zwangsvollstreckung

In der Regel ist eine Auskunftserteilung in dem für unvertretbare Handlungen geltenden

---

809 BVerfGE 56, 37, 41 ff. - „Konkursordnung".

810 Fezer, § 19, Rn.20.

811 Begründung zum PrPG, BT-Drucks. 11/4792 vom 15.06.1989, S.39f.

812 Fezer, § 19, Rn.4, 21.

813 Fezer, § 19, Rn.21.

814 RGZ 108, 1, 7 - „Gesicht"; RGZ 158, 377, 379 - „Dr. D.&R. GmbH".

815 Fezer, § 19, Rn.1.

816 BGH NJW 1978, 1002 - „Auskunftsanspruch gegen Ehegatten des Gemeinschuldners"; BGHZ 95, 274, 279 - „Gema-Vermutung I".

817 BGHZ 10, 385, 387 - „Kalk"; BGHZ 81, 21, 24 - „Honaransprüche"; BGHZ 95, 274, 278f. – „Gema-Vermutung I".

Verfahren nach § 888 ZPO zu erzwingen. Denn zumeist besitzt nur der Auskunftsschuldner selbst die hierfür erforderliche Kenntnis.[818] Nur wenn die erstrebten Informationen auch von jedem sachverständigen Dritten durch Einsichtnahme in die Unterlagen - insbesondere die Geschäftsbücher - des Verpflichteten ermittelt werden können, erfolgt die Vollstreckung nach § 887 ZPO. Dementsprechend erweist sich ein Vorgehen nach § 887 ZPO im Anwendungsbereich des § 19 MarkenG als von vornherein ungeeignet. Eine objektiv nachvollziehbare Buchführung wird in der Untergrundwirtschaft kaum jemals vorliegen.[819]

Der Auskunftsberechtigte kann also unmittelbar die Zwangsmittel des § 888 ZPO gerichtlich androhen und festsetzen lassen. Er ist nicht gezwungen, zunächst gem. § 887 ZPO ein Einsichtnahmerecht hinsichtlich der Karteien und Bücher des Verpflichteten zu erzwingen, welches wegen Fehlens jeglicher aussagekräftiger Unterlagen ohnehin nutzlos bleibt.[820]

Hat der Verpflichtete Angaben gemacht, welche formal als Auskunft im Rechtssinne anzusehen sind, so ist damit der Auskunftsanspruch erfüllt. Nur wenn die Auskunft erwiesenermaßen unrichtig oder unvollständig ist, kann ihre Berichtigung bzw. Ergänzung verlangt werden.[821]

Bei bloßen Zweifeln hinsichtlich der Ordnungsgemäßheit steht dem Berechtigten der Anspruch auf Abgabe einer eidesstattlichen Versicherung gemäß §§ 259 II, 260 II BGB analog zu.[822] Auch die Zweifel müssen allerdings objektiv begründet sein, wie etwa bei Vorliegen hinreichender Anhaltspunkte für Nachlässigkeit oder eine bewusste Falschaussage seitens des Verpflichteten.[823]

6. Schutzentziehungsverfahren gemäß § 50 I Nr.4 MarkenG

Gegen den Inhaber einer „Hinterhaltsmarke" kann der Betroffene die bislang dargestellten markengesetzlichen Verletzungsansprüche nicht geltend machen. Die Besonderheit dieser Form der Markenpiraterie liegt nämlich darin, dass der Markenpirat bei formaler Betrachtung selbst Schutzrechtsinhaber ist und ihm demgemäß auch das Ausschließlichkeitsrecht des § 14 I MarkenG zusteht. Der betroffene materiell Berechtigte ist deshalb darauf beschränkt, gegen die formale Rechtsposition des Piraten vorzugehen. Er kann gemäß § 50 I Nr.4 MarkenG beim Marken- und Patentamt die Löschung der beeinträchtigenden Mar-

---

818 Eichmann in: GRUR 1990, 575, 580ff., Fezer, § 19, Rn.15.

819 Harte-Bavendamm, § 5, Rn.78.

820 Eichmann in: GRUR 1990, 575, 580ff.

821 BGH GRUR 1994, 630, 632 - „Cartier-Armreif".

822 Allein aus der Tatsache, dass die ursprünglich im Regierungsentwurf vorgesehene ausdrückliche Regelung eines Anspruchs auf Abgabe einer eidesstattlichen Versicherung im Gesetzgebungsverfahren letztlich nicht übernommen wurde, kann nicht gefolgert werden, dass ein solcher Anspruch nicht besteht. Eichmann in: GRUR 1990, 575, 582ff.; Ingerl/Rohnke, § 19, Rn.40; Fezer, § 19, Rn.16.

823 Ingerl/Rohnke, § 19, Rn.40.

keneintragung wegen Nichtigkeit beantragen. Voraussetzung für die Nichtigkeit ist, dass der Anmelder bei dieser Markenanmeldung bösgläubig handelte. Dies wiederum ist anzunehmen, wenn der Erwerb des Markenrechts gemäß § 4 Nr.1 MarkenG der Behinderung der wettbewerblichen Kennzeichennutzung eines anderen Unternehmers dient,[824] sich damit also als rechtsmissbräuchlich - wie im Falle der Hinterhaltsmarke - oder sogar als sittenwidrig darstellt[825].
Der Nichtigkeitsgrund der bösgläubigen Anmeldung nach § 50 I Nr.4 MarkenG kann aber nicht nur im Löschungsverfahren sondern auch einredeweise in einem Verletzungsprozess des formalen Rechtsinhabers gegen den materiell Berechtigten geltend gemacht werden.[826] Die Grundlage der Schutzentziehung fungiert dabei als eine den formalen Ausschließlichkeitsanspruch vernichtende[827] Tatsache.[828] Da dem Löschungsverfahren kein Vorrang zukommt, bedarf es einer Aussetzung des Streitverfahrens gem. § 148 ZPO nicht.[829]

7. Besichtigungsanspruch gemäß § 809 BGB

Der Vorlegungs- und Besichtigungsanspruch nach § 809 BGB ist ein „Sonderfall des Auskunftsanspruchs"[830], der auch zur Ermittlung und eingehenderen Aufklärung von Schutzrechtsverletzungen in Betracht kommt. Dieser Anspruch bietet sich im Rahmen der Bekämpfung der Marken(artikel)piraterie namentlich dann an, wenn der dringende Verdacht besteht, dass es sich bei einer angebotenen Partie um gefälschte Markenware handelt oder eine bestimmte Werkhalle als Fälscherwerkstatt fungiert.[831]
Im Gegensatz zu Drittauskunftsanspruch gemäß § 19 MarkenG und akzessorischem Auskunftsanspruch gemäß § 242 BGB ist der Besichtigungsanspruch nach § 809 BGB einschlägig, wenn das Vorliegen einer Rechtsverletzung noch gar nicht feststeht. Mit seiner Hilfe kann sich der potentiell Verletzte Gewissheit darüber verschaffen, ob er gegenüber dem Besitzer einer Sache Unterlassungs- und/oder Schadensersatzansprüche hat. Der Vorlage- und Besichtungsanspruch fungiert somit also als eine Art „Ermittlungsauskunftsanspruch"[832].
Früher gewährte die Rechtsprechung den Besichtigungsanspruch nur unter engen Voraussetzungen. Diese hat der BGH in der „Druckbalken"-Entscheidung für den Fall einer Patentrechsverletzung näher bestimmt.[833] Danach erforderte der Besichtigungsanspruch,

---

824 Fezer, § 50, Rn.29.
825 BGH GRUR 2000, 1032, 1033 - „Equi 2000"; Berlit, Rn.127.
826 Fezer, § 50, Rn.29.
827 BGH GRUR 2000, 1032 - „Equi 2000".
828 BGH GRUR 2001, 242, 243 -„Classe E".
829 BGH GRUR 2000, 1032 - „Equi 2000".
830 Vgl. Harte-Bavendamm, § 5, Rn.79.
831 Harte-Bavendamm, § 5, Rn.79.
832 Tilmann in: GRUR 1987, 251, 256.
833 BGH GRUR 1985, 512 ff.

dass im konkreten Fall eine Schutzrechtsverletzung sehr wahrscheinlich war und dass der Anspruchsteller keine andere zumutbare Möglichkeit der Beschaffung von Beweismitteln hatte. Der Rechtsinhaber musste deshalb stets darlegen, dass und aus welchem Grund Testkaufversuche fehlgeschlagen oder erfolglos gewesen waren.
Um die Interessen des Anspruchsgegners zu schützen, bestimmte der BGH darüber hinaus hinsichtlich der Rechtsfolge, dass „Substanzeingriffe wie Ein- und Ausbau von Teilen und Inbetriebsetzen" selbst dann nicht erfolgen dürften, wenn diese im Einzelfall keine dauerhaften Schäden befürchten lassen. Schließlich sollte die Besichtigung nicht durch den Rechtsinhaber selbst, sondern nur durch einen unabhängigen Sachverständigen erfolgen können. Dieser solle genaue gerichtliche Vorgaben hinsichtlich seiner Vorgehensweise, der einzelnen zu prüfenden Aspekte und des Umgangs mit den hierbei gewonnenen Erkenntnissen erhalten.
Diese Rechtsprechung wurde unlängst durch eine Lockerung der Anspruchsvoraussetzungen und Rechtsfolgen fortentwickelt. Im „Faxkarten-Urteil"[834] wurde die bisher an feststehenden Einzelmerkmalen orientierte Prüfung durch eine flexiblere, einzelfallbezogene Interessenabwägung ersetzt. Nunmehr stellen also namentlich die Wahrscheinlichkeit einer Rechtsverletzung, die Zumutbarkeit anderweitiger Beweisbeschaffung für den möglicherweise Verletzten und das allgemeine Geheimhaltungsinteresse des Anspruchsgegners sowie hinsichtlich Rechtsfolgen das Substanzeingriffs-Verbot und die Möglichkeit der Einschaltung unparteiischer Dritter bloße Teilaspekte einer umfassenden Gesamtwürdigung dar. Zwar lag der Entscheidung eine Urheberrechts-Verletzung zugrunde. Die enge Verwandtschaft zwischen Urheber- und Wettbewerbsrecht aber ermöglicht es, die Neuausrichtung bei der Anwendung des § 809 BGB auf die Bereiche sämtlicher gewerblichen Schutzrechte zu übertragen.[835]
Für die Fälle der Marken(artikel)piraterie ist die Bedeutung der Eingliederung der bislang absolut geltenden Merkmale in eine allgemeine Abwägung allerdings eher gering. Während im Bereich des Urheberrechts durchaus berechtigte (Geheimhaltungs-)Interessen des Anspruchsgegners in Bezug auf möglicherweise ausforschbare Eigeninnovationen anzuerkennen sind, treten die Interessen des einer Markenverletzung Verdächtigen in aller Regel hinter denen des potentiell Verletzten zurück. Zur Feststellung, ob ein Verletzungstatbestand vorliegt, reicht im letztgenannten Fall - insbesondere bei den besonders häufig anzutreffenden Totalfälschungen - nämlich meist schon die bloße Betrachtung des äußeren Erscheinungsbildes. Durch eine solche werden aber auch die Interessen des in Wahrheit redlichen Anspruchsgegners nicht wesentlich beeinträchtigt. Zudem wird der betroffene Markeninhaber aufgrund der straff durchorganisierten Vorgehensweise der Plagiatoren und ihrer Komplizen, welche es perfekt verstehen, ihre Spuren zu verwischen und die von ihnen begangenen Rechtsverletzungen zu vertuschen, auch nicht selten außerstande sein, sich die benötigten Beweise auf zumutbare andere Weise selbst zu beschaffen.

---

834 BGH GRUR 2002, 1046ff. und diesbezügliche Anmerkung von Tilmann/Schreibauer in: GRUR 2002, 1015ff.

835 Tilmann/Schreibauer in: GRUR 2002, 1015, 1018.

Die an den Besichtigungsanspruch geknüpften Voraussetzungen werden bei der Marken(artikel)piraterie deshalb regelmäßig vorliegen.

8. Veröffentlichungsanspruch gem. § 23 II UWG und § 1004 BGB

Will der von Marken(artikel)piraterie Betroffene die Öffentlichkeit über den Plagiator und die Plagiate aufklären und nennt zu diesem Zweck konkrete Namen oder anderweitige individualisierungskräftige Merkmale, so geht er damit das Risiko ein, seinerseits zur Zielscheibe wettbewerbsrechtlicher Abwehransprüche nach § 1 UWG zu werden. Um dem vorzubeugen, kann der Schutzrechtsinhaber gerichtlich eine Veröffentlichung herbeiführen.

Dies kann auf verschiedene Weise geschehen. Im Markengesetz ist die Veröffentlichung des Urteils in § 143 VI nur als Nebenstrafe für den Fall einer Verurteilung wegen vorsätzlicher Markenverletzung normiert.[836]

§ 23 II UWG beinhaltet einen zivilprozessualen Anspruch auf Urteilsbekanntmachung unter Kostentragung der unterliegenden Partei. Daneben gewährt der BGH die Veröffentlichungsbefugnis bei fortwirkender Schädigung auch aufgrund eines Beseitigungsanspruchs nach den §§ 249, 1004 BGB.[837]

Da Herstellung und Vertrieb gefälschter Markenartikel immer zugleich auch einen Verstoß gegen § 1 und/oder § 3 UWG darstellen, ist der Bekanntmachungsanspruch nach § 23 II UWG in den Fällen der Marken*artikel*piraterie regelmäßig gegeben. Es wird jedoch auch die Meinung vertreten, dass § 23 II UWG über seinen Wortlaut hinaus im gesamten übrigen Wettbewerbsrecht - also auch bei bloßer *Marken*piraterie - sinngemäß anwendbar sei.[838]

Die Entscheidung über den Veröffentlichungsantrag erfordert eine Abwägung im Einzelfall. Dabei ist in erster Linie das Interesse des Markeninhabers an einer Beseitigung der eingetretenen Marktverwirrung und sonstiger negativer Konsequenzen des Eingriffs dem Interesse des Täters, in der Öffentlichkeit nicht unnötig herabgesetzt und diffamiert zu werden, gegenüberzustellen.

Das Interesse des Verletzten ist darauf gerichtet, durch die öffentliche Klarstellung seiner Rechtsposition Genugtuung für die erlittene Beeinträchtigung zu erlangen und gleichzeitig ein abschreckendes Zeichen zu setzen. Des weiteren sind aber auch die Interessen der Verbraucher und Händler in die Gesamtbetrachtung mit einzubeziehen. Diese müssen vor irrtümlichen Kaufentscheidungen und weitergehenden Schädigungen geschützt werden.

Aufgrund des gesteigerten Unrechtsgehaltes der Fälschungshandlungen und aufgrund des Aufklärungs- und Schutzinteresses sowohl des Verletzten als auch der Verbraucher führt

---

836 Ausführlich hierzu unter Punkt III. 6.

837 BGH GRUR 1956, 558, 563 - „Regensburger Karmelitengeist"; BGH GRUR 1957, 231, 237 – „Taeschner"; BGH GRUR 1998, 830, 835 - „Les-Paul-Gitarren".

838 Baumbach/Hefermehl, § 23 UWG, Rn.8; Harte-Bavendamm, § 5, Rn.128; a.A. BGH GRUR 1956, 558, 563 - „Regensburger Kamelitengeist"; BGH GRUR 1957, 231, 237 „Taeschner"; v. Gamm, § 24 WZG, Rn.46; Gloy, § 22, Rn.12; Gloy/Harte-Bavendamm, § 43, Rn.155.

eine Interessenabwägung in den Fällen der Marken(artikel)piraterie regelmäßig zu einer Bekanntmachungsbefugnis.[839] Die Veröffentlichungsbefugnis wird demgegenüber nur dann zu versagen sein, wenn eine öffentliche Aufklärung - etwa wegen fehlender nachhaltiger Breitenwirkung der Verletzungshandlung - entbehrlich ist oder die Bekanntmachung den Verletzer unverhältnismäßig schädigen würde.[840]
Die im Urteil festzulegende *Art der Veröffentlichung* wird entscheidend durch die Schwere der Rechtsverletzung und das Maß der persönlichen Vorwerfbarkeit bestimmt. Die Möglichkeiten reichen dabei von einem Aushang an Gerichtsstelle über die Bekanntmachung in verbreiteten Tageszeitungen oder Fachblättern des einschlägigen Geschäftszweiges bis hin zu einem auffällig gestalteten Anschlag im bzw. vor dem Geschäftslokal des Verurteilten.[841]

9. Verfahrensrechtliche Besonderheiten

Soll das Vorgehen des Rechtsinhabers gegen Marken(artikel)piraterie erfolgversprechend sein, so ist eine schnelle Reaktion vonnöten. Deshalb ist der Verletzte auf den Überraschungseffekt einer ohne vorherige Abmahnung und ohne mündliche Verhandlung erlassenen und vollzogenen einstweiligen Verfügung angewiesen.
Ausdrücklich vorgesehen ist das Eilverfahren im MarkenG lediglich beim Drittauskunftsanspruch gemäß § 19 III MarkenG in Fällen offensichtlicher Rechtsverletzung. Eine erfolgreiche Bekämpfung der Marken(artikel)piraterie setzt jedoch voraus, dass auch die markenrechtlichen Unterlassungs- und Vernichtungsansprüche durch einstweilige Maßnahmen abgesichert werden können.
Das Gericht - gemäß § 140 I MarkenG sind die Landgerichte in allen Kennzeichenstreitverfahren ohne Rücksicht auf den Streitwert ausschließlich zuständig - ordnet gem. § 938 ZPO auf Antrag nach pflichtgemäßen Ermessen die einstweilige Sicherstellung an. Dies erfolgt in Form eines gerichtlichen Gebots, die näher bezeichnete Ware an den Gerichtsvollzieher oder eine andere vom Antragsteller benannte Person - z.B. dessen Prozessbevollmächtigten - herauszugeben. Die Beschlagnahmeanordnung muss dabei zur Identifizierung hinreichend geeignete Erkennungsmerkmale - wie Abbildungen, Muster, Beschreibungen - enthalten. U.U. kann es aufgrund möglicher Schwierigkeiten bei der Individualisierung auch sinnvoll sein, die Zuziehung eines Sachverständiger, beispielsweise eines Markenschutzexperten, zu verfügen.[842]
Zu den Amtspflichten des Gerichtsvollziehers gehört die Wegnahme der zu sichernden Gegenstände, nicht hingegen eine anschließende Sequestration oder Verwahrung. Die sichergestellten Waren werden verwahrt, bis ein rechtskräftiges Urteil ergangen oder eine einvernehmliche Regelung erzielt ist. Da eine besondere Verwaltungstätigkeit meist nicht erforderlich ist, wird eine Sequestration im Sinne des § 938 II ZPO aber regelmäßig nicht

---

839 Gloy/Harte-Bavendamm, § 43, Rn.155.
840 Baumbach/Hefermehl, § 23 UWG, Rn.9 mwN.
841 Baumbach/Hefermehl, § 23 UWG, Rn.13; Harte-Bavendamm, § 5, Rn.127.
842 Harte-Bavendamm, § 5, Rn.132.

angeordnet.[843] Zwar besteht daneben auch die Möglichkeit der Anordnung eines mit einer Siegelung der Gegenstände verbundenen Veräußerungsverbots. Da die hiermit verbundene Strafandrohung - etwa wegen Siegelbruchs (§ 136 II StGB) oder Pfandkehr (§ 289 StGB) - aber das faktische Beiseiteschaffen nicht verhindern kann, ist diese Vorgehensweise zur effektiven Sicherstellung weniger geeignet.[844]
Bei der Marken(artikel)piraterie ist der Antrag auf Erlass einer einstweiligen Verfügung typischerweise durch eine Kombination von Unterlassungs-, Sicherstellungs- und Drittauskunftsanspruch gemäß § 19 III MarkenG gekennzeichnet.[845]

III. Strafrechtliche Sanktionen gem. § 143 MarkenG

Der Markeninhaber kann gegen Personen, welche in Herstellung und Vertrieb von Plagiaten involviert sind, auch strafrechtliche Schritte einleiten. Neben den spezifisch markenrechtlichen Straftatbeständen des § 143 MarkenG sind je nach Lage des Einzelfalls auch verschiedene Delikte des Kernstrafrechts[846], sowie zoll- und steuerrechtliche Strafbestimmungen[847] einschlägig. Die folgenden Ausführungen sollen sich auf die besonderen Straftatbestände des MarkenG beschränken.

Die Plagiatoren wissen sowohl die schutzrechtsverletzenden Objekte als auch ihre Gewinne und ihr sonstiges Vermögen geschickt zu verbergen. In Anbetracht der beschränkten Mittel des zivilprozessualen Vollstreckungsverfahrens ist den Geschädigten eine Durchsetzung ihrer Ansprüche deshalb häufig erheblich erschwert oder gar unmöglich.[848]
Nur im Strafverfahren stehen dem Rechtsinhaber weitreichende Informationsansprüche - etwa Akteneinsichtsrechte gemäß §§ 385 III, 406e StPO -[849] zu. Aufgrund der weitreichenden Befugnis der staatlichen Ermittlungsbehörden zu Durchsuchungen und Beschlagnahmen - Beweismittelbeschlagnahme nach §§ 94 ff. StPO oder Beschlagnahme zur Sicherung von Verfall und Einziehung gemäß §§ 111b - 111d StPO[850] - lassen sich über diesen Umweg wichtige Hinweise gewinnen.[851]
Daneben kann aus Sicht des Geschädigten auf eine wirksame strafrechtliche Aufklärung und Ahndung auch und gerade unter generalpräventiven Gesichtspunkten nicht verzichtet werden.[852] Die Gerichte können entsprechende Verfehlungen mit Freiheits- oder Geldstra-

---

843 Wölfel, S.58.
844 Harte-Bavendamm, § 5, Rn.133.
845 Harte-Bavendamm, § 5, Rn.135ff.
846 In Betracht kommen insbesondere Betrug (§ 263) und Urkundenfälschung (§ 267 StGB). vgl. Fezer, § 143, Rn.44; zur Ahndung von Markenverletzungen nach dem Kernstrafrecht vgl. auch Braun, S.220 ff.; Wölfel, S.135 ff.; Harte-Bavendamm, § 5, Rn.197 ff.
847 Vgl. hierzu noch Punkt IV. 2.
848 Hees in: GRUR 2002, 1037.
849 Braun, S.276; Harte-Bavendamm/Holler, § 5, Rn.195ff.
850 Vgl. hierzu Scherbauer, S.114ff.; Hees in: GRUR 2002, 1037ff.
851 Kelz/Wich in: Mitt 1986, 28, 30; Hees in: GRUR 2002, 1037; Ingerl/Rohnke, § 143, Rn.12.
852 Deutsche Vereinigung für gewerblichen Rechtsschutz und Urheberrecht in: GRUR 1999, 479,

fe sanktionieren und gem. § 143 V MarkenG i.V.m. den §§ 74 ff. StGB die Einziehung der durch die Tat hervorgebrachten Gegenstände, der sogenannten producta sceleris, bzw. Tatmittel, der sogenannten instrumenta sceleris - anordnen. Ferner kann zum Schutz der Allgemeinheit ein Berufsverbot gemäß § 70 I 1 StGB verhängt werden, wenn der Täter zur Ausführung der Straftat seinen Beruf oder sein Gewerbe missbraucht oder die mit ihnen verbundenen Pflichten verletzt hat.[853]

Allerdings ist die tatsächliche Handhabung der dargestellten strafrechtlichen Verfolgungsmöglichkeiten gegenüber Piraten eher ernüchternd. Die Intensität der Strafverfolgung wurde auch durch die Einführung der besonderen markengesetzlichen Straftatbestände nicht wesentlich gesteigert. Die vorhandenen, durch das PrPG sogar nochmals erhöhten Strafrahmen, werden nicht im entferntesten ausgeschöpft.[854] Oftmals werden Ermittlungsverfahren selbst in bedeutsamen Fällen nur schleppend vorangetrieben und enden aufgrund der allgemeinen Überlastung der Strafverfolgungsbehörden in Einstellungsbeschlüssen.[855] Zu einer Verurteilung kommt es in diesem Bereich hingegen nur selten.[856] Die Rechtswirklichkeit bleibt hier somit in besonders gravierender Weise hinter dem geschriebenen Recht zurück.[857]

§ 143 I MarkenG beinhaltet die Grundtatbestände der Kennzeichenverletzung. Absatz 2 ordnet für Fälle gewerbsmäßigen Handelns eine qualifizierte Strafdrohung an. Absatz 3 begründet die Versuchsstrafbarkeit. Absatz 4 stellt für die Grundtatbestände des Absatz 1 ein Antragserfordernis auf. In Absatz 5 ist eine besondere markengesetzliche Einziehungsmöglichkeit vorgesehen. Absatz 6 schließlich enthält eine Regelung hinsichtlich der Urteilsveröffentlichung als besonderer Sanktion.

1. Grundtatbestände (§ 143 I MarkenG)

Der Strafrahmen der im strafrechtlichen Sinne „einfachen"[858] Kennzeichenverletzung wurde durch das PrPG von vormals höchstens sechs Monaten auf bis zu drei Jahre Freiheitsstrafe verschärft. Daneben ist auch weiterhin die Verhängung einer Geldstrafe möglich.

Für die Bekämpfung der Marken(artikel)piraterie sind unter den Grundtatbeständen des § 143 I MarkenG ausschließlich die Nummern eins bis drei von Relevanz. Inhaltlich wer-

---

481; Harte-Bavendamm, § 5, Rn.12.

853 Braun, S.232f.; Harte-Bavendamm/Holler, § 5, Rn.185.

854 Zweiter Produktpirateriebericht der Bundesregierung, BT-Drucks. 14/2111 vom 10.11.1999, S.10; Deutsche Vereinigung für gewerblichen Rechtsschutz und Urheberrecht e.V. in: GRUR 1999, 479, 481.

855 Zweiter Produktpirateriebericht der Bundesregierung, BT-Drucks. 14/2111, vom 10.11.1999, S.10ff.; Braun, S.36.

856 Ingerl/Rohnke, § 143, Rn.12.

857 Deutsche Vereinigung für gewerblichen Rechtsschutz und Urheberrecht e.V. in: GRUR 1999, 479, 481.

858 Demgegenüber handelt es sich bei den im zivilrechtlichen Sinne „einfachen" Markenverletzungen um solche, die unvorsätzlich begangen werden. vgl. hierzu unter Punkt II. 2. a).

den diese weitgehend durch Inbezugnahme der zivilrechtlichen Verbotstatbestände des § 14 II und IV MarkenG[859] bestimmt. Damit sind sämtliche markengesetzlichen Verbotstatbestände auch pönalisiert. Demgegenüber handelt der Inhaber einer Hinterhaltsmarke[860] keinem ausdrücklichen Verbot zuwider. Das Geltendmachen einer Hinterhaltsmarke stellt keinen Eingriff in eine fremde Rechtssphäre, sondern vielmehr die - wenn auch *rechtsmissbräuchliche* - Ausübung eines eigenen formalen Ausschließlichkeitsrechts dar. Ein „bloß" rechtsmissbräuchliches Verhalten überschreitet aber regelmäßig nicht die Grenze zwischen zivilrechtlicher Unzulässigkeit und strafbarem Unrecht.
Im Rahmen des subjektiven Tatbestands setzt die Anwendung des § 143 I MarkenG das Vorliegen - zumindest bedingten - Vorsatzes voraus. Hierfür genügt, dass der Täter den als möglich erkannten rechtswidrigen Erfolg billigend in Kauf nimmt.[861] Da der Eintritt eines Schadens beim Verletzten kein Merkmal des objektiven Tatbestands darstellt, ist nicht erforderlich, dass der Vorsatz des Täters auch eine eventuelle Schadensverursachung mitumfasst.[862]
Ein vorsatzausschließender Tatbestandsirrtum i.S.d. § 16 StGB wird im Rahmen der markengesetzlichen Straftatbestände nur selten anzunehmen sein. Aufgrund der gesetzessystematischen Struktur des § 143 MarkenG, welche im wesentlichen durch zahlreiche Verweisungen auf die marken(zivil)rechtlichen Verbotstatbestände charakterisiert wird, ist zwar dessen Anwendungsbereich gegenüber dem des § 17 StGB erheblich erweitert. Denn aufgrund dieser gesetzestechnischen Besonderheit weisen die markengesetzlichen Straftatbestände kaum deskriptive, sondern fast ausnahmslos normative Merkmale auf. Dies führt dazu, dass die bedeutsamen markenrechtsspezifischen Fragen bereits nahezu vollständig auf Tatbestandsebene zu klären sind. So stellt etwa die täterseitige Verkennung einer gegebenen Verwechslungsgefahr oder auch die Fehleinschätzung der Reichweite des markenrechtlichen Benutzungsbegriffs eindeutig einen Irrtum hinsichtlich einer - außerstrafrechtlichen - normativen Tatbestandsvoraussetzung dar.[863] Zudem unterliegt die sog. Parallelwertung in der Laiensphäre bei Markenrechtsverletzungen - aufgrund der diesbezüglichen allgemeinen Sensibilisierung des redlichen Geschäftsverkehrs - einer besonders kritischen Prüfung.
Auch die Widerrechtlichkeit ist - normatives - Tatbestandsmerkmal des § 143 I MarkenG. Bei Vorliegen einer Zustimmung des Markeninhabers oder einer der Schutzschranken der §§ 20 - 26 MarkenG ist also schon der Tatbestand nicht erfüllt. Bei der Maken(artikel)-piraterie ist jedoch stets Widerrechtlichkeit anzunehmen.
Im Falle des § 143 I Nr.2, 3 b) MarkenG muss über den einfachen Vorsatz hinaus auch die Absicht einer Ausnutzung oder Beeinträchtigung der Unterscheidungskraft oder Wertschätzung der verletzten bekannten Marke vorliegen.

859 Siehe hierzu Punkt II. 1. b) bzw. h).
860 Vgl. hierzu bereits Punkt A) IV.
861 Althammer/Ströbele/Klaka, § 143, Rn.18.
862 Fezer, § 143, Rn.20.
863 A.A. Ingerl/Rohnke, § 143, Rn.8

Ein Schuldausschluss aufgrund unvermeidbaren Verbotsirrtums gemäß § 17 StGB wird im Rahmen des § 143 MarkenG ebenfalls nur selten anzunehmen sein. Dies beruht zunächst auf dem bereits erörterten Verhältnis von Tatbestands- und Verbotsirrtum. Ein Verbotsirrtum liegt danach allenfalls dann vor, wenn dem Täter der Straftatbestand insgesamt unbekannt ist. Da dieser sich vor einem Tätigwerden in geeigneter Weise hinsichtlich bestehender fremder Markenrechte kundig zu machen und ggf. auch Rechtsrat einzuholen hat, wird ein solcher Irrtum darüber hinaus kaum jemals als unvermeidbar einzuordnen sein.

2. Qualifikation (§ 143 II MarkenG)

Um eine dem Unrechts- und Schuldgehalt der Taten adäquate Sühne und eine wirksame Generalprävention sicherstellen zu können, enthält § 143 II MarkenG den Qualifikationstatbestand der gewerbsmäßigen Kennzeichenverletzung.[864] Danach kann Freiheitsstrafe bis zu fünf Jahren verhängt werden, wenn der Täter gewerbsmäßig gehandelt hat. Das Merkmal des „gewerbsmäßigen" Handelns ist dabei keinesfalls mit „gewerblichem Handeln" oder dem „Handeln im geschäftlichen Verkehr" gleichzusetzen.[865] Vielmehr handelt nur derjenige „gewerbsmäßig", der sich aus den Vorteilen wiederholt begangener, gleichartiger Straftaten eine fortlaufende Einnahmequelle von einigem Umfang und einiger Dauer verschaffen will.[866] Die Begehung der Straftaten muss also eine systematische und „monokausale" wirtschaftliche Betätigung darstellen.[867]

Das Tatbestandsmerkmal „gewerbsmäßig" sollte nach dem Willen des Gesetzgebers gerade „die mit dem Schlagwort Piraterie umschriebenen Fälle" erfassen. Denn diese sind in der Regel durch eine auf Wiederholung ausgerichtete, vorsätzliche Begehungsweise gekennzeichnet.[868]

Zwar wird der Qualifikationstatbestand bereits durch die in Wiederholungsabsicht begangene Ersttat verwirklicht.[869] Es ist jedoch naturgemäß schwierig, einem erstmals gefassten Täter eine solche Absicht auch nachzuweisen. In einem solchen Fall lässt sich eine entsprechende Überzeugung allenfalls aufgrund beschlagnahmter Unterlagen oder anderweitiger Indizien gewinnen.[870]

3. Versuchsstrafbarkeit (§ 143 III MarkenG)

Gem. § 143 III MarkenG ist der Versuch eines Verstoßes gegen eine Verbotsnorm ebenfalls strafbar. Auch die Einführung der Versuchsstrafbarkeit erfolgte im Jahre 1990 durch

---

864 Begründung zum PrPG, BT-Drucks. 11/4792 vom 15.06.1989, S.24.

865 Cremer in: Mitt 1992, 153, 160.

866 Begründung zum PrPG, BT-Drucks. 11/4792 vom 15.06.1989, S.17.

867 Meister in: WRP 1991, 137, 142; Tilmann in: BB 1990, 1565, Harte-Bavendamm/Holler, § 5, Rn.156.

868 Begründung zum PrPG, BT-Drucks. 11/4792 vom 15.06.1989, S.17.

869 Cremer in: Mitt 1992, 153, 160.

870 Gloy/Harte-Bavendamm, § 43, Rn.166.

das PrPG. Um einen strafbaren Versuch im Sinne des § 143 III MarkenG sollte es sich insbesondere bei solchen Konstellationen handeln, in denen Herstellung und Vertrieb von Einzelteilen eines Markenprodukts, die als solche nicht verbotswidrig sind, mit dem Vorsatz späterer Zusammenfügung erfolgen.[871] Aufgrund der Erweiterung des Schutzbereichs der zivilrechtlichen Verbotsnormen auf bestimmte Vorbereitungshandlungen durch § 14 IV MarkenG hat die praktische Relevanz der Versuchsstrafbarkeit jedoch erheblich abgenommen.[872]

4. Antragserfordernis (§ 143 IV MarkenG)

Während die Verfolgung der gewerbsmäßig begangenen Straftat von Amts wegen zu erfolgen hat, setzt die - im strafrechtlichen Sinne - einfache Markenverletzung gemäß § 143 IV MarkenG grundsätzlich einen Strafantrag des Verletzten voraus. Das Fehlen eines Strafantrag kann allerdings durch eine Bejahung des besonderen öffentlichen Verfolgungsinteresses seitens der Staatsanwaltschaft „geheilt" werden. Jedenfalls in Fällen von Marken(artikel)piraterie wird ein solches Interesse regelmäßig vorliegen.[873]
Die - ebenfalls erst im Rahmen des PrPG erfolgte - Einführung des relativen Antragserfordernisses sollte dazu dienen, dem grundsätzlich ausschließlich individualschützenden Charakter des § 143 I MarkenG deutlicher als bislang Geltung zu verschaffen. Andererseits sollte den Strafverfolgungsbehörden weiterhin eine Möglichkeit zur Verfügung stehen, gegen atypische - weil gemeinschädliche - „einfache" Verstöße auch unabhängig vom Willen des Verletzten einzuschreiten.
Eine Ausweitung des Antragserfordernisses auf die qualifizierten Fälle des § 143 II MarkenG aber sei unterblieben, weil die Verletzten sich nicht selten in der misslichen Lage befänden, entweder selbst gegen einen wichtigen Kunden, der neben der Piraterie- auch Originalware vertreibt, vorgehen oder aber auf eine Verteidigung ihres Schutzrechtes u.U. gänzlich verzichten zu müssen.[874]

5. Einziehung (§ 143 V MarkenG)

In § 143 V MarkenG ist die Einziehung solcher Gegenstände vorgesehen, auf die sich die Straftat bezieht. Dies eröffnet die Möglichkeit einer Sicherstellung gemäß § 111 b I StPO. Die Einziehung ist eine fakultative Nebenstrafe.[875] § 143 V 2 MarkenG verweist auf § 74 a StGB und betrifft den Sonderfall der sog. Dritteinziehung. Nach § 143 V 2 MarkenG i.V.m. § 74 a Nr.1 StGB können täterfremde Sachen zunächst dann eingezogen werden, wenn deren Eigentümer wenigstens leichtfertig dazu beigetragen hat, dass diese Mittel

---

871 Cremer in: Mitt 1992, 153, 160.
872 Althammer/Ströbele/Klaka, § 143, Rn.22.
873 Cremer in: Mitt 1992, 153, 160; Allerdings ist in diesen Fällen meist auch der - ohnehin nicht antragsgebundene - Qualifikationstatbestand erfüllt.
874 Entwurf eines Gesetzes zur Bekämpfung der Produktpiraterie, BR-Drucks. 206/89 vom 21.04.1989, S.82.
875 Ingerl/Rohnke, § 143, Rn.10; Fezer, § 143, Rn.35

bzw. Gegenstand der Tat geworden sind oder zu deren Vorbereitung gedient haben. Nach § 143 V 2 MarkenG i.V.m. § 74 a Nr.2 StGB gilt das gleiche, wenn dieser die Gegenstände trotz Kenntnis der einziehungsrelevanten Umstände in vorwerfbarer Weise erworben hat.[876]
Hat die Geltendmachung des dem Verletzten nach § 18 MarkenG zustehenden, zivilrechtlichen Vernichtungsanspruchs im Adhäsionsverfahren nach den §§ 403 - 406 c StPO Erfolg, so scheidet eine strafrechtliche Einziehung gemäß § 143 V 3 MarkenG aus. Dieser Vorrang des zivilrechtlichen Anspruchs vor der strafrechtlichen Einziehung beruht darauf, dass das Schutzsystem zugunsten des geistigen Eigentums primär auf eine private Rechtsverfolgung angelegt ist.[877]

6. Urteilsbekanntmachung (§ 143 VI MarkenG)

Nach § 143 VI MarkenG kann auf Antrag des Verletzten im Rahmen des Strafurteils angeordnet werden, dass die Verurteilung öffentlich bekanntgemacht werden soll.[878] Der Verletzte muss hierfür sein berechtigtes Interesse an einer solchen Urteilsveröffentlichung darlegen, welches vom Gericht im Rahmen einer Einzelfallabwägung überprüft wird.[879]
Da die Urteilsveröffentlichung an eine strafrechtliche Verurteilung anknüpft, befriedigt sie das private Genugtuungsinteresse des Verletzten und stellt zugleich eine dem allgemeinen Rechtsbewährungsbedürfnis Rechnung tragende Nebenstrafe dar.[880]
Gemäß § 143 VI 2 MarkenG wird die Art der Bekanntmachung im Urteil bestimmt.[881] In der Regel wird die Veröffentlichung auf den Urteilstenor beschränkt, erstreckt sich also nicht auf die Entscheidungsgründe.[882]
Da in Fällen von Marken(artikel)piraterie regelmäßig Bereicherungsabsicht vorliegt, ist hier nach § 41 StGB die kumulative Verhängung von Geld- und Freiheitsstrafe zulässig.

IV. Zollrechtliche Maßnahmen

Auch die Zollbehörden können bei der Bekämpfung der Marken(artikel)piraterie wichtige Beiträge leisten.[883] Insbesondere die Grenzbeschlagnahme hat sich in der Praxis als schlagkräftiges Instrument etabliert.[884] Schließlich stammt der überwiegende Teil der an

---

876 Fezer, § 143, Rn.33.
877 Begründung zum PrPG, BT-Drucks. 11/4792 vom 15.06.1989, S.30; Lührs in: GRUR 1994, 264, 267.
878 Vgl. zur Veröffentlichung eines zivilrechtlichen Urteils bereits Punkt II. 8.
879 Fezer, § 143, Rn.37; Althammer/Ströbele/Klaka, § 143, Rn.30.
880 Braun, S.222; Anduleit, S.113; Althammer/Ströbele/Klaka, § 143, Rn.30; Fezer, § 143, Rn.36.
881 Fezer, § 143, Rn.40. Hinsichtlich der verschiedenen Bekanntmachungsmöglichkeiten vgl. schon oben unter Punkt II. 8.
882 Althammer/Ströbele/Klaka, § 143, Rn.30.
883 Vgl. zum Gesamtkomplex Grenzbeschlagnahme ausführlich Scherbauer, „Die Grenzbeschlagnahme von Produktpirateriewaren im Immaterialgüterrecht“, 2000.
884 Dies stellt die Bundesregierung in ihrem zweiten Produktpirateriebericht vom 10.11.1999, BT-

den inländischen Märkten angebotenen Plagiate aus Staaten mit permissiver Verfolgungspraxis[885] und gelangt erst auf verschlungenen Wegen ins Bundesgebiet.[886] Daneben ist aber auch das strafrechtlich-repressive Vorgehen der Zollfahndung von nicht unerheblichem Gewicht.

1. Grenzbeschlagnahme

Der Begriff der Grenzbeschlagnahme wird in einem sehr weiten Sinne verstanden. Er umfasst daher nicht nur die eigentliche Beschlagnahmehandlung - also die Anordnung eines Verfügungsverbots -, sondern bereits das Unterbrechen der Abfertigung aufgrund eines ersten Verdachts, die Prüfung und Begutachtung der Ware sowie den anschließenden Entscheidungsprozess.[887] Da auch ein entsprechendes Tätigwerden der Binnenzollstellen als *Grenz*beschlagnahme bezeichnet wird, ist dieser Terminus zwar an sich zu eng. Er hat sich aber als gängige Bezeichnung für eine Sicherstellung durch Zollbehörden allgemein durchgesetzt.[888]

a) Rechtstatsächliche Hintergründe

Die Zahl der Beschlagnahmeanträge steigt stetig an. Waren 1990 nur ganze 20 Anträge bei den Zollbehörden eingegangen, lagen nach den ersten Monaten des Jahres 1999 bereits 170 vor, von denen immerhin 120 durch Markenrechtsinhaber gestellt wurden.[889] In ca. 15 % der Fälle beruhte die Antragstellung jedoch auf einem entsprechenden Hinweis der Zollverwaltung, welche eine offensichtliche Schutzrechtsverletzung bereits zuvor festgestellt hatte.[890] Parallel dazu nahmen auch die Beschlagnahmen selbst zu. Zwischen 1995 und 2000 stieg ihre Zahl von 500 auf über 3000.[891] Rund 45 % aller zwischen 1995 und 1997 in der EU aufgrund der PrPVO durchgeführten Beschlagnahmemaßnahmen erfolgten durch bundesdeutsche Behörden.[892] Bei der Grenzbeschlagnahme von Falsifikaten stellt das subjektive Markenrecht mit über 90 % das am häufigsten verletzte Schutzrecht dar.[893] Dies beruht unter anderem auf der Tatsache, dass die Aufdeckung einer diesbezüglichen Pirateriehandlung im Vergleich zu der einer Verletzung anderer Immaterialgüterrechte relativ einfach ist.[894]

Drucks. 41/2111, S.7 ausdrücklich fest. Kurzüberblick bei Grauel in: MarkenR 2000, 91, 92.

885 Cremer in: Mitt 1992, 153, 166.

886 Winter in: GRUR 1981, 1, 9; Scherbauer, S.106.

887 Harte-Bavendamm/Hoffmeister/Harte-Bavendamm, § 5, Rn.203; Scherbauer, S.62.

888 Scherbauer, S.61.

889 Althammer/Ströbele/Klaka, § 146, Rn.3; Harte-Bavendamm/Hoffmeister/Harte-Bavendamm, § 5, Rn.202.

890 Althammer/Ströbele/Klaka, § 146, Rn.6.

891 Bunk in: Absatzwirtschaft 2002, 26, 32.

892 Harte-Bavendamm/Hoffmeister/Harte-Bavendamm, § 5, Rn.202.

893 Scherbauer, S.43, 73.

894 Scherbauer, S.74.

Verglichen mit den Strafverfolgungsbehörden verzeichnet der Zoll „als Partner der Wirtschaft bei der Bekämpfung der Produkt- und Markenpiraterie“[895] weitaus bedeutendere Erfolge. Der Wert der an den Außengrenzen der EU insgesamt beschlagnahmten Waren betrug im Jahr 2001 bspw. etwa 2 Milliarden Euro.[896] Dabei ist allerdings zu beachten, dass dieser Wert auf einer Schätzung der Schadenshöhe und diese wiederum auf der Summe beruht, die in den Einfuhrpapieren angegeben ist. Die zollrechtliche Sicherstellung bildet daher neben den zivilrechtlichen Ansprüchen die effektivste Möglichkeit der Abwehr von Schutzrechtsverletzungen.[897]
Diese Durchschlagskraft liegt darin begründet, dass durch die zollrechtlichen Grenzbeschlagnahme eine Verbreitung der Imitate im Inland bereits vor der Einfuhr verhindert werden kann.
Die Grenzen - vor allem auch die See- und Flughäfen - fungieren bei der Aufdeckung und Bekämpfung grenzüberschreitender Kriminalität also gleichsam als Filter.[898] Durch die frühzeitige Beschlagnahme an der Grenze können Schwierigkeiten, die beim späteren Aufspüren und Sicherstellen von Plagiaten auf den inländischen Märkten zwangsläufig auftauchen, vermieden werden.
Aufgrund der beschränkten Ressourcen können die Zollbehörden dabei jedoch nicht lückenlos und systematisch vorgehen, sondern sind - wenn nicht im Einzelfall signifikante Auffälligkeiten festgestellt werden können - auf eine stichprobenartige Untersuchung der Importware angewiesen.[899] Anknüpfungspunkte für eine nähere Untersuchung ergeben sich oftmals bereits aus den Begleitpapieren - wie Rechnungen oder Ursprungszeugnissen.[900] Die Aufgriffswahrscheinlichkeit wird dabei durch die Verwendung von Fahndungsrastern erhöht, die auf spezifischen Angaben betroffener Rechtsinhaber basieren.[901]
Im Hinblick auf die erhebliche Gewinnspanne nehmen die professionellen Schmuggler das Risiko einer Grenzbeschlagnahme teilweise sogar bewusst in Kauf.[902] Außerdem haben sie verschiedene Strategien entwickelt, um einer Sicherstellung zu entgehen. Beispielsweise sind unter einer Lieferung Metallschrott aus einem Land des ehemaligen Ostblocks nicht selten Plagiate verborgen, die nur mittels eines Magneten oder einer Ladegabel entdeckt werden können.[903]

---

895 Vgl. den Titel des Beitrages von Hoffmeister in: DDZ 1998, F 12ff.
896 Kölner Stadtanzeiger vom 21.01.2003, S.26.
897 Harte-Bavendamm/Hoffmeister/Harte-Bavendamm, § 5, Rn.198.
898 Schmidl, S.127; Scherbauer, S.58.
899 Cremer in: Mitt 1992, 153, 165; v. Schulz/v. Zumbusch, § 146, Rn.23; Dreier, S.113; Scherbauer, S.27 berichtet, dass der Zoll überhaupt nur etwa 2 bis 3 % der die Grenze passierenden Waren überprüft.
900 Cremer in: Mitt 1992, 153, 165.
901 Harte-Bavendamm/Hoffmeister/Harte-Bavendamm, § 5, Rn.217.
902 Cremer in: Mitt 1992, 153, 166.
903 Scherbauer, S.222.

b) Verfahrensarten

Im Rahmen der Grenzbeschlagnahme ist zwischen dem auf Gemeinschaftsrecht und dem auf nationalem Recht beruhenden Verfahren zu unterscheiden, für deren Durchführung einheitlich die jeweiligen nationalen Zollbehörden zuständig sind.
Im innergemeinschaftlichen Grenzverkehr richtet sich das Beschlagnahmeverfahren nach den §§ 146 ff. MarkenG. Die Grenzbeschlagnahme bei der Einfuhr aus und der Ausfuhr in Drittländer - also Staaten, die nicht Mitglieder der EU sind - erfolgt demgegenüber auf der Grundlage der Verordnung (EG) Nr. 3295/94[904]. Die PrPVO regelt aber lediglich die zollrechtlichen Rahmenbedingungen.[905] Einzelne Aspekte des Grenzbeschlagnahmeverfahrens unterliegen demgemäß gemeinschaftsrechtlichen Vorgaben, andere erfahren keine europarechtliche Regelung. Deshalb bedarf die PrPVO in vielen Punkten der Ergänzung durch Normen des nationalen Rechts. § 150 MarkenG bestimmt demgemäß, dass im PrPVO-Verfahren die nationalen Vorschriften (§§ 146-149 MarkenG) entsprechend anwendbar sind, soweit die Verordnung keine anderweitige Regelung enthält. In der Verwaltungspraxis sind die Verfahrensabläufe daher weitgehend vereinheitlicht.[906] Um Rechtsschutzlücken zu vermeiden, sollte gleichwohl stets ein den Erfordernissen beider Verfahrensarten genügender Antrag gestellt werden.[907]
Im folgenden sollen zunächst - unter 2. - die Einzelheiten der präventiven Grenzbeschlagnahme und sodann - unter 3. - die Besonderheiten der repressiven zollrechtlichen Verfahren dargestellt werden.

c) Verfahrensabschnitte

Die Befugnis zur Grenzbeschlagnahme stellt die Ermächtigungsgrundlage für das Anhalten und die anschließende Prüfung in Bezug auf Echtheit bzw. schutzrechtsverletzenden Charakter einer bestimmten grenzüberschreitenden Lieferung dar.[908] Die Zollbehörden dürfen - und müssen - die Sicherstellung der Ware solange aufrechterhalten, wie es für die Durchsetzung der zivilrechtlichen Ansprüche des Markeninhabers und des staatlichen Strafanspruchs erforderlich ist.[909] Es handelt sich bei der Grenzbeschlagnahme also um eine vorläufige Maßnahme, an die sich zivil-, straf- oder verwaltungsrechtliche Sanktio-

---

904 Verordnung (EG) Nr.3295/94 „über Maßnahmen, welche das Verbringen von Waren, die bestimmte Rechte am geistigen Eigentum verletzen, in die Gemeinschaft sowie ihre Ausfuhr und Wiederausfuhr aus der Gemeinschaft betreffen", im Folgenden kurz *PrPVO* genannt; vgl. bereits im 1.Teil unter Punkt B).

905 Harte-Bavendamm/Knaak, § 4, Rn.82.

906 Harte-Bavendamm/Hoffmeister/Harte-Bavendamm, § 5, Rn.205.

907 Merkblatt für Grenzbeschlagnahme-Anträge der Zentralstelle Gewerblicher Rechtsschutz bei der OFD Nürnberg; Scheja in: CR 1995, 714, 718; Harte-Bavendamm/Hoffmeister/Harte-Bavendamm, § 5, Rn.205; Scherbauer, S.207.

908 Harte-Bavendamm/Hoffmeister/Harte-Bavendamm, § 5, Rn.203.

909 Ahrens in: BB 1997, 902; Scherbauer, S.34, 58.

nen anschließen können.[910] Das Verfahren der Grenzbeschlagnahme gliedert sich in drei Einzelabschnitte:

- das einleitende Antragsverfahren, das aus Antragstellung und Antragsbearbeitung besteht

- das Ergreifen konkreter zollbehördlicher Maßnahmen

- das weitere Verfahren, das auf eine abschließende Sachentscheidung – Einziehungsanordnung, Beschlagnahmeaufhebung o.ä. - gerichtet ist.

(1) Antragstellung und -bearbeitung

Die markengesetzliche Grenzbeschlagnahme erfolgt ausschließlich auf einen entsprechenden Antrag eines potentiell Betroffenen hin. Denn da es vorrangig der Verteidigung privater Rechte dient, handelt sich hierbei um ein Privatinitiativ-Verfahren.[911] Nach Eingang eines Antrags werden zunächst die Voraussetzungen eines Anspruchs auf Tätigwerden der Zollbehörden geprüft und nach Beendigung des Entscheidungsprozesses der Antragsteller und im Falle einer Stattgabe auch die einzelnen Zolldienststellen informiert. Nur hinsichtlich dieses Antragsverfahrens im engeren Sinne enthält die PrPVO detaillierte Regelungen. Bei der gemeinschaftsrechtlichen Grenzbeschlagnahme ist das Eingangsverfahren damit gemeinschaftsrechtlich streng reglementiert, so dass in diesem Bereich für den mitgliedstaatlichen Gesetzgeber praktisch kein Spielraum verbleibt.

(a) Abgrenzung zwischen § 146 MarkenG und der PrPVO

Aufgrund des Anwendungsvorrangs der höherrangigen EG-VO sind Waren, die dem Anwendungsbereich der PrPVO unterfallen, von einer Grenzbeschlagnahme nach § 146 I MarkenG ausgeschlossen.[912] Die PrPVO gewährt ihrerseits die Möglichkeit der Grenzbeschlagnahme für sämtliche nachgeahmten Waren, die in oder aus Drittländern aus- oder eingeführt werden. Da ein erheblicher Anteil der Falsifikate über osteuropäische Länder in das Gebiet des europäischen Binnenmarktes gelangt, kommt ihr gerade für die Bundesrepublik Deutschland eine immense Bedeutung zu.[913]
Vom Schutzumfang der PrPVO erfasst sind sowohl Gemeinschaftsmarken als auch Marken, die nur in einem oder auch mehreren Mitgliedstaaten eingetragen sind.
Sie schützt gemäß Art.1 II a) rechtsgültig registrierte Marken vor jeder identischen oder zumindest im Wesentlichen ähnlichen Nachahmung. Durch diese recht weite Tatbestands-

910 Scherbauer, S.62; Harte-Bavendamm/Hoffmeister/Harte-Bavendamm, § 5, Rn.203.
911 Scherbauer, S.58, 207.
912 Gemäß Art.249 EGV n.F. hat die Verordnung allgemeine Geltung, ist in allen ihren Teilen verbindlich und gilt unmittelbar in jedem Mitgliedstaat.
913 Ahrens in: RIW 1996, 727, 728; Holzbach in: MMR 6/2003, VI.

fassung sollen die Zollstellen davon entbunden werden, im Einzelfall die u.U. schwierige Rechtsfrage einer eventuell bestehenden Verwechslungsgefahr - vgl. § 14 II Nr.2 MarkenG - klären zu müssen.[914] Andererseits enthält Art. 1 II a) aber die Einschränkung, dass gegenständlich nur solche Warengruppen erfasst werden, für welche die Originalmarke tatsächlich eingetragen ist.
Demnach schützt die PrPVO nur vor Totalfälschungen im Sinne des § 14 II Nr.1 MarkenG und vor Plagiaten, bei denen gemäß § 14 II Nr.2 MarkenG ein identisches Produkt mit einer ähnlichen Marke versehen wurde, ohne dass es auf eine Verwechslungsgefahr ankäme. Wurde die gefälschte Marke aber für eine andere - entsprechend der Konstellation des § 14 II Nr.3 MarkenG - nicht ähnliche[915] oder - entsprechend dem Anwendungsbereich des § 14 II Nr.2 MarkenG - ähnliche Warengruppe verwendet, kann hiergegen nicht mit den zollrechtlichen Mitteln der PrPVO vorgegangen werden.[916] In den letztgenannten Fällen wie auch im Fall einer Verletzung einer solchen Marke, die gemäß § 4 Nr.2, 3 MarkenG auch ohne Eintragung Schutz genießt,[917] können Plagiate ausschließlich durch ergänzende Heranziehung des § 146 I MarkenG beschlagnahmt werden.
Der originäre Anwendungsbereich des Verfahrens nach § 146 MarkenG betrifft schutzrechtsverletzende Waren, welche die Binnengrenzen von EG-Mitgliedstaaten überschreiten. Aufgrund des Schengener Abkommens, nachdem seit dem 1. Januar 1993 an den EU-Binnengrenzen grundsätzlich keine Kontrollen mehr stattfinden, kommt der originären Anwendung des Grenzbeschlagnahmeverfahrens nach § 146 I MarkenG allerdings nur noch geringe Bedeutung zu.[918] Innergemeinschaftliche Bedeutung erlangt die Norm aber heute als Ermächtigungsgrundlage für die verstärkte Kontroll- und Beschlagnahmetätigkeit „Mobiler Kontrollgruppen".[919] Besteht Grund zu der Annahme, dass der zollamtlichen Überwachung unterliegende Waren mitgeführt werden, sind diese gemäß § 10 II ZollVG befugt, im gesamten Bundesgebiet - z.B. auch an Fernstraßen und Flughäfen - Personen und Fahrzeuge anzuhalten.[920] Da die Effizienz der „Mobilen Kontrollgruppen"

914 Scherbauer, S.128.
915 Ahrens in: RIW 1996, 727, 728; Ahrens in: BB 1997, 902.
916 Ahrens in: BB 1997, 902; Ahrens in: RIW 1996, 727, 728; Harte-Bavendamm/Knaak, § 4, Rn.17; Scherbauer, S.127; vgl. dazu bereits für die Vorgängerverordnung (EWG) Nr. 3842/86, die ggü. der PrPVO von 1994 insoweit keine Änderung beinhaltet und Knaak in: GRUR Int. 1988, 9f.
917 Harte-Bavendamm/Knaak, § 4, Rn.15; Harte-Bavendamm/Hoffmeister/Harte-Bavendamm, § 5, Rn.204; Ingerl/Rohnke, § 146, Rn.2; Allerdings haben 98 % der markenrechtsbezogenen Grenzbeschlagnahmeanträge eingetragene Marken zum Gegenstand. Hoffmeister in: DDZ 1998, F 12, F 15.
918 v. Schulz/v. Zumbusch, § 146, Rn.3; Ingerl/Rohnke, § 146, Rn.2; Harte-Bavendamm/ Hoffmeister/Harte-Bavendamm, § 5, Rn.200.
919 Vgl. Kurzmitteilung des BMF in: ZfZ 1998, 395; Harte-Bavendamm/Hoffmeister/Harte-Bavendamm, § 5, Rn.204; Scherbauer, S.62, 220.
920 Scherbauer, S.62, 87. Im Jahre 1997 hatte der deutsche Zoll insgesamt 40 Mobile Kontrollgruppen im Einsatz, die den grenzüberschreitenden Verkehr auch im nicht grenznahen Raum zollamtlich überwachen. Es wurden 290.000 Kontrollen durchgeführt und dabei 31.000 Unregelmäßigkeiten festgestellt. Vgl. dazu Jahresbilanz des Zolls in: ZfZ 1998, 394f.

überaus hoch ist, wird ihre Gesamtzahl in Zukunft wohl noch deutlich erhöht werden.[921] Gänzlich von der Grenzbeschlagnahme ausgeschlossen sind Gegenstände, die durch Privatpersonen - insbesondere im Reisegepäck - eingeführt werden. Dies folgt aus Art.10 PrPVO sowie aus der Tatsache, dass eine Einfuhr außerhalb des geschäftlichen Verkehrs schon nicht von den Verletzungstatbeständen des § 14 II-IV MarkenG erfasst wird. Allerdings missbrauchen gewerbsmäßig handelnde Marken(artikel)piraten diese Anwendungslücke allzu oft, indem sie einen systematischen „Ameisenverkehr"[922] mit Plagiaten organisieren. Dabei rekrutieren sich die „Ameisen" sowohl aus touristischen Gelegenheitsschmugglern als auch aus Profis, welche systematisch - u.U. mehrmals täglich - kleinere Mengen von Plagiaten ins Inland schmuggeln.[923] Erlaubt die Beweislage im Einzelfall, privates Reisegepäck einem solchen kommerziellen Transportnetz zuzuordnen, ist eine Grenzbeschlagnahme daher ausnahmsweise möglich.[924]

(b) Objekte der Grenzbeschlagnahme

§ 146 I MarkenG erfasst seinem Wortlaut nach nur widerrechtlich gekennzeichnete Ware. Problematisch ist also, ob nach dieser Vorschrift auch markierte Umhüllungen und Verpackungen, (isolierte) Kennzeichnungsmittel i.S.d. § 14 IV MarkenG sowie die zur widerrechtlichen Kennzeichnung benutzten oder bestimmten Vorrichtungen - vgl. § 18 II MarkenG für den Vernichtungsanspruch - beschlagnahmt werden können. Nahezu einhellig wird für eine Ausdehnung der Grenzbeschlagnahme auf die (isolierten) Kennzeichnungsmittel, Verpackungen oder Umhüllungen - z.B. Dosen, Flaschen, Kisten, und sonstige Behältnisse -, auf denen sich eine falsche Marke befindet, plädiert.[925] Dafür spreche ein praktisches Bedürfnis. Sinn und Zweck der Grenzbeschlagnahme machten ein extensives Verständnis des Warenbegriffs im Sinne des § 146 I 1 MarkenG erforderlich.[926] Schließlich bezwecke diese, jeglichem - kommerziellen - Eingriff in das Ausschließlichkeitsrecht des Markeninhabers wirksam zu begegnen.[927] Nach § 14 IV MarkenG sei der generelle Schutzbereich des Markenrechts auf die Kennzeichnungsmittel ausgeweitet. Das Ausschließlichkeitsrecht des Markeninhabers sei danach auch schon dann berührt, wenn eine Verbindung mit dem Produkt noch gar nicht erfolgt ist. Eine einschränkende Auslegung des Zugriffsbereichs des § 146 I MarkenG würde auch § 14 III Nr.1 MarkenG widerspre-

---

921 Kunas in: ZfZ 1995, 262, 265.

922 Cremer in Mitt 1992, 153, 166; Harte-Bavendamm/Hoffmeister/Harte-Bavendamm, § 5, Rn.224; Ahrens in: RIW 1996, 727, Fn.7; Oppermann, S.192; Scherbauer, S.232.

923 Cremer in: Mitt 1992, 153, 166; Harte-Bavendamm/Hoffmeister/Harte-Bavendamm, § 5, Rn.224.

924 Harte-Bavendamm/Hoffmeister/Harte-Bavendamm, § 5, Rn.224. Vgl. ferner die Ausführungen unter Punkt II. 1. b) (4) zu der Problematik, ab welcher Menge oder ab welchem Wert einer Sendung von einem kommerziellen Hintergrund ausgegangen werden darf.

925 Althammer/Ströbele/Klaka, § 146, Rn.15; v. Schulz/v. Zumbusch, § 146, Rn.17; Fezer, § 146, Rn.12; Scherbauer, S.145.

926 v. Schulz/ v. Zumbusch, § 146, Rn.17; Fezer, § 146, Rn.13; Harte-Bavendamm/ Hoffmeister/ Harte-Bavendamm, § 5, Rn.225.

927 Fezer, § 146, Rn.13.

chen, wonach es einem Dritten untersagt ist, ein mit der Marke kollidierendes Zeichen auf der Ware selbst, ihrer Aufmachung oder Verpackung anzubringen.[928] Da die genannten Gegenstände auch in den Anwendungsbereich des Vernichtungsanspruchs gemäß § 18 MarkenG fielen und die Beschlagnahme nicht zuletzt auch der Sicherung des Vernichtungsanspruchs diene, sei es nicht sachgerecht, sie hiervon auszuschließen.[929] Im übrigen sehe auch die - immerhin höherrangiges Recht darstellende - PrPVO in Art.1 II a) eine Beschlagnahme der Kennzeichnungsmittel ausdrücklich vor. Nach der Definition in Art.1 II a) PrPVO fielen unter den Begriff der nachgeahmten Ware nicht nur die Waren selbst, sondern auch alle Kennzeichnungsmittel wie Etiketten, Anhänger, Aufkleber oder Prospekte, sowie isolierter Verpackungen, wenn diese auch die sonstigen Voraussetzungen der Vorschrift - insbesondere in Bezug auf den Nachahmungscharakter - erfüllen. Die Grenzbeschlagnahme beziehe sich also auf alle Gegenstände, in denen sich einer der Verletzungstatbestände des § 14 II-IV MarkenG verkörpert.[930]
Die Beschlagnahme von Vorrichtungen, die zur widerrechtlichen Kennzeichnung benutzt worden oder bestimmt sind, soll demgegenüber nicht unmittelbar nach § 146 I 1 MarkenG möglich sein. *Fezer* schlägt deshalb für diese eine analoge Anwendung vor.[931] Die zollrechtliche Beschlagnahme qualifizierter Vorrichtungen gestützt auf § 146 I MarkenG analog sei notwendig, um auch die Durchsetzung des diesbezüglichen Vernichtungsanspruchs gemäß § 18 II MarkenG zu sichern.[932]
Vereinzelt wird auch die Ansicht vertreten, eine ausdehnende Anwendung des § 146 I MarkenG sei generell unzulässig. Sie widerspreche dem Erfordernis der „Offensichtlichkeit" der Rechtsverletzung.[933] Wieder andere differenzieren und lehnen die Extension nur hinsichtlich der qualifizierten Vorrichtungen ab, weil die Beschlagnahme diesbezüglich aufgrund ihrer erheblichen wirtschaftlichen Konsequenzen eine unzumutbare Sanktion darstelle.[934]
Diese Argumente vermögen jedoch nicht zu überzeugen.
Zunächst sind sowohl Gegenstände als auch Vorrichtungen durch die §§ 14 II-IV, 18 MarkenG ausdrücklich einbezogen. Außerdem ist die Erkennbarkeit der Widerrechtlichkeit einer Benutzung bei diesen nicht schwieriger als bei den Waren selbst. Schließlich spricht für die Beschlagnahme von Vorrichtungen, dass den nachgeahmten Waren nach Art.1 III der PrPVO ebenfalls Formen und Matrizen gleichgestellt werden, die zur Herstellung nachgeahmter Marken oder der betreffenden Waren bestimmt sind, sofern deren Verwendung nach dem Gemeinschaftsrecht oder dem einschlägigen nationalen Recht einen Verletzungstatbestand erfüllt. Um die Marken(artikel)piraterie erfolgreich bekämpfen zu kön-

928 Scherbauer, S.145.
929 Fezer, § 146, Rn.13.
930 Scherbauer, S.145.
931 Fezer, § 146, Rn.14.
932 Fezer, § 146, Rn.14, welche auf die Kommentierung zu § 18, Rn.15ff. verweist; Althammer/Ströbele/Klaka, § 146, Rn.8; Scherbauer, S.146.
933 Ingerl/Rohnke, § 146, Rn.3.
934 v. Schulz/v. Zumbusch, § 146, Rn.17.

nen, muss die Reichweite der markenrechtlichen Sanktionsmöglichkeiten mit dem Anwendungsbereich ihrer Absicherung dienender Instrumentarien harmonisiert werden.

(c) Zuständigkeit und Verfahren

Die Zuständigkeit für die Grenzbeschlagnahme ist territorial beschränkt. Ein hierauf gerichteter Antrag kann nur in einem Mitgliedstaat Erfolg haben, in welchem entsprechender nationaler Markenschutz besteht.[935] Um der Gefahr vorzubeugen, dass sich Nachahmer bestehende territoriale Schutzlücken zu nutze machen, muss das Anliegen eines jeden Markeninhabers sein, internationalisierten Markenschutz - sei es durch verschiedene Einzeleintragungen, sei es durch Unterschutzstellung einer Gemeinschaftsmarke - zu erlangen.[936]

Zentrale Anlaufstelle für die Einleitung eines Grenzbeschlagnahmeverfahrens deutscher Zollbehörden ist die Abteilung „Grenzbeschlagnahme" der Oberfinanzdirektion Nürnberg - Zentralstelle Gewerblicher Rechtsschutz, welche in München ansässig ist.[937] Die Antragstellung ist zwar keiner besonderen gesetzlichen Form unterworfen. Um einen zügigen Verfahrensfortgang zu gewährleisten, sollten die von der Oberfinanzdirektion Nürnberg erarbeiteten, auch mit zusätzlichen Informationen versehenen Antragsformulare verwendet werden.[938]

Sollte auch ein Tätigwerden der Zollbehörden anderer Mitgliedstaaten erforderlich sein, so müssen gem. Art.3 I PrPVO auch bei diesen entsprechende Anträge eingereicht werden.

Nach Art.3 III S.1 PrPVO ist die Geltungsdauer der begehrten Anordnung vom Antragsteller anzugeben und kann gegebenenfalls verlängert werden. Gemäß § 148 I MarkenG hat die Anordnung einer Grenzbeschlagnahme eine Wirkungsdauer von höchstens zwei Jahren. Da ein Antrag wiederholt gestellt werden kann, ist auch in diesem Bereich eine langfristige Schutzgewährung möglich.

Gemäß § 146 I MarkenG ist antragsberechtigt nur der Markenrechtsinhaber. Nach Art.1 II b) PrPVO ist dem Rechtsinhaber jede andere zur Benutzung der Marke und / oder Wahrnehmung der mit ihr verbundenen Rechte befugte Person oder deren Vertreter gleichgestellt, so dass auch der Lizenznehmer und dessen Vertreter - z.B. Anwälte, die als inländi-

---

935 Harte-Bavendamm/Knaak, § 4, Rn.43; Scherbauer, S.130. A.A. Schmidl, S.120f., nach dessen Ansicht es für ein Tätigwerden der Zollbehörden nach der PrPVO ausreicht, „wenn die Marke überhaupt in einem der Mitgliedstaaten eingetragen ist".

936 Scherbauer, S.130.

937 Erlass des BMF v. 10.02.1995, Az. II B 7 - SV1204-143/94 - Die Zentralzuständigkeit gilt für Verfahren sowohl nach den §§ 146ff. MarkenG als auch nach der PrPVO. Die im Jahre 1998 gebildete Sonderabteilung prüft die Anträge, informiert im Falle der Stattgabe die einzelnen Zollstellen und koordiniert das weitere Vorgehen. vgl. hierzu Scherbauer S.211, Fn.363; v.Schultz/v.Zumbusch, § 146, Rn.10.

938 Ingerl/Rohnke, § 146, Rn.6; Althammer/Ströbele/Klaka, § 146, Rn.6; Scherbauer, S.202; Harte-Bavendamm/Hoffmeister/Harte-Bavendamm, § 5, Rn.211. Aufschlussreich ist das bei Harte-Bavendamm auf S.177ff. abgedruckte Muster eines Antragsformulars.

sche Vertreter ausländischer Markeninhaber agieren -[939] antragsberechtigt sind. Um eine möglichst weitgehende Harmonisierung der beiden Verfahren zu erreichen, ist der Kreis der Antragsberechtigten auch bei der Beschlagnahme nach § 146 I MarkenG entsprechend der Regelung der PrPVO zu erweitern.[940]

Gem. Art.3 II PrPVO muss der Antragsteller seine Rechtsinhaberschaft - etwa durch einen beglaubigten Auszug aus dem Markenregister - nachweisen. Auch im Rahmen des Antragsverfahrens gemäß § 146 I MarkenG hat der Rechtsinhaber den Beweis hinsichtlich der Existenz des Schutzrechts sowie seiner persönlichen Legitimation zu erbringen.[941] Bei lediglich kraft Verkehrsgeltung geschützten Marken muss der Schutzanspruch - bspw. durch eidesstattliche Versicherung und geeignete ergänzende Unterlagen - glaubhaft gemacht werden.[942] Da der Antragsgegner vielfach namentlich noch nicht bekannt ist, ist eine konkrete Benennung im Antrag entbehrlich.[943] Gemäß Art.3 II PrPVO muss der Antrag mit verfahrensfördernden Informationen, insbesondere bezüglich charakterisierender Eigenschaften der echten oder der gefälschten Waren, des Stand- bzw. Bestimmungsorts oder der Identifikationsnummer bestimmter Sendungen, des vorgesehenen Abgangs- und Ankunftszeitpunkts der Waren sowie der Person des Importeurs, Exporteurs oder Besitzers, versehen werden. Um den Zollbeamten die Identifikation der Falsifikate zu erleichtern, sollte dies - obwohl nicht zwingend vorgeschrieben - auch im Verfahren nach § 146 MarkenG geschehen.

Die Kosten des Beschlagnahmeantrags hat nach § 148 II MarkenG i.V.m. § 178 AO der Antragsteller zu tragen. Sie betragen gemäß § 78 AO zwischen 25 und 250 Euro. Für das Verfahren nach der PrPVO ist ebenfalls eine - allerdings fakultative - Gebühr vorgesehen. Ihre Erhebung im Einzelfall bedarf gem. Art.3 IV PrPVO einer Regelung durch das nationale Recht.

Das Antragsverfahren für die Gemeinschaftsmarke gemäß Art.3 I PrPVO, das erst am 01.07.1999 durch die Verordnung Nr.241/99 eingeführt wurde, weist gegenüber den bisher dargestellten Grundsätzen einige Besonderheiten auf.

Nach Art.3 III PrPVO hat der Markeninhaber die Möglichkeit, mit einem einzigen Antrag, den er bei der hierfür zuständigen Stelle eines einzelnen Mitgliedstaates stellt, gleichzeitig auch das Tätigwerden der Behörden anderer Mitgliedstaaten zu erreichen. Es entfällt also das sonst bestehende Erfordernis der mehrfachen Antragstellung. Darüber hinaus braucht der Antrag keine Angaben zur begehrten Anordnungsdauer zu enthalten.

Das Grenzbeschlagnahme-Verfahren als solches setzt zwar gem. Art.3 PrPVO zwingend eine Antragstellung voraus. Nach Art. 4 PrPVO können die Zollbehörden jedoch verdächtige Waren, die sich bereits in einem Zollverfahren nach Art.1 I a) befinden, von Amts

---

939 Althammer/Ströbele/Klaka, § 146, Rn.8.

940 Ahrens in: BB 1997, 902, 903; Scherbauer, S.210; Althammer/Ströbele/Klaka, § 146, Rn.4; Fezer, § 146, Rn.6; Ingerl/Rohnke, § 146, Rn.6.

941 Althammer/Ströbele/Klaka, § 146, Rn.8; v. Schulz/ v. Zumbusch, § 146, Rn.6.

942 Harte-Bavendamm/Hoffmeister/Harte-Bavendamm, § 5, Rn.214.

943 v. Schulz/v. Zumbusch, § 146, Rn.6.

wegen vorübergehend anhalten, um dem Rechtsinhaber Gelegenheit zur Antragstellung zu geben. Die Übermittlung der in § 146 II MarkenG genannten Informationen allerdings unterbleibt in diesem Fall.[944] Eine solche kurzfristige Vorab-Beschlagnahme ist aber nur dann zulässig, wenn das Vorliegen einer Markenrechtsverletzung offensichtlich - wofür ein ernsthafter Verdacht genügt -[945], die Identität des Markeninhabers bekannt und dieser auch erreichbar ist. Umstände, welche bei den Zollbehörden Misstrauen erwecken, können bspw. der außergewöhnliche Umfang einer Sendung von Markenartikeln oder das Fehlen eines Nachweises hinsichtlich der Berechtigung des Importeurs zum Handel mit Originalprodukten sein.[946] Um den freien Warenverkehr nicht unverhältnismäßig zu beeinträchtigen und etwaige irrtumsbedingte Schäden für redliche Importeure in Grenzen zu halten, dürfen die Waren aber nur drei Arbeitstage zurückgehalten werden.[947] Der Rechtsinhaber kann unter Wahrung dieser 3-Tages-Frist abwägen, ob er das Risiko der aus einer unberechtigten Beschlagnahme möglicherweise resultierenden Haftung gegenüber Staat und Beschlagnahmebetroffenen eingehen und das reguläre Antragsverfahren[948] betreiben will.

(d) Sicherheitsleistung

In Anbetracht der möglichen Haftung gem. den §§ 148, 149 MarkenG hat der Antragsteller gemäß § 146 I 1 MarkenG Sicherheit zu leisten. Die Sicherheitsleistung soll nicht nur das Risiko einer späteren Uneinbringlichkeit von Forderungen gegen den Antragsteller ausschließen, sondern mittelbar auch verhindern, dass rechtsgrundlose Beschlagnahmeanträge bewusst gestellt werden, um Konkurrenten zu behindern.[949]
Sie soll die voraussichtlich entstehenden Auslagen der Zollbehörden - z.B. für die Lagerung der beschlagnahmten Waren - sowie einen zu erwartenden Schaden des Beschlagnahmebetroffenen abdecken und wird von der OFD Nürnberg nach pflichtgemäßen Ermessen festgesetzt.[950]
In der Regel liegt die Höhe der Sicherheitsleistung bei etwa 10.000 - 25.000 Euro.[951] Stellt sich im Laufe des Verfahrens heraus, dass die Sicherheitsleistung ursprünglich zu niedrig bemessen worden war, kann sie nachträglich erhöht werden.[952] Regelmäßig wird die Sicherheit in Form einer selbstschuldnerischen Bürgschaft eines deutschen Kreditinstituts gegenüber der Bundesrepublik Deutschland geleistet.[953]

944 Althammer/Ströbele/Klaka, § 146, Rn.6.
945 Harte-Bavendamm/Hoffmeister/Harte-Bavendamm, § 5, Rn.209.
946 Scherbauer, S.205; Harte-Bavendamm/Hoffmeister/Harte-Bavendamm, § 5, Rn.209.
947 Fritze in: FS für Piper (1996), 221, 228.
948 Harte-Bavendamm/Knaak, § 4, Rn.39; Scherbauer, S.205; Fritze in: FS für Piper (1996), 221, 228.
949 Berlit, Rn.296.
950 Scheja in: CR 1995, 714, 717; Althammer/Ströbele/Klaka, § 146, Rn.7.
951 v. Schulz/v. Zumbusch, § 146, Rn.14.
952 Ingerl/Rohnke, § 146, Rn.7; Althammer/Ströbele/Klaka, § 146, Rn.7.
953 v. Schulz/v. Zumbusch, § 146, Rn.12; Althammer/Ströbele/Klaka, § 146, Rn.10; Scherbauer,

Die Sicherheitsleistung ist jedoch nicht unabdingbare Voraussetzung des Grenzbeschlagnahmeantrags. In dringenden Fällen kann dem Antrag ausnahmsweise auch gegen die bloße Zusicherung des Antragstellers, er werde die Sicherheit alsbald leisten, stattgegeben werden.[954]
Die PrPVO überlässt die Frage der Sicherheitsleistung gemäß Art.3 VI den einzelnen Mitgliedstaaten. Als Rahmen wird lediglich vorgegeben, dass eine vorgesehene Sicherheit sowohl evtl. Schäden Drittbetroffener als auch die Kosten des zollamtlichen Verfahrens decken soll.

(e) Offensichtliche Rechtsverletzung

Um rechtsfehlerhafte Beschlagnahmen, diesbezügliche Rechtsunsicherheit und aufwändige Überprüfungen sowie Amtshaftungsansprüche - bspw. gem. Art.9 II PrPVO oder § 839 BGB i.V.m. Art.34 GG - zu vermeiden, wird die Beschlagnahme gemäß § 146 I MarkenG nur dann angeordnet, wenn das Vorliegen einer Rechtsverletzung offensichtlich ist.[955] „Offensichtlich" ist die Rechtsverletzung, wenn hinsichtlich ihrer Existenz keinerlei vernünftiger Zweifel besteht, sie also für jeden durchschnittlich geschulten Zollbeamten auch ohne längere Prüfung erkennbar ist.[956] Hierfür ist ein hoher Wahrscheinlichkeitsgrad erforderlich.[957]
Das Erfordernis der Offensichtlichkeit der Rechtsverletzung führt bei der Bekämpfung der Marken(artikel)piraterie zu erheblichen Schwierigkeiten. Namentlich in den Fällen der Doppelidentität im Sinne des § 14 II Nr.1 MarkenG können Original und Fälschung von den Zollbeamten zumeist nicht ohne weiteres auseinander gehalten werden. Vor allem aus diesem Grund sollte der Antragsteller also die Behörden schon frühzeitig auf typische Unterscheidungskriterien hinweisen und - z.B. durch die Benennung sämtlicher autorisierten Im- und Exporteure - seine eigenen Vertriebswege offenlegen.[958] Ferner sollten neben dem die Marke betreffenden Registerauszug auch entsprechendes Bildmaterial sowie typische Originaldokumente - wie Ursprungszeugnisse, Garantien, Zertifikate - zur Verfügung gestellt werden.[959] Außerdem sollte der Markeninhaber ergänzend auch über die Identität solcher Personen informieren, die bereits zuvor als Plagiatoren seiner Produkte in Erscheinung getreten sind.[960] Da oftmals ein erheblicher Preisunterschied zwischen Original und Fälschung besteht, stellt auch der Einfuhrwert des Originalerzeugnisses ein wichtiges

---

S.213.

954 v. Schulz/v. Zumbusch, § 146, Rn.12.

955 Begründung zum PrPG, BT-Drucks. 11/4792 vom 15.06.1989, S.41; Ahrens in: RIW 1996, 727, 732; Berlit, Rn.297; v. Schulz/v. Zumbusch, § 146, Rn.19; Tilmann in : BB 1990, 1565, 1566.

956 Ingerl/Rohnke, § 146, Rn.4; Althammer/Ströbele/Klaka, § 146, Rn.17; Scherbauer, S.216.

957 Fezer, § 146, Rn.7a.

958 Scheja in: CR 1995, 714, 717; Cremer in: Mitt 1992, 153, 166; Althammer/Ströbele/Klaka, § 146, Rn.17.

959 Cremer in: Mitt 1992, 153, 166; Althammer/Ströbele/Klaka, § 146, Rn.17; Scheja in: CR 1995, 714, 717.

960 Althammer/Ströbele/Klaka, § 146, Rn.6 u. 17.

Abgrenzungsindiz dar.[961] Schließlich sollte den Zollbehörden ein Ansprechpartner - etwa ein qualifizierter Mitarbeiter des Markeninhabers - benannt werden, welcher die Unterscheidung im Bedarfsfalle selbst vornehmen kann.[962] Die OFD hat in diesem Zusammenhang ein Merkblatt zum Grenzbeschlagnahmeantrag herausgegeben, welches mit Hilfe einer Vielzahl von Fragen die vollständige Ermittlung der benötigten Informationen erleichtert.

Die Offensichtlichkeit der Schutzrechtsverletzung kann jedoch nicht nur bei identischen, sondern auch bei teilidentischen Nachahmungen im Sinne des § 14 II Nr.2 MarkenG problematisch sein. In diesem Bereich ist nicht so sehr die tatsächliche Unterscheidung zwischen Original und Fälschung, sondern vielmehr die Rechtsfrage von Bedeutung, welche Umstände für die Abgrenzung zwischen Anlehnung und Imitation maßgeblich sind. Daher ist es Sache der übergeordneten Stellen, die einschlägigen Entscheidungen der Fachgerichte auszuwerten, die Zollbediensteten entsprechend zu schulen und organisatorische Maßnahmen zu treffen, die einen ständigen Informationsfluss gewährleisten.[963] Entsprechendes gilt auch im Hinblick auf die Diversifikationsbestrebungen der Markenpiraten gemäß § 14 II Nr.3 MarkenG.

Innerhalb der PrPVO findet der Begriff der Offensichtlichkeit nur im Rahmen der vorläufigen Sicherstellung nach Art.4 Verwendung. Er wird hier jedoch in einem erheblich weiteren Sinne verstanden. Es genügt eine gewisse Vermutung der Zollstelle, dass es sich um Falsifikate handeln könnte, auch wenn diesbezüglich noch keine Sicherheit besteht und deshalb weitere Prüfungen erforderlich sind.[964] Beim vorläufigen Festhalten der Ware nach Art.4 PrPVO hat die Zollbehörde also im Vergleich zum Verfahren nach § 146 I MarkenG einen größeren Beurteilungsspielraum. Diese Divergenz beruht auf der Tatsache, dass im erstgenannten Fall zum maßgeblichen Entscheidungszeitpunkt noch kein Beschlagnahmeantrag gestellt worden ist, der Markeninhaber also noch keine Gelegenheit hatte, seiner Informationsobliegenheit nachzukommen.[965]

(f) Import, Export und Transit

Entsprechend der Parallelproblematik im Rahmen des § 14 III Nr.4 MarkenG[966] ist im Bereich der Grenzbeschlagnahme umstritten, ob diese sich auch auf die Warendurchfuhr erstreckt.

Nach dem Wortlaut des § 146 I MarkenG findet die Grenzbeschlagnahme nur bei der Ein- und Ausfuhr widerrechtlich markierter Ware statt. Entgegen der früheren Rechtslage ist eine Grenzbeschlagnahme bei der Durchfuhr, dem Transit, nicht mehr ausdrücklich vorgesehen.

---

961 Cremer in: Mitt 1992, 153, 166; Scherbauer, S.203; Althammer/Ströbele/Klaka, § 146, Rn.17.

962 Althammer/Ströbele/Klaka, § 146, Rn.17; Cremer in: Mitt 1992, 153, 167; Scherbauer, S.202f.

963 Cremer in: Mitt 1992, 153, 166.

964 Harte-Bavendamm/Hoffmeister/Harte-Bavendamm, § 5, Rn.222.

965 Scherbauer, S.216.

966 Vgl. unter Punkt II. 1. g) (3).

Hieraus wird gefolgert, dass in diesen Fällen keine Beschlagnahme stattfinden dürfe. Die Ausnahme des Transits beruhe auf der gesetzgeberischen Überlegung, dass beim reinen Transit keine Rechtsverletzung im Inland stattfindet, diesbezüglich also keine Entscheidung eines deutschen Gerichts verlangt werden kann.[967] Regelmäßig scheitere die Grenzbeschlagnahme in den Fällen des Transits zudem am Merkmal der Offensichtlichkeit der Markenverletzung. Eine solche könne nämlich nur ausnahmsweise dann angenommen werden, wenn sich schon anhand der Zoll- und Speditionspapiere erkennen lässt, dass die Fracht falsch deklariert ist.[968]

Ebenso wie im Rahmen des angesprochenen Parallelstreits überzeugen diese Argumente jedoch auch an dieser Stelle nicht.

Die Durchfuhr einer markierten Ware ohne Zustimmung des Markeninhabers ist eine markenrechtlich relevante Benutzungshandlung gemäß § 14 III Nr.4 MarkenG und muss deshalb auch Gegenstand sämtlicher Schutzinstrumentarien sein. Das Markengesetz lässt als Verletzungshandlung die Ein- oder Ausfuhr und den Besitz zum Zwecke des Warenabsatzes genügen, verlangt also kein Inverkehrbringen im Inland.[969] Dem Markeninhaber ist überdies nicht zuzumuten, sehenden Auges die Durchfuhr einer als gefälscht erkannten Partie dulden zu müssen und seine Rechtsposition erst im Zielland geltend machen zu können.[970] Ferner muss der Gefahr eines Rücktransportes oder eines Vertriebs in Deutschland begegnet werden.[971] Der Ausschluss des Transits vom Anwendungsbereich der Grenzbeschlagnahme würde darüber hinaus der PrPVO widersprechen. Denn nach dieser berechtigt jedes Verbringen von Waren in die oder aus der Gemeinschaft die Zollbehörden zum Tätigwerden.[972] Dadurch soll ein absoluter Schutz der Gemeinschaftsaußengrenzen erreicht und den Zollbehörden die Möglichkeit eines Einschreitens „in Bezug auf sämtliche zollrechtlichen Sachverhalte..., in denen Waren, die bestimmte Rechte am geistigen Eigentum verletzen, und damit gleichzustellende Waren angetroffen werden können“[973] eingeräumt werden.[974] Dieser gemeinschaftsrechtlichen Wertung kommt auch bei der Auslegung des § 146 MarkenG entscheidende Bedeutung zu.[975] Die Grenzbeschlagnahme ist also letztlich auch beim reinen (Binnen-)Transit zuzulassen.[976]

---

967 Begründung zum PrPG, BT-Drucks. 11/4792 vom 15.06.1989, S.41.

968 Ingerl/Rohnke, § 146, Rn.5; Althammer/Ströbele/Klaka, § 146, Rn.15.

969 Fezer, § 146, Rn.9.

970 Harte-Bavendamm/Hoffmeister/Harte-Bavendamm, § 5, Rn.223.

971 Harte-Bavendamm/Hoffmeister/Harte-Bavendamm, § 5, Rn.223.

972 Scherbauer, S.186.

973 So ausdrücklich Erwägungsgrund 3 der Verordnung Nr.241/1999, Abl.EG Nr. L 27 vom 02.02.1999, S.1.

974 EuGH WRP 2000, 713 ff. - „The Polo/Lauren Company“.

975 Berlit, Rn.300.

976 Fezer, § 146, Rn.9; Harte-Bavendamm/Hoffmeister/Harte-Bavendamm, § 5, Rn.223; Sack in: RIW 1995, 177, 183ff.; Sack in: GRUR 1996, 657, 664; Sack in: FS für Piper (1996), 603, 614, Sack in: WRP 2000, 702, 703f.; Meister in: 1995, 366, 371f.; Meister in: WRP 1995, 1005, 1013; Scherbauer, S.200.

(g) Anordnung und weiteres Verfahren

Von der Anordnung einer Grenzbeschlagnahme - sowohl aufgrund der PrPVO als auch gem. § 146 MarkenG - sind der Antragsteller und die einzelnen Zollbehörden zu benachrichtigen.
Gemäß Art.3 V PrPVO wird der Antragsteller unverzüglich über jede den Antrag betreffende Entscheidung gleich welchen Inhalts unterrichtet. Eine Ablehnung muss gemäß Art.3 V PrPVO angemessen begründet werden. Denn gegen die ablehnende Entscheidung kann gemäß Art.3 V PrPVO ein Rechtsbehelf einlegt werden, dessen formelle Voraussetzungen - wie Fristen und Formerfordernisse - durch das nationale Recht bestimmt werden. Eine positive Entscheidung wird allen Zollstellen im Bundesgebiet und dem Zollkriminalamt per Dienstanweisung, welche weitere zweckdienliche Hinweise enthält, mitgeteilt.[977] Daneben werden die Grenzbeschlagnahmeanordnungen vom BMF auch in der Vorschriftensammlung der Bundesfinanzverwaltung veröffentlicht.[978] Nach Art.5 I PrPVO werden - unabhängig vom konkreten nationalen Schutzstatus der gefährdeten Marke -[979] auch die Zollstellen sämtlicher betroffener Mitgliedstaaten benachrichtigt.
Zugleich wird der Zeitpunkt bestimmt, zu dem die Anordnung ihre Wirkung verliert.
Bezog sich der von der zuständigen Behörde eines Mitgliedstaates positiv beschiedene Antrag allerdings auf eine Gemeinschaftsmarke, so gilt die Anordnung nicht allein durch die Stattgabe unmittelbar auch in den übrigen betroffenen Mitgliedstaaten. Gemäß Art.5 II PrPVO muss der Antragsteller die Übermittlung der Entscheidung an die übrigen nationalen Zentralstellen vielmehr selbst veranlassen. Eine Veranlassung i.d.S. liegt jedoch schon dann vor, wenn die stattgebende Behörde die Entscheidung im Einvernehmen mit dem Antragsteller weiterleitet.
Auch die Behörden derjenigen Mitgliedstaaten, die selbst keine Bescheidung des Antrags vornehmen, können gem. Art.3 IV PrPVO Bearbeitungsgebühren einfordern und gem. §§ 3 VI, 5 II PrPVO ihr weiteres Tätigwerden von der Stellung einer Sicherheit abhängig machen.
Dieser komplizierte und zeitaufwändige Verfahrensablauf entspricht nicht dem berechtigten Anliegen des zu schützenden Rechtsinhabers, an den EG-Außengrenzen jedenfalls zugunsten einer Gemeinschaftsmarke umfassenden Schutz auch ohne - durch Entscheidungsprozesse verschiedener nationaler Behörden bedingte - Verzögerungen zu erlangen.[980] Deshalb ist an den europäischen Gesetzgeber zu appellieren, dass Antragsverfahren von unnötigem bürokratischen Ballast zu befreien und geradliniger zu gestalten.

(2) Durchführung der Grenzbeschlagnahme

Die Grundzüge der Durchführung regelt die PrPVO abschließend. Somit besteht diesbe-

977 Scherbauer, S.211; Althammer/Ströbele/Klaka, § 146, Rn.12.
978 Althammer/Ströbele/Klaka, § 146, Rn.12; Scherbauer, S.211.
979 Harte-Bavendamm/Knaak, § 4, Rn.36.
980 Harte-Bavendamm/Hoffmeister/Harte-Bavendamm, § 5, Rn.212.

züglich für die einzelstaatlichen Zollbehörden nur ein geringer eigener Spielraum. Hat eine Zollstelle bei der Abfertigung Waren aufgefunden, die Gegenstand einer Beschlagnahmeanordnung sind, so hat sie gemäß Art.6 I PrPVO die Fortsetzung des Transports zu unterbinden und die betreffenden Waren in amtliche Verwahrung zu nehmen. Von einem solchen Vorgang ist unverzüglich die zuständige Zentralstelle zu unterrichten. Auch der Antragsteller und der verfügungsberechtigte Beschlagnahmebetroffene - die PrPVO spricht insoweit vom Anmelder - werden durch die Zollstelle oder die übergeordnete Zentralstelle informiert.

Dem Antragsteller steht nach Maßgabe der nationalen Rechtsvorschriften über den Schutz von personenbezogenen Daten, Geschäfts- und Betriebsgeheimnissen sowie Berufs- und Amtsgeheimnissen ein Recht auf Auskunft zu. Der EuGH hat sich dafür ausgesprochen, dass dem Antragsteller neben Herkunft, Menge und Lagerort der Waren zwingend auch Name und Anschrift des Betroffenen - falls bekannt auch des Empfängers - mitzuteilen sind. Der Schutz des Brief- und Postgeheimnisses gemäß Art.10 GG wird insoweit eingeschränkt.[981]

Ferner soll die Zollstelle Antragsteller und Betroffenem die Möglichkeit einräumen, die einstweilen angehaltenen Waren zu besichtigen. Falls der Rechtsinhaber aufgrund der örtlichen Entfernung nicht zu einer Besichtigung an Ort und Stelle in der Lage ist, können ihm auch Muster übersandt werden.[982]

Ist eine Beschlagnahme aufgrund des MarkenG angeordnet, so hat die Zollbehörde gemäß § 146 II 1 auch hier den Antragsteller und den beschlagnahmebetroffenen Verfügungsberechtigten unverzüglich zu unterrichten.

Der Verfügungsberechtigte wird im Zuge der Unterrichtung darauf hingewiesen, dass die beschlagnahmten Waren eingezogen werden, wenn der Beschlagnahme nicht innerhalb der 2-Wochen-Frist des § 147 II 1 MarkenG widersprochen wird. Grundsätzlich ist Verfügungsberechtigter der Eigentümer der beschlagnahmten Ware. Ist dessen Identität unbekannt, wird entsprechend § 1006 I BGB die Verfügungsberechtigung des unmittelbaren Besitzers - also z.B. des Importeurs - vermutet.[983]

Dem Antragsteller soll die Benachrichtigung eine Prüfung ermöglichen, ob - für den Fall, dass der Verfügungsberechtigte der Beschlagnahme widerspricht - ein Antrag auf gerichtliche Entscheidung nach § 147 III MarkenG erfolgversprechend ist. Erkennt der Antragsteller hierbei, dass die konkrete Beschlagnahmemaßnahme nicht gerechtfertigt ist, muss er unverzüglich die Freigabe der Waren veranlassen, andernfalls er sich der Gefahr einer Inanspruchnahme durch den Betroffenen nach § 826 BGB aussetzen würde.[984]

Ein umfassender Auskunftsanspruch des Antragstellers besteht auch hier. Dieser ergibt sich aus § 146 II MarkenG. Hiernach hat dieser außerdem auch im markengesetzlichen

981 EuGH WRP 1999, 1269 - „adidas".

982 Vgl. dazu Kom. (1998) 25 endg., 98/0018 (ACC), S.16, wonach den Mitgliedstaaten hinsichtlich der Möglichkeit, Proben zu übersenden, ein gewisser Spielraum zu belassen ist.

983 Althammer/Ströbele/Klaka, § 146, Rn.19.

984 Begründung zum PrPG, BT-Drucks.11/4792 vom 15.06.1989, S.41f.

Verfahren ein Warenbesichtigungsrecht, welches allerdings unter dem Vorbehalt des Schutzes von Geschäfts- und Betriebsgeheimnissen steht.

(3) Sachentscheidungsverfahren

Das Grenzbeschlagnahmeverfahren endet zwingend mit einer Sachentscheidung, welche entweder eine endgültige Einziehung oder die Freigabe der sichergestellten Waren ausspricht.

Das OLG München geht davon aus, dass für die sachliche Entscheidung im Hinblick auf die Beschlagnahme nur die Zivilgerichtsbarkeit zuständig ist. Die Zollbehörden hätten keine Entscheidungskompetenz bzgl. des Vorliegens einer Rechtsverletzung.[985]

Diese Ansicht vermag nicht zu überzeugen. Zweifellos kann auch ein Verwaltungsverfahren zu einer Entscheidung in der Sache führen.[986] Da im Rahmen der Verfahrensabschnitte „Antragsbearbeitung" und „Beschlagnahmedurchführung" eine lediglich summarische Prüfung hinsichtlich des Vorliegens einer *offensichtlichen* Rechtsverletzung stattfindet, bedarf es unter Rechtsschutzaspekten durchaus einer abschließenden und „vollwertigen" behördlichen Rechtsentscheidung. Hierbei handelt es sich um eine Sachentscheidung i.S.d. PrPVO.[987] Eine gerichtliche Befassung wird hingegen erst dann erforderlich, wenn seitens des Betroffenen Widerspruch eingelegt wird. (vgl. § 147 III 2 MarkenG)

(a) Einziehung (§ 147 I MarkenG)

Der Betroffene hat gem. § 147 II MarkenG die Möglichkeit, innerhalb von vierzehn Tagen gegen die Beschlagnahme Widerspruch einzulegen. Erfolgt der Widerspruch nicht, ordnet die Zollbehörde von Amts wegen die Einziehung der beschlagnahmten Waren an (§ 147 I MarkenG).[988] Damit ist das Beschlagnahmeverfahren hinsichtlich der betreffenden Lieferung beendet, das Eigentum an den konfiszierten Gegenständen geht auf den Staat über[989] und diese werden gem. Art.8 PrPVO vernichtet.[990] Weit mehr als die Hälfte

---

985 WRP 1997, 975ff. - „Grenzbeschlagnahme".

986 Vgl. zur Problematik der „für die Entscheidung in der Sache zuständigen Stelle" ausführlich Scherbauer, S.245ff.

987 Harte-Bavendamm/Knaak, § 4, Rn.54; Harte-Bavendamm/Hoffmeister/Harte-Bavendamm, § 5, Rn.227; Scherbauer, S.249, 259.

988 Dieser Automatismus besteht gem. Art. 6 II, 7 I PrPVO nicht im gemeinschaftsrechtlichen Verfahren nach der PrPVO.

989 Althammer/Ströbele/Klaka, § 147, Rn.2.

990 Ensthaler, S.171; In diesem Zusammenhang berichten Hoffmeister/Harte-Bavendamm § 5, Fn.557 beispielhaft von einem Fall aus dem Jahre 1998, bei dem der Versuch, die Vernichtung eingezogener Plagiate durch eine weniger einschneidende Maßnahme zu ersetzen, gründlich fehlschlug. Die zuständige Behörde hatte nach Abschluss eines Ermittlungsverfahrens wegen vorsätzlicher Markenverletzung eine Partie eingezogener, gefälschter Markenjeans zum Verkauf nach Entfernung der Markierung freigegeben. Allerdings ließen die damit betrauten Amtswalter nur bei einem Teil der Hosen die Kennzeichnung entfernen und brachten die übrigen als Falsifikate in den Verkehr, so dass diese - jedoch auf zivilrechtlichem Wege - erneut beschlagnahmt werden muss

aller Grenzbeschlagnahmeverfahren endet auf diese Weise.[991] Problematisch ist in diesem Zusammenhang allerdings, wer die Kosten der Vernichtung zu tragen hat.[992] Nach Ansicht der Kommission bleibt es den einzelnen Mitgliedstaaten überlassen, die Kosten dem Betroffenen, dem Antragsteller oder der Staatskasse aufzuerlegen.[993] Zu Recht wird dabei für eine Kostentragungspflicht des Rechtsinhabers plädiert.[994] Denn nach § 148 II MarkenG habe der Antragsteller die Kosten aller durch das Verfahren veranlassten Amtshandlungen zu tragen. Außerdem könne der Rechtsinhaber den Verletzer entsprechend der Rechtslage im Rahmen des § 18 MarkenG in Regress nehmen.[995]

(b) Widerspruchsverfahren (§ 147 II MarkenG)

Widerspricht der Verfügungsberechtigte der Beschlagnahme rechtzeitig, so wird der Antragsteller hierüber unverzüglich informiert. Dieser hat der Zollbehörde gegenüber - wiederum unverzüglich - zu erklären, ob er seinen Beschlagnahmeantrag auch hinsichtlich der fraglichen Warenpartie aufrechterhält.

Kommt der Antragsteller zu dem Ergebnis, dass der Widerspruch des Betroffenen berechtigt ist, so wird er in Anbetracht der Haftung nach § 149 MarkenG seinen Antrag zurücknehmen. Aufgrund der Zurücknahme wird die Beschlagnahme gemäß § 147 III 1 MarkenG umgehend aufgehoben und das Verfahren auf diese Weise beendet.

Erhält der Markeninhaber seinen Antrag trotz erfolgten Widerspruchs aufrecht, so muss er gemäß § 147 III 2 MarkenG eine vollziehbare gerichtliche Entscheidung vorlegen, welche eine Verwahrung der behördlich beschlagnahmten Gegenstände oder eine Verfügungsbeschränkung anordnet. Dies muss grundsätzlich innerhalb von zwei Wochen nach Zustellung der Mitteilung hinsichtlich der Widerspruchseinlegung erfolgen. Gemäß § 147 IV 2 MarkenG kann diese Frist ausnahmsweise dann um weitere zwei Wochen verlängert werden, wenn der Antragsteller den Nachweis erbringt, dass er ein gerichtliches Verfahren eingeleitet hat, dieses jedoch noch nicht beendet ist. Als gerichtliche Entscheidung i.d.S. kommt zum einen eine einstweilige Verfügung nach den §§ 935, 940 ZPO in Betracht, welche eine Verwahrung - bzw. Sequestration - der verdächtigen Ware oder eine Verfügungsbeschränkung anordnet.[996]

Außerdem kann der Markeninhaber einen Strafantrag stellen und anregen, dass das Strafgericht die Waren gem. den §§ 94 ff. StPO als Beweismittel oder zum Zwecke einer spä-

---

ten.

991 Zentralstelle Gewerblicher Rechtsschutz der OFD Nürnberg (Hrsg.), Informationsheft Zoll – Gewerblicher Rechtsschutz, S.9.

992 Vgl. dazu ausführlich Scherbauer, S.267f.; Beußel in: ZfZ 1997, 207f.; Hoffmeister in: DDZ 1998, F 12, F 36.

993 KOM (1998) 25 endg., 98/0018 (ACC), S.16.

994 Hoffmeister in: DDZ 1998, F 12, F 36, der eine entsprechende Änderung der AO vorschlägt; Scherbauer, S.267f.

995 Scherbauer, S.268; Vgl. zur Frage der Kostenerstattung i.R.d. § 18 MarkenG bereits unter Punkt II. 4. e).

996 Enstahler, S.172; Fezer, § 147, Rn.4; Althammer/Ströbele/Klaka, § 147, Rn.11.

teren Einziehung nach § 111 b StPO sicherstellt und, wenn der Verfügungsberechtigte widerspricht, beschlagnahmt.[997] Allerdings ist im letztgenannten Fall höchst zweifelhaft, ob eine vollziehbare Entscheidung innerhalb von vier Wochen zu erlangen sein wird.
Kommt der Antragsteller seiner Vorlegungsobliegenheit fristgemäß nach, so trifft die Zollbehörde die erforderlichen Maßnahmen. D.h. die Beschlagnahme wird zunächst - nunmehr auf der Grundlage der gerichtlichen Entscheidung - aufrechterhalten und es erfolgt eine Überantwortung der tatsächlichen Verfügungsgewalt an die gerichtlich bestimmte Person oder Behörde.
Handelt es sich bei der Entscheidung - wie zumeist - lediglich um eine vorläufige Regelung, so entscheidet über das weitere Schicksal der Beschlagnahmeobjekte die das gerichtliche Hauptsacheverfahren beendende Entscheidung.[998]
Dem Widerspruch nach § 147 II MarkenG kommt in der Praxis eine eher geringe Bedeutung zu. In nur 5 % der Beschlagnahmeverfahren wird überhaupt Widerspruch erhoben.[999] Von diesen sind wiederum nur 5 % erfolgreich.[1000] Diese Zahlen verdeutlichen, dass der Anteil ungerechtfertigter Beschlagnahmen äußerst gering ist.

Besonderheiten gelten in bezug auf die Sachentscheidung im gemeinschaftsrechtlichen Verfahren nach der PrPVO.
Nach Art.6 II, 7 I PrPVO erfolgt eine zollbehördliche Einziehung nicht bereits dann, wenn es der Beschlagnahmebetroffene lediglich versäumt, Widerspruch einzulegen. Es obliegt vielmehr dem die Beschlagnahme Betreibenden, die Einziehung ausdrücklich zu beantragen. Art.7 I PrPVO bestimmt hierfür eine Frist von maximal 20 Tagen. Wird diese Frist versäumt, so sind die zollbehördlichen Maßnahmen ohne Sachprüfung aufzuheben.
Die PrPVO soll ausschließlich die Möglichkeit eines EU-weiten Aufgreifens und Anhaltens verdächtiger Ware garantieren. Im übrigen ist das Sachentscheidungsverfahren deshalb - mit Ausnahme des Begründungszwangs nach Art.6 II b) PrPVO - der Normierung durch das nationale Recht überlassen.[1001] Die PrPVO verweist hierfür in Art.6 II auf das nationale Recht desjenigen Mitgliedstaates, dessen Zollbehörden mit der konkreten Beschlagnahmemaßnahme befasst sind bzw. waren. § 150 MarkenG enthält diesbezüglich die deklaratorische Feststellung, dass auch für das Sachentscheidungsverfahren nach der PrPVO die §§ 146 - 149 MarkenG anzuwenden sind.

(4) Anfechtung von Beschlagnahme und Einziehung (§ 148 III MarkenG)

Der Betroffene kann die Beschlagnahme und die Einziehung mit den Rechtsmitteln anfechten, die nach dem OWiG gegen Beschlagnahme und Einziehung im Bußgeldverfahren

---

997 Cremer in: Mitt 1992, 153, 168; Enstahler, S.172; Fezer, § 147, Rn.4; Althammer/Ströbele/Klaka, § 147, Rn.11.
998 Harte-Bavendamm/Hoffmeister/Harte-Bavendamm, § 5, Rn.234.
999 Harte-Bavendamm/Hoffmeister/Harte-Bavendamm, § 5, Rn.229.
1000 Harte-Bavendamm/Hoffmeister/Harte-Bavendamm, § 5, Rn.229.
1001 Harte-Bavendamm/Hoffmeister/Harte-Bavendamm, § 5, Rn.227.

zulässig sind. Somit kann gegen die Beschlagnahmeverfügung nach § 62 OWiG eine gerichtliche Entscheidung und gegen die Einziehungsverfügung nach § 67 OWiG Einspruch eingelegt werden. Der Antragsteller ist im Rechtsmittelverfahren zu hören (§ 148 III 2 MarkenG). Gegen die Entscheidung des Amtsgerichts wiederum ist die sofortige Beschwerde zulässig, über die das OLG entscheidet. (vgl. § 148 III 3, 4 MarkenG). Neben dem Widerspruch gemäß § 147 II MarkenG spielen diese Rechtsmittel in der Praxis eine noch geringere Rolle.[1002] Die Rechtsmittel nach § 148 III MarkenG und den §§ 62 ff. O-WiG kommen nämlich nur in Ausnahmefällen in Betracht, wenn z.B. die Zollbehörde die Waren nicht freigibt, obwohl eine gerichtliche Entscheidung nicht fristgerecht vorgelegt wurde oder wenn der Verfügungsberechtigte trotz rechtskräftiger Beschlagnahmeverfügung Einwendungen gegen die anschließende Einziehung erheben möchte.[1003]

2. Zollfahndung

Neben der präventiv wirkenden Grenzbeschlagnahme nach der PrPVO bzw. den §§ 146 ff. MarkenG besteht die Möglichkeit einer repressiven, strafprozessualen Zollbeschlagnahme von Plagiaten durch die Zollfahndung. Beide Verfahren können parallel durchgeführt werden. In der Praxis erfolgt, insbesondere was eine Weitergabe der gewonnenen Erkenntnisse betrifft, eine enge Zusammenarbeit.[1004]

Die Zollfahndung wird auch als „Kriminalpolizei des Zolls"[1005] bezeichnet. Die Zollfahnder sind gemäß §§ 208 I 2, 404 AO Hilfsbeamte der Staatsanwaltschaft i.S.d. § 152 GVG und können im Rahmen von Ermittlungen wegen Steuerhinterziehung (§ 370 AO) sowie wegen Verletzung bestehender Ein- und Ausfuhrverbote oder -beschränkungen (Bannbruch § 372 AO) von Amts wegen und sogar ohne Anfangsverdacht[1006] Beschlagnahmen vornehmen. Die genannten Delikte werden typischerweise auch von international agierenden Marken(artikel)piraten verwirklicht. Um eine Grenzbeschlagnahme der Imitationen zu verhindern, werden bei der Abfertigung oftmals lediglich falsche Zollanmeldungen und Papiere vorgelegt. Häufig anzutreffen sind aber auch ungleich schwerer zu ermittelnde Zuladungen.[1007] Imitationen werden also in den seltensten Fällen ordnungsgemäß angemeldet und verzollt, so dass die Marken(artikel)piraten sich - quasi „nebenbei" und u.U. unbeabsichtigt - wegen Steuerhinterziehung[1008] strafbar machen.

1002 Althammer/Ströbele/Klaka, § 148, Rn.11; Scherbauer, S.271; Harte-Bavendamm/Hoffmeister/Harte-Bavendamm, § 5, Rn.236.

1003 Harte-Bavendamm/Hoffmeister/Harte-Bavendamm, § 5, Rn.236.

1004 Scherbauer, S.110.

1005 Schöner in: Mitt 1992, 180, 183.

1006 Scheja in: CR 1995, 714, 721; Schöner in: Mitt 1992, 180, 182; Scherbauer, S.110.

1007 Schöner in: Mitt 1992, 180, 182; Oppermann, S.192.

1008 Als hinterzogene Steuern kommen namentlich Eingangsabgaben - wie Zoll und Einfuhrumsatzsteuer - sowie die Umsatz- und Einkommensteuer in Betracht.

Der Import gefälschter Ware stellt aber jedenfalls einen strafbewehrten Verstoß gegen § 372 AO i.V.m. § 143 I Nr.3 MarkenG dar.[1009]

1009 Schmidl, S.124; Scherbauer, S.112.

5. Teil: Ausblick

A) Verbesserungsvorschläge zur Bekämpfung der Marken(artikel)piraterie

Die bisherigen Ausführungen haben gezeigt, dass das Markengesetz den Schutzrechtsinhabern zur Bekämpfung der Marken(artikel)piraterie durchaus einige geeignete Schutzinstrumentarien zur Verfügung stellt.
Allerdings ist deren Effektivitätspotential noch nicht voll entwickelt. Deshalb sollen abschließend einige diesbezügliche Verbesserungsvorschläge erläutert werden.

- Es sollte eine zweckmäßige, extensive Auslegung und Anwendung der bereits existierenden Ansprüche und Instrumentarien erfolgen.

- Um zumindest in Bezug auf die Außengrenzen eine EU-weite Harmonisierung des Grenzbeschlagnahme-Verfahrens zu erreichen, sollte der Anwendungsbereich der PrPVO dahingehend erweitert werden, dass auch in diesem Bereich sämtliche Imitat-Erscheinungsformen des § 14 II MarkenG einer zollbehördlichen Sicherstellung unterliegen.

- Da es sich bei den Marken(artikel)piraten häufig um international verzweigte Organisationen handelt, kommt weiterhin die Schaffung einer - europa- oder gar weltweit tätigen - Verwaltungsinstitution in Betracht, die länderübergreifende Ermittlungen gegen Plagiatoren koordiniert und leitet. Auch die EU - Kommission hat die Schaffung neuartiger Behörden bereits in Erwägung gezogen. Nach einem entsprechenden Vorschlag soll es in jedem Mitgliedstaat einen „Landesbeauftragten für alle Fragen der Bekämpfung von Nachahmungen und Produkt- und Dienstleistungspiraterie im Binnenmarkt" geben. Diese sollen gemeinsam mit Vertretern der Kommission eine „Koordinierungsgruppe" bilden. Es ist zu erwägen, ob auch für die nur auf nationaler Grundlage geschützten Markenrechte eine letztinstanzliche europäische Gerichtszuständigkeit - etwa eines entsprechenden Fachsenates beim EuGH - normiert werden sollte.

- Schließlich sollte sowohl den Zollbehörden als auch den zuständigen Gerichten und Staatsanwaltschaften ein weitaus schnellerer Informationsaustausch ermöglicht werden. Diesbezüglich bietet sich die Entwicklung eines speziellen weltweiten Computernetzes an.[1010] Dieses könnte u.a. dazu beitragen, die Erkennbarkeit von Schutzrechtsverletzungen bei der Zollabfertigung zu erleichtern.

1010 Vgl. etwa zum Zukunftsprojekt „MUSYC" (**Mu**ltimedia **Sy**stem for **C**ustoms) der deutschen, französischen, spanischen, italienischen, österreichischen und niederländischen Zollverwaltungen unter www.bundesfinanzministerium.de/abteilungiii/musyc.htm.

B) Zusammenfassung

Ziel der vorstehenden Darstellung war es, dass Phänomen der Markenpiraterie umfassend zu ergründen, um darauf aufbauend die Frage nach erfolgversprechenden Abwehrmöglichkeiten, insbesondere in Form von Schutzmaßnahmen durch das nationale Recht, zu untersuchen.

Als Einführung in den Themenkomplex wurde eingangs die Historie der Markenpiraterie und ihrer Bekämpfung beleuchtet.

Im zweiten Teil wurden die markenrechtlichen Grundlagen behandelt. Neben dem Ursprung der Marke und den Funktionen, die sie im Marktgeschehen übernimmt, wurde ihre Bedeutung im Geschäftsverkehr und ihr Nutzen für die einzelnen Marktteilnehmer erörtert. Dabei wurde herausgearbeitet, dass in der Vergangenheit eine Abkehr von der hergebrachten, die Herkunftsfunktion als dominierenden Aspekt hervorhebenden Betrachtungsweise erfolgt ist und nunmehr ein umfassender gleichwertiger Schutz für alle ökonomisch relevanten Markenfunktionen besteht.
Den Schwerpunkt des zweiten Teils bildete der Versuch, die unübersichtliche und verwirrende Begriffsvielfalt, die hinsichtlich der Fälschungsobjekte und -tatbestände herrscht, zu analysieren und eine Begriffsklärung vorzunehmen. Die hierbei gewonnenen Erkenntnisse dienen dazu, die Problematik der bestehenden „terminologischen Gemengelage" zu lösen. Eine einheitliche, präzise Verwendung der einschlägigen Bezeichnungen vermag Missverständnissen vorzubeugen und unterstützt hierdurch aktiv Maßnahmen zur Bekämpfung des Nachahmungs-Unwesens. Die verschiedenen Erscheinungsformen der Nachahmung können durch eine präzisere Begrifflichkeit besser unter die markenrechtlichen Normen subsumiert werden, was die praktische Rechtsfindung enorm erleichtert. Zugleich ist die Entwicklung einer exakten Terminologie aber auch von erheblichem wissenschaftlich-dogmatischen Interesse.
Der Begriff der *Produktpiraterie* wurde als übergeordnete Sammelbezeichnung für Verletzungen des geistigen Eigentums, die *Markenpiraterie* als spezieller Unterfall der Produktpiraterie qualifiziert. Es wurde vorgeschlagen, den Begriff *Markenpiraterie* nunmehr - entsprechend dem eigentlichen Wortsinn - nur noch für diejenigen Fälle zu verwenden, in denen der Täter einzig die Marke als solche nachahmt. Dementsprechend erfasst dieser Begriff ausschließlich die Fälle der Eintragung einer Hinterhaltsmarke[1011] und die Erscheinungsform der Diversifikation[1012].
Die Konstellationen der Doppelimitation[1013] und der Verwechslungsgefahr[1014] dagegen werden mit dem neu eingeführten Terminus Marken*artikel*piraterie bezeichnet. Dieser

1011 Vgl. hierzu im 4.Teil unter Punkt A) IV.
1012 Siehe hierzu im 4.Teil unter Punkt A) III.
1013 Siehe im 4.Teil unter Punkt A) I.
1014 Vgl. hierzu 4.Teil A) II.

Begriff bringt deutlich zum Ausdruck, dass bei diesen Piraterieformen Marken- und Artikelfälschung gleichrangig nebeneinander stehen. Es handelt sich bei der Marken*artikel*piraterie um eine Wortneuschöpfung, die geeignet ist, die Fallgestaltung einer gleichzeitigen Fälschung von Marke und entsprechendem Produkt präzise aber zugleich prägnant zu kennzeichnen.

Im dritten Teil wurden rechtstatsächliche, insbesondere ökonomische und sozialpsychologische Überlegungen angestellt.

Im vierten Teil, dem Kern der Arbeit, wurden zu Beginn die verschiedenen Erscheinungsformen der Marken(artikel)piraterie anhand des Gesetzes rechtlich eingeordnet und die - primär markenrechtlichen - Abwehrinstrumentarien analysiert.
Es wurden sowohl tatsächliche als auch rechtliche Präventionsmöglichkeiten der Markeninhaber dargestellt und bewertet.
Entsprechend der Rechtspraxis bildeten den Schwerpunkt aber die Sanktionsmöglichkeiten in Form zivilrechtlicher Unterlassungs-, Schadensersatz-, Vernichtungs- und Auskunftsansprüche.
Zunächst wurden hierbei die allgemeinen Anspruchsvoraussetzungen des § 14 II bis IV MarkenG erörtert. In diesem Zusammenhang wurde herausgearbeitet, dass etwa, um einen größtmöglichen markenrechtlichen Schutz zu gewährleisten, der umstrittene markenrechtliche Begriff der Benutzung i.S.d. § 14 II MarkenG nicht restriktiv i.S.e. zeichenmäßigen Gebrauchs, sondern weitaus extensiver verstanden werden sollte. Ferner sollte aus dem gleichen Grund der Schutz der bekannten Marke gemäß § 14 II Nr.3 MarkenG - über den eigentlichen Wortlaut hinaus - auf die Fälle der Produktähnlichkeit erweitert werden. Schließlich wurde klargestellt, dass der Tatbestand des § 14 III Nr.4 MarkenG zur Verhinderung von Scheintransiten neben der Ein- und Ausfuhr auch die Durchfuhr erfassen sollte.
Auf diesen Erwägungen aufbauend wurden nachfolgend die Besonderheiten der einzelnen markengesetzlichen Ansprüche des Markeninhabers gegenüber dem Verletzer erörtert.
Dabei ergab sich, dass der Unterlassungsanspruch gemäß § 14 V MarkenG die wichtigste Waffe des Markeninhabers im Kampf gegen die Piraterie darstellt.
Im Gegensatz dazu ist die Geltendmachung des Schadensersatzanspruchs nach § 14 VI MarkenG in der Rechtspraxis meist wenig erfolgversprechend. Denn häufig verfügen die Piraten über keinerlei nennenswertes Vermögen oder verstehen es, dieses geschickt zu verbergen.
Wirkungsvoller zugunsten des Betroffenen ist dagegen der Vernichtungsanspruch gemäß § 18 MarkenG, der zum einen garantiert, dass die Plagiate endgültig aus dem Verkehr gezogen werden, und zum anderen auch generalpräventive Funktionen erfüllt. Darüber hinaus ist die befriedende Wirkung der aus der Vernichtung resultierenden, persönlichen Genugtuung des Rechtsinhabers zu berücksichtigen. Nicht zuletzt aus diesem Grunde muss dem markenrechtlichen Vernichtungsanspruch auch ein entsprechender Herausgabeanspruch immanent sein.

Schließlich ist dem Drittauskunftsanspruch gemäß § 19 MarkenG i.R.d. Sanktionen eine große Bedeutung beizumessen. Erst er ermöglicht es, effektiv gegen die Piraterieorganisationen insgesamt vorzugehen und dabei sämtliche Beteiligten zu belangen. Da eine Kontrolle der erteilten Auskünfte in Bezug auf Wahrheitsgehalt und Vollständigkeit in der Praxis aber naturgemäß Probleme bereitet, wurde darüber hinaus auch für eine markengesetzliche Belegvorlagepflicht plädiert.
Besonderes Interesse galt auch dem Verfahren der Schutzentziehung wegen bösgläubiger Markenanmeldung gemäß § 50 I Nr.4 MarkenG, welches das einzige Sanktionsmittel gegenüber der Hinterhaltsmarke darstellt.
Im Anschluss an die zivilrechtlichen Abwehrmaßnahmen wurden straf- und zollrechtliche Sanktionsmöglichkeiten dargestellt. Im Gegensatz zu den zivilrechtlichen Ansprüchen sind diese in der Praxis zwar von geringerer Bedeutung. Sie dürfen jedoch im Rahmen einer umfassenden, effektiven Bekämpfung der Marken(artikel)piraterie nicht völlig außer acht gelassen werden.
In diesem Zusammenhang muss zunächst an die Strafrechtspraxis appelliert werden, die Marken(artikel)piraterie auch in strafrechtlicher Hinsicht ihrem Unwertgehalt entsprechend zu sanktionieren.
Die stetige Zunahme der Grenzbeschlagnahmeanträge und erfolgreichen Beschlagnahmen belegt, dass auch den zollrechtlichen Maßnahmen wachsende Bedeutung zukommt. Die Durchsetzung der Grenzbeschlagnahme nach den §§ 146 ff. MarkenG und insbesondere nach der PrPVO erweist sich allerdings aufgrund der Vielzahl der Verfahrensschritte und involvierten Stellen als äußerst kompliziert und auch langwierig. Nicht zuletzt in diesem Bereich besteht also Handlungsbedarf für den - europäischen - Gesetzgeber.

Abschließend wurden im fünften Teil weitere Anregungen gegeben, die über bloße Rechtsauslegungs- bzw. - anwendungsfragen hinausgehen, vielmehr grundlegende institutionelle und organisatorische Fragen betreffen.

Kolibri 360 GmbH
Ferdinand-Jühlke-Straße 7
99095 Erfurt, Deutschland
produktsicherheit@kolibri360.de

Druck:
CPI Druckdienstleistungen GmbH
im Auftrag der
Kolibri 360 GmbH
Ferdinand-Jühlke-Str. 7
99095 Erfurt